Basic German

Beverley Sedley

General Editor
Kate Beeching

Longman

Introduction

Who is BASIC GERMAN for?

It is for

- *people preparing to take GCSE examinations.* The basic structures of the language are thoroughly and systematically revised and the course covers most of the settings and topics required for the oral examination, giving practice in role-play situations. It also provides listening, reading and writing tasks such as you will be asked to perform in the examination.
- *people who wish to brush up their German.* You will find that the grammar will come back to you once your memory has been refreshed by the presentation dialogues and grammar notes and you will enjoy seeing the practical use of the language in the exercises and role-plays.
- *complete beginners.* No assumptions are made about previous knowledge of the language. Grammar points and vocabulary items are carefully graded and introduced gradually throughout the course. As a lot of ground is covered very quickly, however, complete beginners must be prepared to work hard.

What will I be able to do at the end?

BASIC GERMAN will provide you with sufficient knowledge of the language to cope with most of the situations you will encounter as a tourist in Germany. By the end of the course you will:

- have a sure grip of the *basic structures* of the language;
- have enough German to get by in *survival situations* – at the hotel or station, shopping, or at the tourist office;
- be able to *talk to friends* about things which interest you;
- be able to make the correct response in a *social situation.* (Did you know that the Germans wish you *Guten Appetit* before you start a meal?)
- have gained the confidence to tackle *reading tasks* in the language, taking an interest in menus, leaflets and brochures you will meet in Germany;
- be able to *write* brief letters to friends in Germany.

What approach does the course take?

BASIC GERMAN takes a frankly grammatical approach to language learning. In the belief that the grammar is the best core knowledge that you can have of the language, the presentation dialogues and practice exercises focus on the essential structures. As far as possible, however, the structures are placed in a realistic context and you will be able to see how you can transfer your knowledge of grammar from one context to another depending on your own particular needs at any given time. The ability to communicate in the real world is, therefore, far from being neglected. The emphasis in the course is on the idea that the reason for learning grammar is to help get our message across with greater ease. Each unit includes an *Act it out* dialogue which puts the language to use.

How do I work through a unit?

Before starting the course, buy two notebooks, one for vocabulary, one for exercises. You should then adopt the following pattern of work:

1. Listen to the dialogue recorded on the tape. This illustrates the new language items for the unit. (Get into the habit of setting the counter on your recorder to zero at the start of each unit, as you will want to listen to the passage several times.) The dialogue is printed in the book. Depending on how much you know of the language already, you may wish to:
   (a) read the dialogue as you listen, stopping to look up new words in the vocabulary list as you do so;
   (b) read the vocabulary list, then listen, without reading the written version first;
   (c) read the comprehension questions, then listen, seeing how many questions you can answer without reading the text or checking the vocabulary list.
2. Write down the new vocabulary items in your vocabulary book. (The items in the list are in alphabetical order for ease of reference.)
3. Work through the exercises based on the listening passage, writing down the answers in your exercise book.
4. Say out loud the words on the tape in the *Pronunciation* section of the unit.
5. Read the *Grammar notes*.
6. Work through the *Exercises* based on the *Grammar notes*.

7 Check your answers in the *Answers* section at the back of the book. If you made any mistakes, try to work out why, using the grammar explanation. Write down your corrections in the back of your exercise book with a clear heading, such as *Perfect with 'haben'* or *At the tourist office*. You may wish to test your knowledge of a particular grammar point by working through the exercises *first* before reading the *Grammar notes*, then checking the answers, looking back to the grammar explanations as necessary.

How can I check my progress?

After every fifth unit:
– go through your vocabulary list, writing down each word you don't remember first time and trying to put it into a sentence;
– read through the sentences you wrote at the back of your exercise book;
– work through the *Eine kleine Pause* unit.

Every sixth unit is called *Eine kleine Pause* and is designed for you to take a break from learning new grammar. It should enable you to assess your knowledge of the language in three ways, providing:
– realistic listening tasks;
– authentic reading material so that you can see how you would get on in the real world;
– a battery of diagnostic grammar tests to allow you to isolate your weak points.

At the back of the book there is:
– a list of irregular verbs for quick reference;
– an *Answer* section so that you can assess your own progress.

The **BASIC GERMAN** cassette is an essential component of the course.

Contents

Unit 1
Wie geht's?

In each chapter there is a conversation recorded on tape. The text is in your book, with the new vocabulary below, followed by questions to test your understanding and exercises to help your speaking. First listen to the conversation (remembering to set the counter on your recorder to zero as you will probably want to listen more than once!), and then answer the questions, looking at the text in your book if necessary.

Katrin and Thomas meet at a bus-stop, near a record shop. Michael is a friend of Katrin's.

KATRIN: Hallo, Thomas! Wie geht's?
THOMAS: Gut, danke! Wo ist Michael?
KATRIN: Er ist zu Hause. Er ist krank.
THOMAS: Was hat er?
KATRIN: Er hat Grippe. Der Arzt ist da.
THOMAS: Ach, der Arme! Hast du die Telefonnummer?
KATRIN: Ja. Warte mal . . . zwanzig achtzehn null vier (20 18 04).
THOMAS: Wie bitte?
KATRIN: Zwanzig achtzehn null vier.
THOMAS: Danke. Und wie ist die Adresse?
KATRIN: Warte mal. Domstraße siebzehn.
THOMAS: Domstraße siebzehn. Gut.
KATRIN: Bus Nummer dreizehn.
THOMAS: Gut. Guck' mal! Eine Platte von Bruce Springsteen!
KATRIN: Ja, aber sie ist teuer.
THOMAS: Wieviel kostet sie?
KATRIN: DM 3,20 (drei Mark zwanzig).
THOMAS: Ich habe genug Geld. Das ist ein Geschenk für Michael.
KATRIN: Guck' mal! Der Bus ist da! Bist du fertig?
THOMAS: Ja.

Vokabeln (vocabulary)

Nouns Throughout this book the nouns are arranged according to whether they are *der*, *die* or *das* words (see grammar note 1), in alphabetical order. Note that all nouns in German are written with capital letters, not just names like 'London' or 'Susan', as in English.

Masculine (der *words*)
der Arzt *doctor*
der Bus *bus*
der Tag *day*

Feminine (die *words*)
die Adresse *address*
die Grippe *'flu*
die Nummer *number*
die Platte *record*
die Straβe *street* (Domstraβe = *Cathedral Street*)*
die Telefonnummer *telephone number*

Neuter (das *words*)
das Geld *money*
das Geschenk *present*
das Haus *house*

Verbs
gehen *to go*
gucken *to look (colloquial)*
haben *to have*
kosten *to cost*
sein (ist = *is*) *to be*
warten *to wait*

Words and phrases
aber *but*
bitte *please*
da *there*
danke *thanks*
der Arme! *poor thing!*
fertig *ready*
für *for*
genug *enough*
guck' mal! *(just) look!*
gut *good*
ja *yes*
krank *ill*
teuer *expensive*
warte mal *just wait a minute*
wie bitte? *what was that? pardon?*
wie geht's? *how are you?*
zu Hause *at home*

Verstehen Sie? (Do you understand?)

Listen to the tape and answer the questions (*Fragen*):

1 Where is Michael?
2 What's the matter with him?
3 Has he called a doctor or not?
4 What's his address and phone number?
5 What number bus goes to his house?
6 Why is Thomas buying the record?

Equivalents

Now go through the text as you listen to the tape. Find the equivalent in German of the following useful phrases and repeat them from the tape, paying special attention to pronunciation:

1 Hallo. How are you?
2 Fine, thanks.
3 Have you got the phone number?
4 What's the address?

* Note that sometimes double 's' is written β.

Pronunciation

There are several ways in which German pronunciation differs from English. For the moment, be aware of three things:

1 **ei** German *ein* rhymes with English 'dine'
eine Platte **ei**n Geschenk
2 **ie** German *die* rhymes with English 'see'
w**ie** geht's? s**ie** ist teuer
3 **w** Pronounced as English 'v'

Listen to the words on the tape and repeat them, trying to make your pronunciation sound as German as possible! (The pronunciation section always comes immediately after the conversation.)

Grammar notes

A Der, die, das

In English we only have one word for 'the'; it doesn't matter whether we're talking about 'the woman', 'the man', 'the house' or 'the women', 'the men', 'the houses', the word 'the' doesn't change. In German there are several words for 'the'. When you learn a new word, you must learn at the same time whether it is a *der, die* or *das* word.

Der Mann (*masculine*) ist zu Hause. *The man is at home.*
Die Frau (*feminine*) ist da. *The woman is there.*
Das Haus (*neuter*) ist neu. *The house is new.*

It's easier when there is more than one (the plural), as you say *die* for all of them:

Die Männer (*masculine*) sind zu Hause. *The men are at home.*
Die Frauen (*feminine*) sind da. *The women are there.*
Die Häuser (*neuter*) sind neu. *The houses are new.*

Ein (a) also has endings in German:

(der Bus) **Ein Bus** ist da. *A bus is there.*
(die Platte) **Eine Platte** kostet DM 3,20. *A record costs 3 marks 20.*

singular			plural
m.	f.	n.	
der	die	das	die

m.	f.	n.
ein	eine	ein

B Different ways of saying 'it'

Like English, German has different words for 'he', 'she', 'it' and 'they':

> **Er** ist hier. *He's here.*
> **Sie** ist zu Hause. *She's at home.*
> **Es** kostet DM 5,00. *It costs 5 marks.*
> **Sie** sind hier. *They're here.*

singular			plural
m.	f.	n.	
er	sie	es	sie

But in German you also need to give the correct word for 'it', depending on whether the noun is a *der, die* or *das* word:

Wo ist **der** Tisch? **Er** ist hier. *Where's the table? It's here.*
Wo ist **die** Telefonnummer? **Sie** ist hier. *Where's the phone number? It's here.*
Wo ist **das** Haus? **Es** ist hier. *Where's the house? It's here.*

C Question words

There are several questions beginning with question words in the conversation. The question words used so far are:

wie?	*how?*
wo?	*where?*
was?	*what?*
wieviel?	*how much?*

Notice that the verb always comes immediately after the question word, as in English:

Wie geht's? *How goes it = How are you?*
Wo ist Michael? *Where is Michael?*
Was hat er? *What has he? = What's the matter with him?*
Wieviel kostet sie? *How much costs it? = How much does it cost?*
Note that you never put in a 'does' in German.

Note that you often use *wie* instead of *was* to ask what someone's address is:

Wie ist die Adresse?

D The verbs *haben* and *sein*

Ich habe genug Geld. *I've got enough money.*
Ich bin krank. *I'm ill.*
Wir haben eine Platte von Madonna. *We've got a record of Madonna.*
Wir sind zu Hause. *We're at home.*

haben *to have*
ich habe *I have*
du hast *you have*
er/sie/es hat *he/she/it has*

wir haben *we have*
Sie haben *you have*
sie haben *they have*

sein *to be*
ich bin *I am*
du bist *you are*
er/sie/es ist *he/she/it is*

wir sind *we are*
Sie sind *you are*
sie sind *they are*

You will notice that there are two different words for 'you' in German, *du* and *Sie*. You use *du* when talking to your family or a friend near your own age, while *Sie* is used when talking to one or more people you don't know very well or who are much older than you. Notice that this *Sie* is always written with a capital letter. When in doubt, use *Sie*.

Communicating

Numbers

1	eins	11	elf
2	zwei	12	zwölf
3	drei	13	dreizehn
4	vier	14	vierzehn
5	fünf	15	fünfzehn
6	sechs	16	sechzehn
7	sieben	17	siebzehn
8	acht	18	achtzehn
9	neun	19	neunzehn
10	zehn	20	zwanzig

Note that you give telephone numbers in pairs ('zero' is *null*):

sechzehn, null drei, elf (16 03 11)

Greeting people and asking how they are

Hallo, Andrea! Wie geht's? *Hello, Andrea! How are you?*
Gut, danke! Und dir? *Fine, thanks! And you?*

If you don't know the person so well, or they are much older than you, you would use *Ihnen* and perhaps *Guten Tag* (good day) instead of *Hallo*:

Guten Tag, Herr Schmidt! Wie geht's? *Good day, Mr Smith, how are you?*
Gut, danke! Und Ihnen? *Fine, thanks! And you?*

Asking someone to repeat something:

Die Telefonnummer ist 68 17 23. *The phone number is 68 17 23.*
Wie bitte? *Pardon? What was that?*
68 17 23
Danke! *Thanks!*

Exercises

1 der, die, das

Your friend is looking for the following things. Tell him/her, in German, that they are here:
e.g. the bus
Der Bus ist hier.
the records
Die Platten sind hier.

1 the doctor
2 the house
3 the telephone number
4 the houses
5 the record
6 the address
7 the present
8 the money
9 the men
10 the women

2 Ein, eine

You know more German than your French friend! When the friend asks what things are (*Was ist das?*), you say *Das ist ein(e)* . . .!

1 a present
2 a bus
3 a man
4 a record
5 a doctor
6 a house
7 a woman
8 a phone number
9 a book (*das Buch*)
10 a table (*der Tisch*)

3 Ways of saying 'it'

(a) Answer the following questions by saying 'It's here', etc.:
e.g. Wo ist die Platte?
Sie ist hier.

1 Wo sind die Platten?
2 Wo ist das Geld?
3 Wo ist der Mann?
4 Wo ist die Telefonnummer?
5 Wo sind die Frauen?
6 Wo ist der Arzt?
7 Wo ist die Adresse?
8 Wo ist das Geschenk?
9 Wo ist der Bus?
10 Wo sind die Männer?

(b) Match the questions to the answers:

1 Wo ist der Arzt?
2 Ist das Geschenk hier?
3 Ist die Platte teuer?
4 Hast du die Adresse?
5 Wo ist der Bus?
6 Ist die Frau im Bett?
7 Wo ist das Haus?
8 Wo sind die Platten?
9 Ist das Geld zu Hause?
10 Sind die Männer hier?

(a) Nein, sie kostet DM 1,80.
(b) Er wartet.
(c) Er ist zu Hause.
(d) Ja, sie ist krank.
(e) Ja, ich habe sie.
(f) Nein, es ist zu Hause.
(g) Es ist hier.
(h) Sie sind hier.
(i) Nein, sie sind da.
(j) Nein, es ist hier.

4 Question words

(a) Two people have made plans to buy a present for Andrea. Using *wo, wie, wieviel* or *was* and words from the dialogue above, complete the following coversation:

das Geschäft *shop*
in der Nähe *nearby*

A: (*Ask where Andrea is.*)
B: Sie ist zu Hause.
A: Gut! Hast du das Geld?
B: Ja.
A: (*Ask how much money your friend has.*)
B: Ich habe DM 10,00.
A: (*Say you didn't hear the first time.*)
B: DM 10,00.
A: (*Ask where the shop is.*)
B: In der Nähe.
A: (*Ask what the address is.*)
B: Schloßstraße 19.

(b) Give the questions (beginning with *wie, was, wieviel* or *wo*) to the following answers:

1 Die Platte kostet DM 3,00.
2 Der Bus ist da.
3 Das ist eine Platte von den Rolling Stones.
4 Die Adresse ist Kaiserstraße 10.
5 Michael ist im Bett.

5 The verbs *haben* and *sein*

(a) Answer the questions in the following way:
e.g. Ist Melanie krank? Nein, aber ich . . . Nein, aber ich bin krank!

1 Hast du Geld? Nein, aber Thomas . . .
2 Hat Katrin eine Platte? Nein, aber ich . . .
3 Ist Michael zu Hause? Nein, aber ich . . .
4 Ist Katrin intelligent? Nein, aber du . . .
5 Hat Markus genug Geld? Nein, aber wir . . .
6 Ist Gaby da? Nein, aber Katrin . . .
7 Ist Ingrid in England? Nein, aber Sebastian and Melanie . . .
8 Hat Michael das Geld? Nein, aber du . . .
9 Ist Ingrid hier? Nein, aber wir . . .
10 Hat Gaby die Adresse? Nein, aber Tobias und Markus . . .

(b) Use the information below to complete the following conversation, using the correct forms of *haben* and *sein* (Kurt Vonnegut is a writer!):

das Medikament *medicine*
telefonieren *to phone*
(immer) noch *still*
auch *too, as well*
nicht *not*
Pech *bad luck*
wie schade *what a pity*
von *from, of*

Michael ist zu Hause. Er hat eine Platte von Bruce Springsteen (ein Geschenk von Thomas) und ein Buch von Kurt Vonnegut (ein Geschenk von Katrin). Der Arzt ist nicht da. Michael hat Medikamente. Er telefoniert mit Katrin.

MICHAEL: Katrin, ______ du die Telefonnummer von Thomas?
KATRIN: Ja, warte mal – 38 76 04.
MICHAEL: Danke.
KATRIN: Wie geht's? ______ du immer noch krank?
MICHAEL: Ja.
KATRIN: ______ der Arzt da?
MICHAEL: Nein, aber ich ______ Medikamente.
KATRIN: Thomas ______ auch Grippe!
MICHAEL: Ach, wie schade! Und du?
KATRIN: Nein, ich ______ nicht krank!
MICHAEL: Gut! Thomas und ich, wir ______ Pech!

6 Numbers

(a) On the tape you will hear the numbers one to twenty. Listen and repeat each one.

(b) Now write out the following telephone numbers in full in German:

1 09 11 14
2 18 04 20
3 03 12 19
4 17 02 13
5 16 01 06

(c) You will hear five telephone numbers on the tape. Write them down and then put the following list in order so that the numbers come in the same order as on the tape:

1 05 10 07
2 15 08 20
3 19 03 11
4 04 12 18
5 13 07 16

7 Act it out

(a) Complete the conversation below:

A: ______, Stefan! ______ ?
B: Gut danke! Und dir?
A: ______! ______ Peter?
B: Ja. Warte mal – 65 12 40.
A: ______?
B: 65 12 40.
A: ______

(b) Complete the conversation below:

die Besserung *recovery*

HERR S: Guten Tag, Stefan! Wie geht's?
STEFAN: (*Fine, thanks. And you?*)
HERR S: Auch gut, danke. Ist Melanie noch krank?
STEFAN: (*Yes, she's at home and the doctor is there*)
HERR S: Ach, die Arme!
STEFAN: (*Yes, she's got 'flu*)
HERR S: Gute Besserung!

8 Letter-writing

Write a note to a friend, saying that you are at home, ill. You have a present for another friend (give the address). Begin the note *Liebe Katrin* or *Lieber Sebastian* and finish it off with *Viele Grüße* (many greetings) and your name.

Unit 2
Im Verkehrsamt

Robert and John are in the tourist-office, looking for accommodation. ⚭

ROBERT: Guten Morgen. Wir suchen ein Hotel in Köln.
EMPFANGSDAME: Guten Morgen. Suchen Sie zwei Einzelzimmer oder ein Doppelzimmer?
ROBERT: Ein Doppelzimmer, bitte.
EMPFANGSDAME: Ja. Hier ist das Hotel Royal. Ein Doppelzimmer mit Bad oder Dusche kostet DM 70,00 pro Nacht.
ROBERT: Das ist teuer!
EMPFANGSDAME: Das Hotel Fleischmann ist nicht teuer. Das kostet DM 50,00.
ROBERT: Ja, das is gut. Bitte reservieren Sie ein Zimmer für drei Nächte, von heute bis Montag.
EMPFANGSDAME: Ja. Wie heiβen Sie, bitte?
ROBERT: Mein Name ist Robert Johnson und mein Freund heiβt John Andrews.
EMPFANGSDAME: Wie schreibt man 'Johnson'?
ROBERT: J O H N S O N
EMPFANGSDAME: Und woher kommen Sie?
ROBERT: Ich komme aus England und John kommt aus Schottland.
EMPFANGSDAME: Wo wohnen Sie in England?
ROBERT: In London, Belsize Park. John wohnt in Edinburgh.
EMPFANGSDAME: Gut.
ROBERT: Haben Sie einen Stadtplan von Köln?
EMPFANGSDAME: Ja. Hier ist das Hotel Fleischmann.
ROBERT: Danke. Und haben Sie Karten für die Stadtrundfahrt?
EMPFANGSDAME: Ja. Zwei Karten für heute?
ROBERT: Nein, für morgen. Wann beginnt die Stadtrundfahrt?
EMPFANGSDAME: Um 10.00 Uhr.
ROBERT: Haben Sie einen Kuli?
EMPFANGSDAME: Ja. Bitte schön.
ROBERT: (schreibt) 10.00 Uhr. Ja. Danke schön.
EMPFANGSDAME: Hier sind die Karten. Sie kosten DM 3,00.
ROBERT: Danke schön. Auf Wiedersehen.
EMPFANGSDAME: Haben Sie den Kuli?
ROBERT: Ach, es tut mir leid! Auf Wiedersehen.

Nouns
der Freund *friend*
der Kuli *pen (biro)*
der Montag *Monday*
der Morgen *morning*
der Name *name*
der Stadtplan *town map*

die Dusche *shower*
die Empfangsdame *receptionist*
die Karte *ticket*
die Nacht (Nächte) *night(s)*
die Stadt *town*
die Stadtrundfahrt *round-trip of town, sightseeing tour*

das Bad *bath(room)*
das Doppelzimmer *double room*
das Einzelzimmer *single room*
das Hotel *hotel*
Schottland *Scotland*
das Verkehrsamt *tourist office*
das Zimmer *room*

Verbs
beginnen *to begin*
heißen *to be called*
kommen *to come*
schreiben *to write*
suchen *to look for, seek*
reservieren *to reserve*
wohnen *to live*

Words and phrases
auf Wiedersehen *goodbye*
aus *from, out of*
danke schön *thank you very much*
es tut mir leid *I'm sorry*
heute *today*
Köln *Cologne (a town in Germany)*
mit *with*
morgen *tomorrow*
oder *or*
pro Nacht *per night*
wann? *when?*
woher? *where from?*

Verstehen Sie?

Write out the correct version of the following:

Robert und John kommen aus Amerika. Sie sind in Hamburg und suchen zwei Einzelzimmer für vier Nächte. Das Hotel Fleischmann ist teuer und kostet DM 70,00 pro Nacht, aber das Hotel Royal kostet DM 50,00. Die Empfangsdame hat einen Stadtplan von Hamburg. Robert und John suchen zwei Karten für die Stadtrundfahrt für heute. Die Stadtrundfahrt beginnt um 11.00 Uhr. John hat den Kuli von der Empfangsdame.

Equivalents

Now listen to the conversation again, following the text in your book. Find the German for the following useful phrases:

1 We are looking for a hotel in Cologne.
2 We are looking for a double room.
3 That's expensive.
4 What's your name, please?
5 My name's . . .
6 Where do you come from?
7 I come from England.
8 Where do you live?

Pronunciation

1 ch

There are two ways of pronouncing this in German. When it appears after the vowels '**o**', '**u**' and '**a**', it sounds like the end of the Scottish 'loch', but when it appears after the vowels '**i**' and'**e**', the tongue is more to the front. Listen to the tape:

After '**o**'. '**u**' and '**a**':	Wir su**ch**en ein Hotel.
After '**i**' and '**e**':	Das ist ni**ch**t teuer.
	i**ch** heiße Robert.

2 v

At the beginning of a word this is pronounced as the English '**f**':

ein Stadtplan **v**on Köln
vier (4)

But otherwise it's pronounced as in English:

reser**v**ieren

3 s

Alone before a vowel or between two vowels in the middle of a word, this is pronounced like the English '**z**':

Wir **s**uchen ein Hotel.
Bitte re**s**ervieren **S**ie ein Zimmer.

However, before a '**t**' or '**p**', it is pronounced as the English '**sh**':

Haben Sie einen **St**adtplan?
Wann beginnt die **St**adtrundfahrt?

4 z

This is always pronounced like the English '**ts**':

Haben Sie ein **Z**immer?
Zwei Karten, bitte.

Grammar notes

A The present tense of verbs

In English we say 'I live' (and also 'you/we/they live'), but we say 'he live**s**'. In German there are more different endings on the verbs.

wohnen	*to live*	wir wohn**en**	*we live*
ich wohn**e**	*I live*	Sie wohn**en**	*you live*
du wohn**st**	*you live*	sie wohn**en**	*they live*
er/sie/es wohn**t**	*he/she/it lives*		

Note that the first part of the verb: 'wohn' – (known as the 'stem' of the verb) stays the same.

All the following verbs have the same endings as *wohnen* in the present tense:

beginnen	*to begin*	kosten*	*to cost*
gehen	*to go*	reservieren	*to reserve*
gucken	*to look*	schreiben	*to write*
heiβen	*to be called (NB* du heiβt*)*	suchen	*to look for*
kommen	*to come*	warten*	*to wait*

* Because the endings have to be added to a 't', an extra 'e' has to be added with 'du' and 'er'.

du wart**e**st
es kost**e**t

Notice that the present tense in German can mean either 'I do something' or 'I am doing something':

Ich wohne in London. *I live in London.*
Ich wohne in einem Hotel. *I'm living in a hotel.*

B Questions

Notice how easy it is to ask questions in German:

Suchen Sie zwei Einzelzimmer? *Are you looking for two single rooms?*
Haben Sie Karten für die Stadtrundfahrt? *Have you got tickets for the sightseeing tour?*
Heiβen Sie John Andrews? *Is your name John Andrews?*
Wohnen Sie in Schottland? *Do you live in Scotland?*

C Nominative and accusative

Subject (nominative)	Object (accusative)
Der Arzt ist hier.	Ich suche **den Arzt**.
Die Empfangsdame kommt nicht.	Ich suche **die Empfangsdame**.
Eine Karte kostet eine Mark.	Ich habe **eine Karte.**
Das Zimmer ist gut.	Wir reservieren **das Zimmer**.
Ein Stadtplan ist nicht teuer.	Wir haben **einen Stadtplan**.

To know what ending to put on *der* etc., you need to know whether a noun is **nominative** or **accusative** etc. You see that, roughly speaking, the **subject** (nominative) is the **doer of the action**, while the **object** (accusative) has **something done to it**. It is only with masculine words that the accusative is different from the nominative.

	definite article ('the')				indefinite article ('a' or 'an')		
	m.	f.	n.	pl.	m.	f.	n.
nom.	der	die	das	die	ein	eine	ein
acc.	**den**	die	das	die	**einen**	eine	ein

D Negative (*nicht*)

The word for 'not' (*nicht*) comes after the verb in German:

Das Hotel ist nicht teuer.
Die Stadtrundfahrt beginnt nicht um 11.00 Uhr.
Ich heiße nicht Katrin. Ich heiße Melanie.

After 'haben', *nicht* comes after the thing you have:

Ich habe die Adresse nicht.

Communicating

Thanking people

In a public place (shop, station, etc.), you should always say *danke, danke schön*, or *danke vielmals*, when people give you anything, including information. When you say *danke* the other person will usually reply with *bitte* or *bitte schön*. In English there is no set phrase for this, although 'That's all right' is sometimes used. It's much more automatic in Germany, so that in shops the assistant will often anticipate your *danke* by starting off with *bitte schön?*, which has almost come to mean 'Can I help you?' In the conversation, notice that the receptionist said *bitte schön* as soon as Robert asked to borrow her pen, **before** he said *danke*.

Saying sorry

An all-purpose way of apologising is to use:

Es tut mir leid. *I'm sorry*

If you have done something worse than walking off with a person's pen, you could add *furchtbar*:
Es tut mir furchtbar leid! *I'm terribly sorry!*

The standard response is:
Das macht nichts. *That doesn't matter. That's all right.*

Telling people to do things

When telling someone to do something in English, we often just say:

(Please) get this.

But in German, if you are speaking to someone you don't know very well or who is older than you, you have to use *Sie*:

Bitte reservieren Sie ein Zimmer. *Please reserve a room.*
Bitte beginnen Sie! *Please begin!*
Bitte kommen Sie herein! *Please come in.*

If you are talking to a friend or relative, you can use a shorter form:

Komm' her! *Come here*
Beginn'! *Begin!*

The alphabet

Listen to the sounds of the German alphabet on your tape. You will need them for a communication exercise in a minute!

Exercises

1 The present tense of verbs

(a) Verb endings just have to be learned! Write out the verb *kommen* in full:

ich	wir
du	Sie
er/sie/es	sie

(b) Write out *heißen, warten* and *wohnen.*

(c) Now match up the correct 'he', 'she' word with the rest of the sentence. There may be more than one possible combination:

1	Du . . .	(a)	haben ein Geschenk für Gisela.
2	Er . . .	(b)	kommen morgen.
3	Wir . . .	(c)	reserviere zwei Einzelzimmer.
4	Sie (*she*) . . .	(d)	wohnst in Schottland.
5	Ich . . .	(e)	geht zum Verkehrsamt.
6	Sie (*you*) . . .	(f)	wartet im Hotel.

(d) Put the following verbs (in their correct form) into the conversation:

kommen wohnen heißen reservieren brauchen (*to need*) suchen

die Kusine	*female cousin*
der Onkel	*uncle*
die Tante	*aunt*
der Vetter	*male cousin*

A: Was ______ du?
B: Ich ______ dieTelefonnummer vom Verkehrsamt.
A: Ich habe sie. Die Nummer ist 43 67 01.
B: Danke. Ich ______ ein Hotel für meinen Onkel und meine Tante. Sie ______ heute.
A: Wie ______ dein Onkel?
B: Er ______ Dieter Koch. Er ist Arzt.
A: Wo ______ er?
B: In Bonn. Mein Vetter und meine Kusine ______ nicht.
A: Das ist schade.
B: (am Telefon) Guten Tag. Bitte ______ Sie ein Doppelzimmer für heute nacht.

2 Questions

(a) Write the questions to the following answers. Refer back to grammar note C, unit 1, as well as to grammar note B in this unit.

die Stadtmitte *town centre*

1 Die Zimmer kosten DM 47,00 pro Nacht.
2 Nein, Stefan wohnt nicht in Heilbronn. Er wohnt in Hamburg.
3 Michael? Er ist zu Hause.
4 Ich wohne in Münster.
5 Er hat Grippe.
6 Gut, danke. Und Ihnen?
7 Die Adresse ist Domstraße 13.
8 Wir kommen aus Schottland.
9 Ja, ich suche ein Zimmer für heute.
10 Nein, der Arzt wohnt nicht in der Domstraße. Er wohnt in der Stadtmitte.
11 Nein, das Geschenk ist nicht für Michael. Es ist für Andrea.

(b) You are asking questions in the tourist office:

1 Have you got a double room for today?
2 Is the hotel expensive?
3 How much does it cost?
4 Where is the hotel?
5 Have you got a map of Hamburg?
6 How much does it cost?
7 Have you got tickets for the sightseeing tour?
8 How much do they cost?
9 When does the sightseeing tour begin?
10 Have you got a pen?

3 Nominative and accusative

(a) You are looking for several things. Follow the pattern *Ich suche eine Karte für die Stadtrundfahrt*:

1 a single room for today
2 a map of Münster
3 Herr König's address (say 'the address *von Herrn König*')
4 a biro
5 the receptionist
6 the tourist office
7 the money
8 a present for Ursula
9 the town map
10 the town centre

(b) You are in a tourist office with your friend. Translate into German:

über *about*

1 Is the receptionist coming?
2 I'm looking for a double room. How much does the room cost?
3 Have you got a map of the town?
4 Where is the pen?
5 I'm looking for a pen.
6 Have you got a ticket for the sightseeing tour?
7 Have you got a book about Cologne?
8 I'm looking for the map of Cologne.

4 Negative (*nicht*)

(a) Say no to the following questions:
e.g. Sind Sie Herr Schmidt? Nein, ich bin nicht Herr Schmidt. (Ich bin Herr Braun.)

1 Ist das die Adresse?
2 Hast du die Telefonnummer?
3 Wohnt Andrea in Bremen?
4 Beginnt die Stadtrundfahrt um zehn?
5 Kostet das Zimmer DM 40,00?
6 Wohnen Sebastian und Michael in einem Hotel?
7 Kommt Tante Grete heute?
8 Heiβt der Arzt Herr Doktor Alex?
9 Gehen Sie zum Hotel?
10 Warten Sie zehn Minuten?

(b) Some of the following statements are false and need contradicting. Do this by making them negative:
e.g. Das Zimmer im Hotel Fleischmann kostet DM 70,00.
Das Zimmer im Hotel Fleischmann kostet nicht DM 70,00! (Es kostet DM 50,00.)

Some of the sentences refer back to the conversation and some to your knowledge of the world! Some of the sentences are correct as they stand.

brauchen *to need* leicht *easy*

1 Robert und John sind in Hamburg.
2 Eine Karte für die Stadtrundfahrt kostet DM 1,50.
3 Robert braucht das Zimmer für morgen.
4 Die Stadtrundfahrt beginnt um 9.00 Uhr.
5 Das Hotel Fleischmann ist teuer.
6 Deutsch ist leicht.
7 Ein Auto kostet DM 100,00.
8 John hat den Kuli.
9 Köln ist in Amerika.
10 Zürich ist in Deutschland.

5 Saying sorry

You haven't been paying attention when someone asked you for something! Say *Es tut mir leid! Hier ist . . .!*

1 the address
2 the town map
3 the ticket
4 the present

6 Telling people to do things

Translate the following sentences into German:

1 Come in, Thomas.
2 Please reserve a room for tomorrow.
3 Please come in, Herr Schmidt.
4 Come here, Melanie.

7 The alphabet

Listen to the tape and write down the five names.

8 Act it out

(a) Work out a conversation between Stefanie and the woman at the tourist office. Remember all the hellos and goodbyes and the pleases and thank yous! Stefanie's needs and the woman's information are given in the boxes below:

Stefanie		Empfangsdame
2 Doppelzimmer für 2 Nächte		Hotel Krone DM 55,00 Hotel Lindemann DM 45,00 Name Adresse

9 Letter-writing

Write a postcard to a friend, saying that you have a hotel in Düsseldorf for four nights (give cost) and that you have tickets for the sightseeing tour tomorrow.

Unit 3
Die Familie

ᴏᴏ

UTE: Tag, Peter! Wie geht's?
PETER: Tag, Ute! Gut, danke! Und dir?
UTE: Auch gut, danke. Wohin gehst du?
PETER: Ich muβ einkaufen. Meine Familie kommt morgen.
UTE: Aha! Also, deine Mutter und dein Vater . . . Ich kenne sie schon. Hast du Geschwister?
PETER: Ja, ich habe einen Bruder und zwei Schwestern. Die Schwestern kommen auch morgen.
UTE: Und wie alt sind deine Geschwister?
PETER: Mein Bruder ist siebenundzwanzig. Er ist schon verheiratet. Meine Schwester Gisela ist fünfzehn und meine Schwester Ingrid ist zehn Jahre alt.
UTE: Wie kommen deine Eltern? Mit dem Auto?
PETER: Nein, mit dem Zug. Ich muβ sie abholen.
UTE: Hast du ein Auto?
PETER: Nein, aber der Bahnhof ist nicht weit von meiner Wohnung.
UTE: Du wohnst bei einem Freund, nicht?
PETER: Ja, aber mein Freund ist nicht da.
UTE: Wie lange bleiben deine Eltern?
PETER: Drei Tage. Mein Vater muβ arbeiten. Also, ich muβ jetzt gehen. Ich muβ Fleisch, Brot und Salat kaufen.
UTE: Also, viel Spaβ! Grüβ' deine Eltern!
PETER: Ja. Sag' mal, willst du morgen um sechs vorbeikommen?
UTE: Morgen um sechs? Zum Abendessen? Ja, danke! Tschüs!
PETER: Wiedersehen!

Nouns

der Bahnhof *station*
der Bruder *brother*
der Salat *salad, lettuce*
der Vater *father*
der Zug *train*

die Familie *family*
die Freundin *(female) friend*
die Mutter *mother*
die Schwester *sister*
die Wohnung *flat*

das Abendessen *supper, dinner*
das Auto *car*
das Brot *bread*
das Fleisch *meat*
das Jahr *year*

die Eltern *parents*
die Geschwister *brothers and sisters*

Verbs

abholen *to fetch*
arbeiten *to work*
bleiben *to stay*
einkaufen *to shop*
grüβen *to greet, give love to, send regards to*
kaufen *to buy*
kennen *to know (a person)*
müssen (muβ) *must*
vorbeikommen *to come round*
wollen (will) *to want*

Words and phrases

also *well (then)*
alt *old*
auch *too, also, as well*
bei *at the house of, with*
dein *your*
jetzt *now*
mein *my*
nicht weit von *not far from*
sag' mal *I say*
schon *already*
Tag! *hello*
Tschüs! *'bye!*
verheiratet *married*
viel Spaß! *have fun!*
wie lange *how long*
wohin? *where to?*

Verstehen Sie?

Bitte korrigieren Sie wo nötig! (Please correct where necessary):

Es geht Peter und Ute gut. Utes Eltern und Geschwister kommen heute. Sie kommen mit dem Auto und sie bleiben zwei Tage. Peter hat eine Schwester und zwei Brüder. Die Schwester ist fünfzehn Jahre alt und ein Bruder ist zehn Jahre alt. Peter hat ein Auto. Ute muß einkaufen. Sie muß Brot und Salat kaufen. Sie muß morgen um vier zu Peters Wohnung gehen.

Equivalents

Now listen to the tape again and note down the following expressions.

1 Where are you going (to)?
2 Have you got any brothers and sisters?
3 How old are your brothers and sisters?
4 How are your parents coming? By car?
5 How long are your parents staying?
6 Give my love/regards to your parents.

Pronunciation

1 Listen to the way people say hello to each other. The tone of voice isn't quite the same as in English, and they put more emphasis on the name:

Tag Susanne! Hallo Jutta! Guten Tag Andreas!

Listen and repeat after the tape.

2 ü

The two dots over the 'u' are called an **umlaut**. It changes the sound. Instead of 'oo', the sound is now more like 'oo' and 'ee' mixed!

f**ü**nf M**ü**tter (mothers) m**ü**ssen (all short)
gr**ü**ßen Br**ü**der (brothers) (both long)

Now go back to the useful phrases you found in the conversation and repeat after the tape, paying particular attention to pronunciation.

Grammar notes

A Müssen

Müssen has different endings from ordinary verbs for *ich* and *er/sie/es*, and it doesn't have an umlaut in the singular. You just have to learn this!

ich muß — *I must*
du mußt — *you must*
er/sie/es muß — *he/she/it must*

wir müssen — *we must*
Sie müssen — *you must*
sie müssen — *they must*

If you look at these examples, you will see that the other verb has to go to the end after *müssen*:

Ich **muß einkaufen**. *I must shop, go shopping.*
Ich **muß** sie **abholen**. *I must fetch them*
Mein Vater **muß arbeiten**. *My father must work.*
Ich **muß** Fleisch, Brot und Salat **kaufen**. *I must buy meat, bread and salad.*

B Mein, dein

Meine Familie kommt morgen. *My family's coming tomorrow.*
Also, **deine** Mutter und **dein** Vater . . . *Right, your mother and father . . .*
Wie alt sind **deine** Geschwister? *How old are your brothers and sisters?*
Mein Bruder ist siebzehn. *My brother is seventeen.*
Der Bahnhof ist nicht weit von **meiner** Wohnung.
The station isn't far from my flat.

Mein is 'my' and *dein* is 'your' (when talking to a friend or relative). They always have the same endings as *ein* (see grammar note C, unit 2, and note C below).

C Dative after prepositions

Wie kommen deine Eltern? **Mit dem Auto?**
How are your parents coming? By car?
Nein, **mit dem Zug.** *No. By train.*
Der Bahnhof ist nicht weit **von meiner Wohnung.**
The station isn't far from my flat.
Du wohnst **bei einer Freundin**, nicht? *You live with a friend, don't you?*

In unit 2 you learned about the forms of *der/die/das* you have with the nominative and accusative case. Another case which is very common in German is the **dative** which is often used after prepositions (words like 'with' and 'from').

	m.	f.	n.	pl.
nom.	der	die	das	die
acc.	den	die	das	die
dat.	**dem**	**der**	**dem**	**den**

m.	f.	n.
ein	eine	ein
einen	eine	ein
einem	**einer**	**einem**

A lot of prepositions have the dative after them in German. These prepositions are always followed by the dative case:

aus *out of, from*
bei *with, at the house of, by*
mit *with*, 'by' (as in 'by train')
von *from, of*

Prepositions aren't always used with quite the same meanings as in English, so the best thing is to learn little 'set phrases', such as *mit dem Auto* (by car) or *Ich wohne bei meiner Mutter* (I live with my mother). Here are some more examples to help you:

Das ist ein Geschenk **von meinem Vater.** *That's a present from my father.*
Meine Schwester kommt **mit meiner Mutter**.
My sister is coming with my mother.
Mein Bruder kommt **aus dem Hotel**. *My brother's coming out of the hotel.*

D Er, sie, es, ihn

In unit 1 you had the words for 'he', 'she', 'they' etc. As in English, these can change in the **accusative** (see grammar note C, p. 13).

	m.	f.	n.	pl.
nom.	er (he)	sie (she)	es (it)	sie (they)
acc.	**ihn** (him)	sie (her)	es (it)	sie (them)

The only change is with the masculine. Here are some more examples:

Sind deine Eltern da? Ich muß **sie** grüßen!
Are your parents there? I must say hello to them.
Wo ist das Geld? Ich habe **es**. *Where is the money? I have it.*
Mein Bruder kommt heute. Ja? Ich kenne **ihn** nicht.
My brother's coming today. Oh yes? I don't know him.

Note that you always put *ihn, sie* etc. **between** the verb and *nicht* (not):

Die Platte ist nicht gut. Ich kaufe **sie** nicht.
The record isn't any good. I'm not buying it.

Communicating

Saying hello and goodbye

When two good friends say hello and goodbye, they often shorten the words.

Tag! (for *Guten Tag!*)
Wiedersehen! (for *Auf Wiedersehen!*)

They often use *Tschüs!* when saying 'bye to friends.

Asking friends if they agree

In the conversation you had:

Du wohnst bei einer Freudin, **nicht**? *You live with a (girl) friend, don't you?*

Adding *nicht* at the end is an easy and casual way of asking if someone agrees with you:

Deine Mutter wohnt in Hamburg, nicht?
Your mother lives in Hamburg, doesn't she?
Du bist achtzehn Jahre alt, nicht? *You're eighteen, aren't you?*

In a more formal conversation, you might put *nicht wahr?*:

Sie kommen aus Deutschland, nicht wahr?
You come from Germany, don't you?

Saying how old someone is

You give people's ages in exactly the same way as you do in English:

Mein Bruder ist siebzehn. *My brother is seventeen.*
Meine Schwester Gisela ist fünfzehn und meine Schwester Ingrid ist zehn Jahre alt. *My sister Gisela is fifteen and my sister Ingrid is ten years old.*
Wie alt bist du? *How old are you?*
Ich bin zwanzig Jahre alt. *I'm twenty years old.*
Wie alt sind Sie? *How old are you? (to someone you don't know well)*

Numbers to 100

21	einundzwanzig	60	sechzig
22	zweiundzwanzig	70	siebzig
30	dreiβig	80	achtzig
40	vierzig	90	neunzig
50	fünfzig	100	hundert

Exercises

1 Müssen

(a) A friend is talking about some things you must both do when you go to Germany! Begin each sentence with *Wir müssen* or *Du mußt*, and make sure the words are in the right order!
e.g. . . . trinken deutsches Bier
Wir müssen deutsches Bier trinken.

anrufen *to phone*	das Schloβ *castle*
besuchen *to visit*	sehen *to see*
Köln *Cologne*	trinken *to drink*

1 . . . besuchen den Dom in Köln
2 . . . sehen das Deutsche Museum in München
3 . . . bleiben drei Tage in Hamburg
4 . . . suchen ein Hotel
5 . . . reservieren zwei Einzelzimmer
6 . . . anrufen das Hotel
7 . . . kaufen Karten für die Stadtrundfahrt
8 . . . bleiben zwei Tage bei Ursula in Heidelberg
9 . . . besuchen das Schloβ in Heidelberg
10 . . . trinken Rheinwein

(b) Someone has asked you out, but unfortunately you have a lot of things to do! Explain to your friend, beginning *Ich muβ* . . . each time:

1 stay at home (remember *zu Hause* from unit 1!)
2 work
3 fetch mother
4 buy bread
5 do shopping
6 wait at home
7 phone father (use *anrufen*)
8 buy a present for Ursula
9 fetch tickets for tomorrow
10 phone hotel (use *anrufen*)

2 Mein, dein

(a) Using the information given below, ask and answer questions about the ages of your brothers and sisters and parents.
e.g. Wie alt ist deine Schwester Claudia? Sie ist zehn Jahre alt.

(Write out the numbers in full, just for the practice!)

Katrin 19	Claudia 13	parents 50
Thomas 15	(friend) Sebastian 18	grandparents (*Groβeltern*) 80
Markus 14	(friend) Andrea 17	(friend) Johannes 16

(b) You're checking whether your mother has your things! Ask *Hast du mein – . . .?*:

das Buch *book*

1 tickets
2 book
3 street map
4 bread
5 money
6 record
7 pen
8 present
9 records
10 address (you're moving, so you don't know it!)

3 Dative after prepositions

(a) Someone has asked you where your friend is. Give the following answers:

1 With my mother.
2 With your sister.
3 With my father.
4 At your brother's house. (use *bei*)
5 With my parents.
6 At my girlfriend's house.
7 At my boyfriend's house.

Now your friend asks who you got a present from:

8 From my father.
9 From my mother.
10 From my parents.

(b) Someone is asking a lot of questions. Translate the answers:

in *in*
das Konzert *concert*
der Schwarzwald *Black Forest*
die Tasche *bag*

1 Woher kommen Sie? *From the Black Forest.*
2 Wie kommen Sie? *By train.*
3 Wo wohnen Sie? *With my family.*
4 Woher kommen Sie jetzt? *From my hotel.*
5 Woher haben Sie den Stadtplan? *From the receptionist.*
6 Woher haben Sie die Karten für das Konzert? *From a friend.*
7 Wo ist Thomas jetzt? *With my sister.*
8 Wo wohnt Katrin? *With my parents.*
9 Wo ist das Geld? *In my bag.*
10 Wo ist der Stadtplan? *In my car.*

4 Er, sie, es, ihn

(a) You're shopping with a friend and commenting on things. Ask if your friend is going to buy them (saying *Kaufst du sie/es/ihn?*):

1 Die Tasche ist schön. Kaufst . . .?
2 Der Salat ist gut.
3 Der Kuli ist schön (*beautiful*).
4 Das Fleisch ist gut.
5 Die Platte ist gut.
6 Das Auto ist schön.
7 Die Platten sind teuer.
8 Das Buch ist interessant.
9 Der Stadtplan ist nicht teuer.
10 Das Brot ist gut.

(b) Your friend is talking about things and people he/she likes. You agree or disagree. Say either *Ja, ich mag ihn/es/sie auch*, or *Nein, ich mag ihn/es/sie nicht*:

ich mag *I like*

1 Ich mag den Dom. (Ja)
2 Ich mag das Buch. (Nein)
3 Ich mag das Fleisch. (Ja)
4 Ich mag die Wohnung. (Ja)
5 Ich mag Ingrids Eltern. (Ja)
6 Ich mag das Hotel. (Nein)
7 Ich mag die Platten. (Nein)
8 Ich mag die Tasche. (Ja)
9 Ich mag Gabys Bruder. (Nein)
10 Ich mag Utes Vater. (Ja)

(c) Below is part of a letter to a friend. Put the correct form of *er/sie/es/ihn* into the gaps (you may need either nominative or accusative):

Ich kaufe morgen ein Auto. . . . ist sehr (*very*) schön. Mein Vater kommt. Ich muß . . . abholen. . . . bleibt drei Tage. Meine Mutter kommt nicht. . . . muß arbeiten. Andreas und Melanie kommen nicht. . . . haben Grippe.

Ich habe eine Platte von Madonna. . . . ist sehr gut, aber meine Schwester mag . . . nicht!

Hast du meinen Kuli? Ich habe . . . nicht und . . . ist sehr teuer. . . . ist nicht in meiner Tasche.

5 Act it out

(a) Practise saying hello to the following people and asking how they are. Use the casual forms when a first name is given and the formal ones when it says *Herr Schmidt* etc. You should decide whether to say *Guten Tag, Herr Braun. Wie geht es Ihnen?* or *Hallo, Thomas! Wie geht's?* (or *Wie geht es dir?*):

1	Frau Braun	5	Herr und Frau Schmidt
2	Andrea	6	Ute
3	Thomas	7	Peter
4	Herr Buchholz	8	Frau Bücheler

Now go through the list again, saying goodbye to them, adding their name after *Tschüs!* or *Auf Wiedersehen!*

(b) Below is the information you have about someone. Ask her directly if it's true, just by adding *nicht* to the end:
e.g. Du bist siebzehn Jahre alt, nicht?

Ute ist neunzehn Jahre alt. Sie wohnt in Heilbronn. Sie hat einen Bruder und eine Schwester. Die Schwester heißt Susanne. Der Bruder heißt Thomas. Die Familie wohnt in einer Wohnung. Sie wohnt in der Goethestraße. Susanne arbeitet in Stuttgart. Sie hat ein Auto. Das Auto ist neu (*new*).

(c) Ask and answer how old people are, using the information below, asking 'How old are you, Michael?' etc. and 'How old is your sister?' etc.:

Michael 18	Stefanie 19	Peter 13
M's Schwester 35	S's Schwester 27	P's Schwester 21
M's Bruder 16	S's Bruder 15	P's Bruder 7

(d) Complete the following conversation and act it out:

A: (*Hello, Melanie, how are you?*)
B: Gut danke! Und dir?
A: (*Fine thanks!*)
B: Ich muß einkaufen. Meine Schwester kommt heute.
A: (*I don't know her. How old is she?*)
B: Sie ist achtzehn Jahre alt.
A: (*Your family live in Bremen, don't they?*)
B: Ja. Ich wohne nicht bei meinen Eltern.
A: (*I must go. 'Bye!*)

6 Letter-writing

You have to leave a message for a friend. Say that you aren't coming today. You must work and your mother is coming. You must fetch her. You're coming tomorrow, but please phone – the number is 01 17 08.

Unit 4
Die Straßenbahn

Gisela und Andreas suchen die Jugendherberge. ᴏᴏ

GISELA: Siehst du, auf dem Stadtplan! Wir sind hier und die Jugendherberge ist hier, neben dem Schloß.
ANDREAS: Das ist ziemlich weit.
GISELA: Ja, und mein Koffer ist schwer! Nehmen wir ein Taxi!
ANDREAS: Ach, nein! Das ist zu teuer! Dort ist eine Straßenbahnhaltestelle. Wir nehmen die Straßenbahn.
GISELA: OK, aber welche Linie fährt zur Jugendherberge?
ANDREAS: Ich weiß nicht. Fragen wir! . . . *(he asks a woman)* Entschuldigen Sie, welche Straßenbahnlinie fährt zur Jugendherberge?
FRAU: Ich glaube, die Nummer 17, aber ich bin nicht sicher.
ANDREAS: Danke schön.
GISELA: Wir haben keine Fahrkarten.
ANDREAS: Hast du Geld für den Automaten? Ich habe kein Kleingeld.
GISELA: Ja, hier.

(*They get tickets from the machine.*)

ANDREAS: Kaufen wir ein Käsebrot?
GISELA: Nein, wir haben keine Zeit. Die Straßenbahn kommt schon!
ANDREAS: Ich sehe sie nicht! Ach, siehst du, das ist die Nummer siebenundzwanzig!
GISELA: Dann gehen wir in ein Café. Ich habe Durst!

Nouns

der Automat *automatic vending-machine*
der Koffer *suitcase*

die Fahrkarte *ticket*
die Frau *woman*
die Jugendherberge *youth hostel*
die Linie *line*
die Straßenbahn *tram*
die Straßenbahnhaltestelle *tram-stop*
die Zeit *time*

das Café *cafe, coffee bar*
das Käsebrot *cheese sandwich*
das Kleingeld *change*
das Schloß *castle*
das Taxi *taxi*

Verbs

fahren (fährt) *to go (by car, train, tram etc.)*
fragen *to ask*
glauben *to think, believe*
kaufen *to buy*
nehmen (nimmt) *to take*
sehen (sieht) *to see*
wissen (weiß) *to know*

Words and phrases

auf *on, at*
Durst haben *to be thirsty*
entschuldigen Sie *excuse me*
kein *no, not a*
neben *near*
schon *already*
schwer *heavy*
sicher *sure*
weit *far*
welch(e) *which*
ziemlich *fairly*
zu *to, too*

Verstehen Sie?

Bitte antworten Sie auf die Fragen! (*Please answer the questions.*)

1 Where do Gisela and Andreas want to sleep?
2 Is it near or far?
3 Why doesn't Gisela want to walk?
4 Who wants to take a taxi?
5 What do they decide to take in the end?
6 What number goes to their destination?
7 Who has change?
8 Do they decide to go to the café first?

Equivalents

Now listen to the conversation again, following the text in your book. Find the German for the following phrases, and repeat them from the tape:

1 Which line goes to the youth hostel?
2 Excuse me . . .
3 I'm not sure.
4 I haven't any change.
5 I'm thirsty.

Pronunciation

1 **Long words**
In German words are often put together to make longer words. To pronounce them properly, you need to think of their parts. Listen to the three words on tape. They will be said separately first. Try to say them yourself, making sure the emphasis goes on the right part of the word.

Straßen-bahn-linie
Straßenbahn-halte-stelle
Jugend-herberge

2 **ä**
When an 'a' has an umlaut, it is pronounced differently. Listen to the difference between *fahren* (to go) and *fährt* (goes).

fahren – f**ä**hrt
Nacht – N**ä**chte (*Nächte* sounds as if it had an 'e' in it)

Grammar notes

A The present tense of verbs

Siehst du, auf dem Stadtplan! *Do you see, on the map?*
Welche Linie **fährt** zur Jugendherberge? *Which line goes to the youth hostel?*

In unit 2 you saw what the endings of verbs were in the present tense. There is another group of verbs in German which make another change, with *du* and *er/sie/es*:

fahren (*to go*)
ich fahre *I go, I'm going*
du f**ä**hrst *you go, you're going*
er/sie/es f**ä**hrt *he/she/it goes, is going*

wir fahren *we go, we're going*
Sie fahren *you go, you're going*
sie fahren *they go, they're going*

sehen *to see*
ich sehe *I see, I'm seeing*
du s**ie**hst *you see, you're seeing*
er/sie/es s**ie**ht *he/she/it sees, is seeing*

wir sehen *we see, we're seeing*
Sie sehen *you see, you're seeing*
sie sehen *they see, they're seeing*

Verbs which make this change with *du* and *er/sie/es* will show this in the vocabulary list:

fahren (fährt)	*to go*
sehen (sieht)	*to see*
nehmen (nimmt)	*to take*

B Dative after prepositions

Welche Linie fährt **zur** Jugendherberge? *Which tram-line goes to the youth hostel?*

In unit 3 you learned about the way the forms of *der/die/das* change when they become dative after certain prepositions. With the following prepositions, instead of saying for example, *von dem Hotel*, you normally shorten what you say to *vom Hotel*:

an	*on, at*	**am** Bahnhof (*at the station*)
bei	*at the house of, with*	**beim** Arzt (*at the doctor's*)
in	*in*	**im** Hotel (*in the hotel*)
von	*from, of*	**vom** Verkehrsamt (*from the tourist office*)
zu	*to*	**zum** Bahnhof (*to the station*)

The only time this happens with feminine nouns is with *zu*:

zur (zu der) Jugendherberge *to the youth hostel*

Here are some more examples to help you:

Haben Sie ein Doppelzimmer **im** Hotel (das Hotel)? *Have you got a double room in the hotel?*
Ich gehe **zur** Post (die Post). *I'm going to the post-office.*
Michael ist **beim** Arzt (der Arzt). *Michael is at the doctor's.*

C Welch

Welche Straβenbahnlinie fährt zur Jugendherberge? *Which tram-line goes to the youth hostel?*

In unit 1 you met the question words;

wie? *how?*
wo? *where?*
was? *what?*
wieviel? *how much?*

And in units 2 and 3 you learned:

wann? *when?*
woher? *where from?*
wohin? *where to?*

Welch – is a little more complicated, as it needs the right ending, just like *der, die* and *das* (see grammar note C, unit 3).

	m.	f.	m.	pl.
nom.	welch**er**	welch**e**	welch**es**	welch**e**
acc.	welch**en**	welch**e**	welch**es**	welch**e**
dat.	welch**em**	welch**er**	welch**em**	welch**en**

Here are some more examples to help you:

Welch**er** Bus fährt zum Hotel? *Which bus goes to the hotel?*
Welch**en** Koffer hast du? *Which suitcase have you got?*
Welch**es** Buch kaufst du? *Which book are you buying?*
Welch**e** Zimmer reservieren Sie? *Which rooms are you reserving?*
In welch**em** Hotel wohnen Sie? *Which hotel are you living in?*

D Kein

In unit 2 you learned *nicht* for 'not'. When you want to say, for example, 'I have no change', you must use *kein*:

Ich habe **kein** Kleingeld. *I haven't got any change.*
Wir haben **keine** Zeit. *We haven't any time. We have no time.*
Ich habe **kein** Einzelzimmer. *I haven't got a single room.*

Kein has the same endings as *ein* (see grammar, note C, unit 3).

Communicating

Making suggestions

It's very easy to say 'let's do something' or 'shall we do something?' in German. You just put the verb in front:

Nehmen wir ein Taxi! *Let's take a taxi.*
Fragen wir! *Let's ask.*
Kaufen wir ein Käsebrot? *Shall we buy a cheese sandwich?*
Dann **gehen wir** in ein Café. *Then let's go in a coffee bar.*

Public transport

Some cities in Germany still have trams (die Straβenbahn) as well as buses. Sometimes you have to get your ticket (die Fahrkarte) before you get on the tram, from a machine (der Automat) at the stop (die Haltestelle).

Asking people in the street

If you need to ask for information in the street, you should always start by saying:

Entschuldigen Sie . . . *Excuse me . . .*

So, to ask the way, you might say:

Entschuldigen Sie, wo ist die Jugendherberge?
Entschuldigen Sie, wo ist das Schloβ?

Saying you don't know or your're not sure

Ich weiβ es nicht. *I don't know.*
Ich bin nicht sicher. *I'm not sure.*

Entschuldigen Sie, welcher Bus fährt zum Schloβ? *Excuse me, which bus goes to the castle?*
Es tut mir leid. Ich weiβ es nicht. *I'm sorry, I don't know.*

Exercises

1 The present tense of verbs

In these exercises, be careful to check whether the verb changes for *du* and *er*!

(a) It's a good idea to learn by heart the verbs which change for *er* and *du*, so practise writing out the following without looking back at the grammar notes!

	fahren	sehen	nehmen	haben	sein
ich					
du					
er/sie/es					
wir					
Sie					
sie					

(b) You're talking to a friend and adding to what they tell you:

FRIEND: Wir kaufen ein Auto – einen Volkswagen.
YOU: Ja? Mein Vater . . . einen Porsche!
Ja? Mein Vater **kauft** einen Porsche! *Yes? My father's buying a Porsche!*

1 Ich habe Karten für die Stadtrundfahrt für heute.
Ja? Michael . . . morgen.
2 Wir fahren morgen nach Schottland.
Ja? Anna . . . Brazilien!
3 Wir gehen zum Bahnhof.
Ja? Mein Vater . . . auch zum Bahnhof!
4 Die Zimmer im Hotel kosten DM 48 pro Nacht.
Ja? Die Jugendherberge . . . DM 10!
5 Wir nehmen die Straßenbahn.
Ja? Claudia . . . ein Taxi.
6 Peter und Johannes kommen heute.
Ja? Mein Freund Thomas . . . morgen.
7 Ich reserviere ein Zimmer für eine Nacht.
Ja? Melanie . . . für drei Nächte.
8 Wir sehen den Film *Rambo* heute.
Ja? Andreas . . . auch einen Film heute.
9 Ich heiße Martin.
Ja? Mein Vater . . . auch Martin.
10 Ich bin krank.
Ja? Meine Mutter . . . auch krank.

(c) You're talking to a German friend and asking a lot of questions. Choose the verb which makes the best sense and give it the right ending. Sometimes more than one verb would make sense!

suchen	haben
kommen	kaufen
fahren	heißen
gehen	wohnen
sehen	nehmen

1 . . . du in London?
2 . . . du zur Party heute?
3 . . . du mit Andreas nach England?
4 . . . du das Schloß da? Es ist sehr schön!
5 . . . du Durst? Ich kaufe einen Kaffee.
6 . . . du ein Taxi? Es ist teuer!
7 . . . du die Platte da? Sie ist sehr gut!
8 . . . du Thomas oder Tobias?
9 . . . du ein Doppelzimmer oder zwei Einzelzimmer?
10 . . . du zum Verkehrsamt?

(d) Match up the beginnings and the ends of these questions!

1 Siehst	(a) die Stadtrundfahrt um 11 Uhr?
2 Sehen	(b) Sie die Platte da? Sie ist gut!
3 Heißt	(c) Stefanie ein Taxi oder fährt sie mit dem Bus?
4 Haben	(d) ich heute oder morgen in die Stadt?
5 Gehe	(e) Jutta und Ingrid ein Doppelzimmer?
6 Nimmt	(f) du das Schloß? Es ist sehr interessant!
7 Komme	(g) wir Zeit?
8 Kaufen	(h) ich zu spät (*too late*)?
9 Haben	(i) du Maria oder Martina?
10 Beginnt	(j) Melanie und Christian ein Auto?

2 Dative after prepositions

(a) Someone is asking where your family are and what they are doing. You will need the following words to explain:

neben zu mit in
das Hotel das Zimmer der Bahnhof das Schloß die Stadt
das Verkehrsamt der Bus die Straßenbahn das Café

My father is in the hotel, in the room. My mother is in the town. She's going to the tourist office. My brother is going to the station. He's going by bus (with the bus). My sister is in the café near the castle. I'm going to the castle by tram (with the tram).

(b) You are in Germany and a friend is asking you a lot of questions. Answer them in German, using the information in brackets:

1 Wo ist das Hotel? (*Near the castle.*)
2 Wohin fährt die Straßenbahn? (*To the youth hostel.*)
3 Wie fährst du nach München? (*By car, – say 'With the car'.*)
4 Wo ist dein Vater? (*In the hotel.*)
5 Wohin gehst du? (*To the tourist offfice.*)
6 Woher kommt der Bus? (*From the station.*)
7 Wo ist deine Mutter? (*In the town.*)
8 Wo wartet dein Freund? (*On the street.*)
9 Woher hast du die Fahrkarten? (*Out of the automatic vending-machine.*)
10 Wo ist das Geld? (*In the suitcase.*)

3 Welch

(a) Your friend mentions something, but you don't know which one she's talking about:
e.g. Ich sehe den Film morgen.
Welchen Film?
Ich sehe dich im Café.
In welchem Café?

1 Ich gehe zum Hotel.
2 Mein Freund kommt morgen.
3 Die Stadtrundfahrt beginnt um neun.
4 Ich bringe das Geschenk heute.
5 Wir nehmen den Bus.
6 Die Platte ist sehr gut.
7 Ich bin in einer Jugendherberge.
8 Wir gehen zum Schloß.
9 Hast du die Karten?
10 Wo ist die Telefonnummer?

(b) This exercise practises other question words as well as 'which'. You are at the tourist office and you need a lot of information! Ask:

1 How much does the hotel cost?
2 How much does the youth hostel cost?
3 How do I get to the youth hostel? (use 'come' instead of 'get')
4 Which bus goes to the youth hostel?
5 When is the sightseeing tour?
6 What time does it begin?
7 Where is the station?
8 Where is the castle?

The receptionist notices that you're not German and asks:

9 Where do you come from?
10 Where do you live?

4 Kein

You haven't got anything – no room, no address, nothing! Use *Ich habe kein – . . ..*

1 suitcase
2 tickets
3 time
4 room
5 change
6 address
7 money
8 phone number
9 car
10 map
11 pen

5 Act it out

(a) You're at a loose end one afternoon. Make some suggestions to your friend:

1 Let's go to a café.
2 Let's buy a record.
3 Shall we buy a present for Martin?
4 Let's buy a cheese sandwich.
5 Shall we go to the castle?
6 Let's go by bus.

(b) Starting off with 'Excuse me . . .' each time, ask people in the street for the following information:

1 Where's the station?
2 Which bus goes to the station?
3 Where is the tram-stop?
4 Where is the tourist office?
5 How do I get to the tourist office? (use 'come' instead of 'get')

(c) Now complete the following conversation and act it out:

A: (*Excuse me, where's the youth hostel?*)
B: Ach, ziemlich weit! Neben dem Zoo!
A: (*How do I get to the youth hostel?*)
B: Mit der Straßenbahn.
A: (*Which number goes to the youth hostel?*)
B: (*I don't know.*) Ich glaube, die Nummer 10.
A: (*Thank you very much. Goodbye.*)
B: Auf Wiedersehen!

6 Letter-writing

Leave a message for your German friend, explaining you are going to the youth hostel. Your friend Thomas has a party there. Your friend can go by tram number 16. It's not far. The party begins at 8. Begin the message 'Lieber Michael!' or 'Liebe Melanie!' and just put your name at the end.

Unit 5
Am Bahnhof

Katrin und Christian fahren nach Hamburg. Katrin kauft die Fahrkarten.

KATRIN: Zweimal zweiter Klasse nach Hamburg, bitte.
ANGESTELLTER: Einfach, oder hin und zurück?
KATRIN: Einfach, bitte.
ANGESTELLTER: Das macht DM 97,00. Bitte sehr.
KATRIN: Danke schön. Wann fährt der nächste Zug?
ANGESTELLTER: Um acht Uhr fünfzehn.
KATRIN: Und wann kommt der Zug in Hamburg an?
ANGESTELLTER: Moment mal. Ich muβ nachsehen. Um elf Uhr zwanzig.
KATRIN: Müssen wir umsteigen?
ANGESTELLTER: Ja, Sie steigen in Kassel um.
KATRIN: Von welchem Gleis fährt der Zug?
ANGESTELLTER: Von Gleis vier.
KATRIN: Danke. Und – können wir im Zug essen?
ANGESTELLTER: Ja, natürlich.

. . .

CHRISTIAN: Müssen wir lange warten?
KATRIN: Nein, nicht lange – nur eine halbe Stunde.
CHRISTIAN: Wie lange dauert die Fahrt?
KATRIN: Drei Stunden.
CHRISTIAN: Ich habe Hunger. Siehst du ein Café?
KATRIN: Ja, dort drüben. Ich komme auch mit. Ich habe Durst.
CHRISTIAN: Dort ist eine Buchhandlung. Ich kaufe einen Krimi.
KATRIN: Ach! Ich kann im Zug nicht lesen!

Nouns

der Angestellte *clerk*
der Bahnhof *station*
der Hunger *hunger*
der Krimi (Kriminalroman) *detective story*

die Buchhandlung *bookshop*
die Fahrt *journey*
die Klasse *class*
die Mark *mark (Germany currency)*
die Stunde *hour*
die Uhr *clock, o'clock*

das Gleis *platform*

Verbs

ankommen *to arrive*
dauern *to last*
essen (iβt) *to eat*
können (kann) *can*
lesen (liest) *to read*
machen *to make*
das macht *that comes to (money)*
umsteigen *to change (trains)*

Words and phrases

dort drüben *over there*
einfach *simple, (here) single*
halb *half*
hin und zurück *return (literally 'there and back')*
lange *for a long time*
nach *to*
nächst *next*
natürlich *naturally*
nur *only*
um *at (for giving the time)*
zurück *back*
zweimal *twice*

Verstehen Sie?

Try to answer the questions from listening to the tape, only looking at the text afterwards:

1 Wohin fahren Christian und Katrin?
2 Welche Klasse fahren sie?
3 Kommen sie zurück?
4 Wieviel kosten die Fahrkarten?
5 Wann fährt der nächste Zug?
6 Müssen sie umsteigen?
7 Von welchem Gleis fährt der Zug?
8 Wie lange müssen sie warten?
9 Hat Katrin Hunger oder Durst?
10 Was kauft Katrin?

Equivalents

Listen to the conversation again, while following the text in your books. Find the German equivalents for the following expressions:

1 Two second-class tickets to Hamburg, please.
2 Single, or return?
3 When does the next train leave?
4 When does the train arrive in Hamburg?
5 What platform does the train leave from?
6 I'm hungry.

Pronunciation

1 u

This is always pronounced as in the English 'm**oo**n' or 'f**u**ll', and never as in the English 'c**u**p' or 'c**u**te':

z**u**rück *(back)*
Der Z**u**g fährt **u**m elf. *The train goes at 11.*

2 final 'e'

This is always pronounced as a separate syllable in German:

die Kart**e**
ein**e** halb**e** Stund**e** *half an hour*

3 **final 'b', 'd' and 'g'**
Although these are normally pronounced as they are in English, at the end of a word they sound more like 'p', 't' and 'k'.

un**d**
Hambur**g**
hal**b**
der Zu**g**
guten Ta**g**
es tut mir lei**d**

Now listen to the tape again and repeat the useful expressions which you found above, paying particular attention to pronunciation.

Grammar notes

A Common prepositions of place

1 **Nach**
When used with the name of a town or country, *nach* means 'to'.

Ich fahre heute nach Deutschland.
Zweimal zweiter Klasse nach Hamburg.

2 **zu**
You use *zu* rather than *nach* with places like 'the bank' and 'the post-office':

Gehst du zur Post? *Are you going to the post-office?*
Der Bus fährt zum Bahnhof. *The bus is going to the station.*
Ich muß zum Verkehrsamt. *I must (go) to the tourist office.*

Note the idiomatic expressions *nach Hause* and *zu Hause*:

Ich gehe nach Hause. *I'm going home.*
Er ist zu Hause. *He's at home.*

B Separable verbs

ankommen
Wann **kommt** der Zug in Hamburg **an**?
When does the train arrive in Hamburg?

umsteigen
Sie **steigen** in Kassel **um.** *You change (trains) at Kassel.*

mitkommen
Ich **komme** auch **mit**. *I'm coming (with you) too.*

Note that the first, detachable, part of the verb goes to the end. This does not happen when the verb is used after a verb like *müssen*, as the verb goes to the end anyway:

Müssen wir **umsteigen**? *Must we change?*
Ich **kann** in Köln **umsteigen**. *I can change at Cologne.*

Other separable verbs you have met are:

nachsehen
Ich **sehe** mal **nach.** *I'll just have a look.*

abholen
Ich **hole** meine Mutter vom Bahnhof **ab.**
I'm fetching my mother from the station.

einkaufen
Ich **kaufe** morgen in der Stadt **ein**.
I'm going shopping in the town tomorrow.

C Fahren, gehen

You may have wondered why you don't always use *gehen* in German when you want to say 'go' in English. This is because you normally only use *gehen* when you are going on foot. If you are travelling by car, bus, train etc. you use *fahren*:

Sie fahren nach Hamburg. *They are going to Hamburg (by train)*
Wann fährt der nächste Zug? *When does the next train go?*
Ich gehe in die Stadt. *I'm going into town (on foot)*

D Können

Können wir im Zug **essen?** *Can we eat on the train?*
Ich **kann** im Zug nicht **lesen**. *I can't read on the train.*

Like *müssen*, which you met in unit 3, *können* (can) is always used with another verb.
This verb always goes to the end.

ich kann	*I can*	wir können	*we can*
du kannst	*you can*	Sie können	*you can*
er/sie/es kann	*he/she/it can*	sie können	*they can*

Remember that **können**, like **müssen**, makes the other verb go to the end:

Ich *kann* morgen *kommen*. *I can come tomorrow.*
Können Sie eine Fahrkarte für meine Schwester *kaufen*?
Can you buy a ticket for my sister?

Communicating

Train enquires

Einmal erster Klasse nach München, bitte.
One first-class ticket to Munich, please (literally 'once to Munich').
Zweimal zweiter Klasse nach München, bitte.
Two second-class tickets to Munich, please.
Einfach, oder hin und zurück?
Single or return (literally 'single or there-and-back')?
Drei Rückfahrkarten, bitte. *Three return tickets, please.*
Einfach. *Single.*
Hin und zurück. *Return.*
Müssen wir umsteigen? *Do we have to change?*
Ja, Sie müssen in Regensburg umsteigen.
Yes, you have to change in Regensburg.
Nein, der Zug fährt direkt. *No, it's a through-train.*

Bitte

Clerks and shop-assistants often say *bitte sehr* when giving you your tickets/goods. *Bitte*, as well as meaning 'please', is also used after someone has said 'thank you'. (We don't have an equivalent in English although Americans say 'you're welcome.') When people say *bitte* to you in shops **before** you have said *danke*, it is just because they **expect** you to say it! Anyway, it is a good idea to get into the habit of always saying *bitte* whenever anyone says *danke* to you, for example:

Entschuldigen Sie, wo ist die Post? *Excuse me, where's the post-office?*
Dort drüben. *Over there.*
Danke schön.
Bitte schön.

The twenty-four hour clock

Railway timetables always give the time using the twenty-four hour clock. This would always be said in the following way, with the word *Uhr* (o'clock) between the hour and the minutes:

dreizehn Uhr fünfundzwanzig *1.25 pm*
elf Uhr dreizehn *11.13 am*

Exercises

1 Nach, zu

(a) When you answer the following questions, decide whether you need *nach* or *zu*:
e.g. Gehst du in die Stadt? (Ja, Post) Ja, ich gehe zur Post.

Belgien *Belgium*
Frankreich *France*
Italien *Italy*

1 Fährst du nach Frankreich? (Nein, Italien)
2 Fahren Sie in die Schweiz? (Nein, Frankreich)
3 Gehen Sie in die Stadt? (Ja, Verkehrsamt)
4 Gehst du ins Café? (Nein, Bahnhof)
5 Fahren Sie zum Hotel? (Nein, Dom)
6 Gehst du in die Stadt? (Ja, Buchhandlung)
7 Gehst du zur Jugendherberge? (Nein, Bank)
8 Fährst du nach England? (Nein, Belgien)

(b) Now translate into German:

1 I'm going to the hotel.
2 He's going to Mannheim. (by train)
3 Are you (*du*) going to the post-office?
4 We're going to the tourist office tomorrow.
5 Michael is at home.
6 When are you (*Sie*) going home?

2 Separable verbs

(a) You are disagreeing with someone! Use the correct form of *können*:
e.g. Ich steige in Kassel um.
Du kannst in Kassel nicht umsteigen!

1 Ich kaufe heute ein.
2 Du holst deine Eltern vom Bahnhof ab.
3 Andreas kommt mit.
4 Ich sehe im Buch nach.
5 Sie kommen um zehn an.
6 Du steigst in München um.
7 Meine Eltern kommen morgen an.
8 Ich komme zum Verkehrsamt mit.
9 Du kaufst für deine Schwester ein.
10 Ich steige in Mannheim um.

(b) Put the following sentences into the right order, separating the verb if necessary and giving it the correct ending:

1 der Bus wann (ankommen) in Bremen?
2 wir (umsteigen) müssen in Hamburg?
3 ich kann (mitkommen)?
4 ich (nachsehen) muβ.
5 ich (abholen) meine Schwester vom Bahnhof.
6 Gaby (umsteigen) in Kassel.
7 kannst du (abholen) Thomas vom Hotel?
8 ich (einkaufen) für meine Eltern.
9 ich muβ (einkaufen) morgen.
10 wir (abholen) ihn vom Verkehrsamt.

(c) Now translate the following dialogue into German:

When does the train arrive in Heidelberg? *At ten.*
Must I change? *Yes, you must change at Göttingen.*
Okay. Is Gaby fetching me? *Yes.*

3 Fahren, gehen

(a) Your family and friends are on the move! Use the following information to write about them:
e.g. Hans – Hamburg (by train)
Hans fährt nach Hamburg.

1 Gaby – Italy
2 Andreas – Belgium
3 ?Sie – the post-office (on foot)
4 ?du – the youth hostel (on foot)
5 Ute und Andrea – France
6 ich – the hotel (on foot)
7 wir – München (by car)
8 Martin und Gisela – England
9 ?Sie – the station (on foot)

(b) You are going into town (on foot). Schwäbisch-Hall and Heilbronn are two small towns in the south-west, near Stuttgart. Translate the following conversation with your friend:

warum? *why?*

A: Are you going to the tourist office?
B: Yes.
A: Can you buy a street map of Schwäbisch-Hall?
B: Yes. Why?
A: I'm going to Schwäbisch-Hall tomorrow (by car). Can you come?
B: I'm sorry, I can't. I'm going to Heilbronn with Michael.
A: Pity!

4 Müssen, können

(a) In the following dialogue, give the correct form of the verb in brackets:

schwimmen *to swim*
ich schwimme gern *I like swimming*
vielleicht *perhaps*

MICHAEL: Gaby, (können) du gut schwimmen?
GABY: Nicht so gut, aber ich schwimme gern. Warum?
MICHAEL: (Können) du mit mir am Samstag schwimmen gehen?
GABY: Ach, schade! Am Samstag (können) ich nicht kommen. Meine Mutter (müssen) nach München fahren und ich fahre mit. Am Montag?
MICHAEL: Nein, am Montag (müssen) ich zu Hause arbeiten. Vielleicht (können) Melanie und Thomas am Montag schwimmen.
GABY: Thomas (können) nicht schwimmen. Ach, du arbeitest zu viel! Sport ist gut! Wir (können) eine halbe Stunde schwimmen und dann (können) du arbeiten.
MICHAEL: Okay, am Montag!

(b) Look back at the dialogue for this unit and then provide a suitable (and true) beginning to each sentence. (There may be more than one possible answer):

1 müssen nach Hamburg fahren.
2 muß nachsehen.
3 kann nicht im Zug lesen.
4 muß essen.
5 muß einen Krimi kaufen.
6 müssen in Kassel umsteigen.
7 können im Zug essen.
8 muß trinken.
9 müssen eine halbe Stunde warten.

5 Act it out

Using the information in the boxes, write two dialogues between yourself and a clerk at a railway station. The symbol → is for 'single' and ↔ for 'return':

(a)

Köln × 3 (2. Kl.)	DM 90,00 →/↔?
Wann?	7.49 und (Köln) 9.20
(umsteigen?)	Würzburg
Gleis?	5
essen?	ja!

(b)

Regensburg × 1 (1 Kl.)	DM 45,00
Wann?	9.10 und 11.27
(umsteigen)	nein!
Gleis?	6
essen?	nein!

6 Letter-writing

You are going on holiday with a friend. Write a letter about the arrangements. The train leaves on Saturday at 10.00 from platform 2 and arrives at 12.00. You have to change in Hessen. You can eat on the train. Gaby is fetching you from the station at 12.00. Tell your friend he/she should bring (*bringen*) a detective novel and cards (*Karten*). Say you must buy a present for Gaby. Finish the letter *Bis Samstag!* (Till Saturday!).

Unit 6
Eine kleine Pause!

Every sixth unit will give you a short break. Rather than new grammar, there will be listening exercises and authentic reading passages so that you can see how you might get on 'in real life'! To give better practice of listening comprehension, you won't have the text of the conversation in front of you (although it is given at the back of the book). You should listen to the tape until you can answer the questions. There are also some exercises for you to do which revise grammar points you have already had.

1 Telefongespräch im Hotel. ʊʊ

Listen to the tape and fill in the following details:

Hotel:	
Zimmertyp: (1)	(2)
Preis: (1)	(2)
Name (des Mannes):	
Land:	

Now answer the following questions:

Welche Straßenbahn kann er nehmen?
Welchen Bus kann er nehmen?
Wo ist er jetzt?

2

(a) Fill in the gaps in the following monologue to make best sense, and write out all the numbers as words:

Ich ______ Ingrid Kästner. Ich ______ 25 Jahre ______ und ich ______ in Stuttgart. Meine Adresse ______ Hölderlinstraße 38. Ich ______ ______ Auto und ich ______ mit ______ Bus zur Arbeit. Ich ______ im Verkehrsamt in ______ Stadtmitte.

Meine Familie ______ nicht in Stuttgart. Mein Bruder ______ verheiratet und ______ jetzt in Heilbronn. Er ______ 3 Kinder. Meine Eltern ______ in München. Ich muß ______ morgen besuchen. Ich fahre ______ ______ Zug. Er ______ um 8.35 Uhr und ______ in München ______ 10.15 Uhr ______

(b) Imagine you are interviewing Ingrid Kästner to get the above information. Write out the following questions in full, in German:

1 name
2 age
3 address
4 get to work
5 where work
6 live parents?
7 brother married?
8 where brother live?
9 children?
10 train leave Munich

3 Kreuzworträtsel!

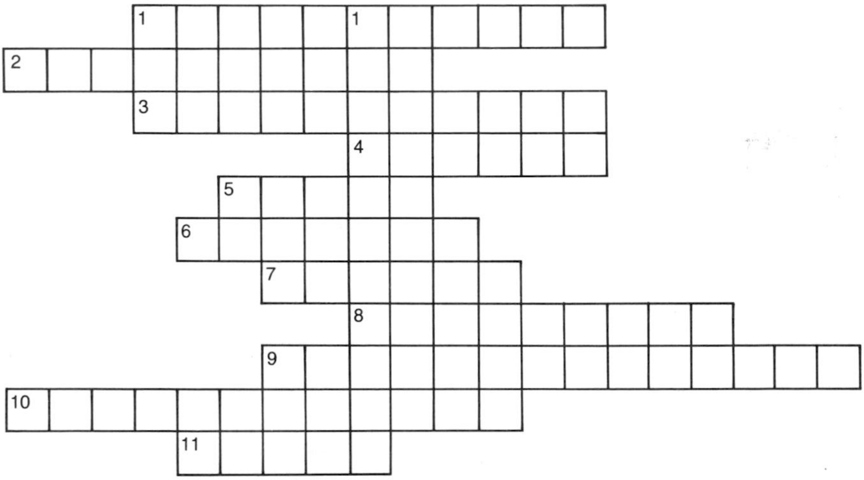

Waagerecht (*across*)
1 'Können Sie ein Doppelzimmer ______ ?'
2 'Was kosten die ______ nach Hamburg?'
3 'Auf ______ !' 'Tschüs!'
4 'Zweimal zweiter ______ nach Bonn, bitte.'
5 'Haben Sie ______ Kuli?'
6 'Wo ist der ______ ? Ich muß einen Zug nehmen.'
7 'Einmal hin und ______ nach Regensburg, bitte!'
8 'Wo ist das Hotel? Haben Sie einen ______ ?'
9 'Haben Sie Karten für die ______ ?'
10 'Ein ______ oder ein Doppelzimmer?'
11 'Für wieviele Nächte?' 'Nur für eine ______ , bitte.'

Senkrecht (*down*)
1 'Sie können ein Hotel im ______ finden.'

4 Here are some extracts from a hotel guide for Stuttgart. Read them carefully and find the best hotel for the following situations:

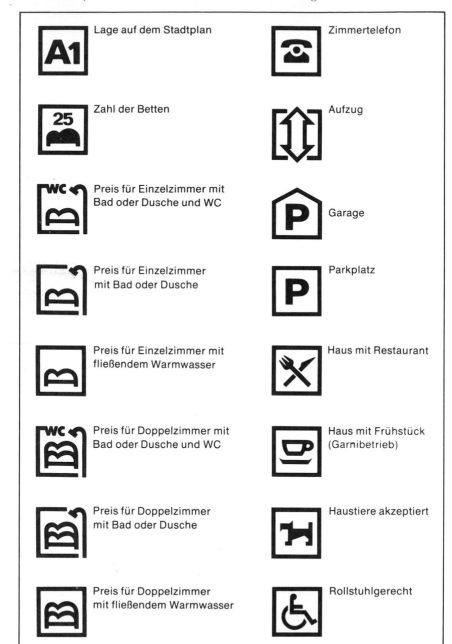

Lage auf dem Stadtplan

Zahl der Betten

Preis für Einzelzimmer mit Bad oder Dusche und WC

Preis für Einzelzimmer mit Bad oder Dusche

Preis für Einzelzimmer mit fließendem Warmwasser

Preis für Doppelzimmer mit Bad oder Dusche und WC

Preis für Doppelzimmer mit Bad oder Dusche

Preis für Doppelzimmer mit fließendem Warmwasser

Zimmertelefon

Aufzug

Garage

Parkplatz

Haus mit Restaurant

Haus mit Frühstück (Garnibetrieb)

Haustiere akzeptiert

Rollstuhlgerecht

7000 Stuttgart 1		A1	25	WC			WC		
Hotel-Gasthof Traube C	Steubenstr. 1 E. u. R. Stephan Tel. 28 20 01 P	34	20	70,– A 60,–	–	50,–	110,– A 110,–	–	–
Hotel Arche D	Bärenstr. 2 E. Maurer Tel. 24 57 58/9	35	21	–	–	38,–/ 40,–	–	–	52,–/ 69,–
Hotel Haus Berg D	Karl-Schurz-Str. 16 M. Kraus Tel. 26 18 75	36	22	55,–	52,–	35,–	–	85,–	70,–
Hotel Doggenburg D	Herdweg 117 K.-H. Gnant Tel. 22 11 98 -50 P	37	25	–	–	40,–/ 45,–	108,–	98,–	54,–/ 74,–
Gästehaus Eckel D	Vorsteigstr. 10 M. Eckel Tel. 29 09 95	38	17	50,–	–	28,–/ 35,–	80,–	–	60,–
Gästehaus Florian D	Florianstr. 7 P. Clar Tel. 26 59 62 P	39	24	–	–	o. Frühst. 30,–/ 35,–	–	–	o. Frühst. 45,–/ 50,–
Hotel-Gasthof Frauenkopf Evang. Waldheim D	Waldebene-Ost 20 E. Kurz Tel. 24 01 34 -80 P	40	38	–	–	28,–/ 31,–	–	–	50,–/ 54,–
Hotel-Gasthof Fuchsrain Naturfreundeheim D	Neue Str. 150 Fam. Munteanu Tel. 46 65 04 -120 P	41	10	–	–	–	–	–	o. Frühst. 40,–/ 47,–
Gästehaus Himmelsberg D	Im Himmelsberg 16 P. u. I. Heß Tel. 25 24 14 P	42	24	–	54,–/ 58,–	48,–	–	90,–/ 98,–	70,–
Gästehaus Jursitzki D	Staibenäcker 1 L. Jursitzki Tel. 26 18 90 P	43	14	–	–	48,–	80,–	–	70,–
Pension Kludt D	Arminstr. 11 H. Ramminger Tel. 60 52 59 P	44	18	65,–	50,–	37,–/ 45,–	90,–	70,–	62,–/ 65,–

(a) You are looking for a double room for the lowest price possible. You don't care about having an ensuite shower or toilet and you'll do without breakfast if necessary!

(b) You want a decent double room with all mod cons!

(c) You want to bring a dog, and you **must** have somewhere to park! Otherwise you'd like a reasonably cheap single room.

(d) Now write the conversation you would have with the receptionist in (a) and (b).

(e) What do you think the following mean?

Aufzug	Zahl der Betten
Parkplatz	Frühstück
mit fließendem Warmwasser	Haustiere akzeptiert

5 Look at these extracts from a guide showing the inter-city train connections and decide which train best suits you in the following situations:

Von **München** nach

Düsseldorf 674 km / Duisburg 697 km

	ab	Zug	Düs an	Dui an	Bemerkungen
Ⓕ❶	4.00	D 718	11.25	11.39	[U] Stuttgart IC
❶	4.00	D 718	12.37	12.53	[U] Köln
Ⓕ	5.30	D 786	12.25	12.39	[U] Würzburg IC
Ⓓ	5.43	IC 616	12.25	12.39	[U] Köln
	6.43	IC 614	13.25	13.39	☎
Ⓕ	7.43	IC 518	14.25	14.39	☎
	8.30	IC 528	15.25	15.39	☎ [U] Köln
	8.43	IC 690	15.25	15.39	[U] Mannheim ☎
Ⓐ	9.15	IC 526	16.25	16.39	☎
Ⓓ	9.26	TEE 18	15.51	16.04	☎
Ⓑ	9.43	IC 610	16.25	16.39	☏ [U] Köln
	10.32	D 1716	18.05	18.21	🍷
	10.43	IC 612	17.25	17.39	☎
	11.30	IC 124	18.18	18.32	☎
	11.34	D 722	19.03	19.20	🍴
	11.43	IC 516	18.25	18.39	☎
□	12.00	D 1424	19.57	20.12	[🍴]
	12.43	IC 514	19.25	19.39	☎
	13.15	IC 624	20.25	20.36	☎ [U] Köln
Ⓔ	13.43	IC 598	20.25	20.39	[U] Mannheim
	14.43	IC 116	21.25	21.39	
	15.15	IC 620	22.25	22.39	☎
Ⓔ	15.43	IC 512	22.25	22.39	[U] Köln
	15.47	D 210	23.17	23.34	[🍴]
Ⓔ	16.30	IC 622	23.25	23.39	☎ [U] Köln
	16.43	IC 596	23.25	23.39	☎ [U] Mannheim
	17.15	IC 564	1.15	1.42	[U] Köln
Ⓑ	17.43	IC 510	1.15	1.42	[U] Köln
	20.51	D 710	6.33	6.57	🚃 🛏 ▬ 🍷
	21.10	D 218	6.03	6.26	🛏 ▬ [U] Köln
	21.15	D 298	6.03	6.26	🚃 ▬
Ⓛ	21.58	D 1218	6.03	6.26	🛏 ▬ [U] Köln
	23.10	D 216	7.25	7.39	🛏 ▬ [U] Köln IC
	23.10	D 216	7.40	7.58	🛏 ▬ [U] Köln
	23.24	D 824	8.05	8.23	🛏 ▬ 🍷
Ⓘ	23.52	D 1212	8.43	9.02	▬ [U] Köln 🍷
Ⓚ	23.58	D 828	9.41	—	🛏

Bochum 731 km / Essen 715 km

	ab	Zug	Esn an	Bo an	Bemerkungen
Ⓕ❶	4.00	D 718	11.52	12.02	[U] Stuttgart IC
Ⓕ	5.30	D 786	12.52	—	[U] Würzburg IC
Ⓓ	5.43	IC 616	12.52	13.12	[U] Köln, [U] Essen
	6.43	IC 614	13.52	14.02	☎
Ⓕ	7.43	IC 518	14.52	15.02	☎
	8.30	IC 528	15.52	16.02	☎ [U] Köln
	8.43	IC 690	15.52	16.02	[U] Mannheim ☎
Ⓐ	9.15	IC 526	16.52	—	☎
Ⓓ	9.26	TEE 18	16.16	●16.43	☎ [U] Essen
Ⓑ	9.43	IC 610	16.52	17.12	☏ [U] Köln, [U] Essen
	10.32	D 1716	18.35	18.48	🍷
	10.43	IC 612	17.52	18.02	☎
	11.34	D 722	19.36	19.49	🍴
	11.43	IC 516	18.52	19.02	☎
□	12.00	D 1424	20.36	20.48	[🍴] [U] Duisburg
	12.43	IC 514	19.52	20.02	☎
	13.15	IC 624	20.52	21.02	☎ [U] Köln
Ⓔ	13.43	IC 598	20.52	21.02	[U] Mannheim
	14.43	IC 116	21.52	22.02	
	15.15	IC 620	22.52	23.02	☎
Ⓔ	15.43	IC 512	22.52	23.02	[U] Köln
	15.47	D 210	24.00	0.13	[🍴]
Ⓔ	16.30	IC 622	23.52	0.02	☎ [U] Köln
	16.43	IC 596	23.52	0.02	☎ [U] Mannheim
	17.15	IC 564	1.59	—	[U] Köln
Ⓑ	17.43	IC 510	1.59	—	[U] Köln
	20.51	D 710	7.06	7.22	🚃 🛏 ▬ 🍷 [U] Essen
Ⓖ	21.10	D 218	6.22	6.33	🛏 ▬ [U] Köln IC
	21.15	D 298	6.49	7.01	🚃 ▬
Ⓛ	21.58	D 1218	6.49	7.01	🛏 ▬ [U] Köln
	23.10	D 216	7.52	8.02	🛏 ▬ [U] Köln IC
	23.10	D 216	8.17	—	🛏 ▬ [U] Köln
	23.24	D 824	8.48	9.10	🛏 ▬ 🍷
Ⓘ	23.52	D 1212	9.21	9.32	▬ [U] Köln 🍷

nach Flensburg siehe Seite 125

Frankfurt 423 km

	ab	Zug	an	Bemerkungen
❶	1.15	E 2364	8.17	[U] Stuttgart IC
🍴❶	4.00	D 718	9.13	[U] Heidelberg
Ⓕ	5.30	D 786	9.22	[U] Würzburg IC
Ⓓ	5.43	IC 616	10.17	[U] Mannheim
Ⓕ	6.30	IC 520	10.22	
❷	6.42	E 2080	12.06	🍷 [U] Würzburg
	6.43	IC 614	11.17	☎ [U] Mannheim
	7.03	D 814	12.11	🍷
Ⓒ	7.15	IC 522	11.22	☎
Ⓕ	7.30	IC 688	11.22	[U] Würzburg ☎
Ⓕ	7.43	IC 518	12.17	☎ [U] Mannheim
	8.30	IC 528	12.22	☎
	8.43	IC 690	13.17	
	9.01	D 416	14.57	🍷 [U] Heidelberg 🍷
Ⓒ	9.15	IC 526	13.22	☎
Ⓓ	9.26	TEE 18	14.09	☎ [U] Heidelberg
Ⓒ	9.30	IC 586	13.22	[U] Würzburg ☎
	9.43	IC 610	14.17	☏ [U] Mannheim
Ⓑ	10.15	IC 524	14.22	☎
Ⓓ	10.30	IC 684	14.22	[U] Würzburg ☎
	10.32	D 1716	16.12	🍷 [U] Heidelberg
Ⓕ	10.43	IC 612	15.17	☎ [U] Mannheim
	11.30	IC 124	15.28	☎
	11.34	D 722	15.51	🍴
	11.43	IC 516	16.17	☎ [U] Mannheim
□	12.00	D 1424	16.22	[🍴]
	12.30	IC 120	16.22	
	12.43	IC 514	17.17	☎ [U] Mannheim
	13.15	IC 624	17.22	☎
Ⓕ	13.30	IC 680	17.22	[U] Würzburg ☎
Ⓔ	13.43	IC 598	18.17	
	14.00	D 798	19.20	🍷
Ⓖ	14.30	IC 568	18.22	
Ⓔ	14.43	IC 116	19.17	[U] Mannheim ☎
	15.15	IC 620	19.22	☎
Ⓔ	15.30	IC 582	19.22	[U] Würzburg ☎
Ⓔ	15.43	IC 512	20.17	[U] Mannheim
Ⓔ	16.30	IC 622	20.22	☎
	16.43	IC 596	21.17	☎
	16.54	E 2988	21.41	[U] Würzburg D [🍴]
	17.15	IC 564	21.30	
	17.19	D 992	22.35	🍷
Ⓔ	17.30	IC 550	21.30	[U] Würzburg
	17.43	IC 510	22.12	[U] Heidelberg
Ⓔ	18.15	IC 560	22.24	
Ⓔ	18.43	IC 594	23.17	[U] Mannheim
Ⓓ	19.30	IC 562	23.23	
	21.15	D 298	2.21	🚃 ▬
	23.24	D 824	4.20	🛏 ▬ 🍷
	23.30	D 896	5.50	🚃
Ⓚ	23.58	D 828	5.49	🛏

nach Freiburg siehe Seite 188

Ⓐ = ① bis ⑤
Ⓑ = täglich außer ⑥
Ⓒ = ① bis ⑥
Ⓓ = ① bis ⑤, nicht 16., 17. VI.
Ⓔ = täglich außer ⑥, nicht 15., 16. VI.
Ⓕ = ① bis ⑥, nicht 16., 17. VI.
Ⓖ = täglich außer ⑥, nicht 16. VI.
Ⓘ = ⑥, sowie täglich vom 28. VI. bis 17. VIII.
Ⓚ = ⑤ und ⑦, nicht 15. VI.
Ⓛ = täglich vom 26. VI. bis 29. VIII.

● = nicht 5. VI.
☏ = Münz-Funkfernsprecher

❶ = Zugang nur über Arnulfstraße
❷ = Starnberger Bahnhof

□ = auch 28. IX.

Zeichenerklärung

	Trans-Europ-Express (nur 1. Klasse mit besonderem Komfort und Zugrestaurant)
	Intercity-Zug (1. und 2. Klasse im Ein-Stunden-Rhythmus, mit Zugrestaurant)
D	Schnellzug
E	Eilzug
Ohne Buchstaben	Zug des Nahverkehrs
	DB-Schnellbahnzug
	Kurswagen
	Schlafwagen
	Liegewagen 2. Klasse
	Zugrestaurant
	Quick-Pick-Zugrestaurant
	Speisen u Getränke im Zug
	Zugsekretariat und Zugtelefon
	Umsteigen
	an Werktagen
	an Sonntagen und allgemeinen Feiertagen

① = Montag ② = Dienstag ③ = Mittwoch ④ = Donnerstag ⑤ = Freitag ⑥ = Samstag (Sonnabend) ⑦ = Sonntag

(a) You want to get from Munich to Frankfurt by midday, getting up as late as possible! Find out departure and arrival times and whether you have to change. You're travelling on a Friday. Now write the conversation between you and the clerk at the information desk.

(b) You want to get from Munich to Düsseldorf on a Sunday, before 16.30. You don't particularly want to change and you can't afford to travel first class! Find out the details. Now write the conversation between you and the clerk.

(c) You can't leave before twelve and you want to be in Essen before eight in the evening. Find the right train!

(d) Can you guess, looking at the symbols in the key, what the following German words mean?

Schlafwagen
Liegewagen
Speisen und Getränke im Zug
an Werktagen
an Sonntagen und allgemeinen Feiertagen

Unit 7
Die Post

SOPHIE: Hast du Briefmarken? Ich will sechs Postkarten nach England schicken.

UWE: Nein, ich habe keine Briefmarken mehr . . . Ich frage jemanden . . . Entschuldigen Sie, gibt es in der Nähe eine Post?

FRAU: Ja, nicht weit von hier. Also, Sie gehen hier geradeaus bis zur Ampel, dann gehen Sie links und dann die zweite Straβe rechts . . .

UWE: Langsamer, bitte! Also, hier geradeaus . . .

FRAU: Ja, und dann links . . .

UWE: Dann links, und – die zweite rechts, sagen Sie?

FRAU: Ja, Sie nehmen die zweite Straβe rechts und dann ist die Post auf der linken Seite . . .

UWE: Auf der linken Seite . . .

FRAU: Gegenüber dem Kino.

UWE: Also, ich wiederhole. Wir gehen hier geradeaus bis zur Ampel, dann links und die zweite rechts, und die Post ist auf der linken Seite.

FRAU: Ja, richtig.

UWE: Vielen Dank. Auf Wiedersehen.

FRAU: Auf Wiedersehen.

Auf der Post.

SOPHIE: Wieviel kostet eine Postkarte nach England?

ANGESTELLTER: Achtzig Pfennig.

SOPHIE: Also, ich möchte sechs Briefmarken zu achtzig, bitte.

UWE: Kauf' doch zehn Briefmarken! Du schreibst bestimmt mehr Postkarten!

SOPHIE: Ja. – Entschuldigen Sie. Ich möchte zehn Briefmarken zu achtzig. Und wieviel kostet ein Brief?

ANGESTELLTER: Ein Brief kostet auch achtzig. Also, das macht zusammen DM 8,00.

SOPHIE: Vielen Dank. Wann sind die Postkarten da?

ANGESTELLTER: Wahrscheinlich übermorgen.

Nouns

der Brief *letter*

die Ampel *traffic-lights*
die Briefmarke *stamp*
die Post *post-office*
die Postkarte *postcard*

das Kino *cinema*

Verbs

fragen *to ask*
möchten *would like (see below)*
sagen *to say*
schicken *to send*
schreiben *to write*
wiederholen *to repeat*
wollen (will) *to want*

Words and phrases

bestimmt *definitely*
bis zu *as far as*
dann *then*
doch *but (see grammar note E below)*
es gibt *there is/are*
gegenüber *opposite*
geradeaus *straight on*
jemand(en) *someone*
in der Nähe *nearby*
langsamer *more slowly*
links *left*
mehr *more*
rechts *right (left/right)*
richtig *right (correct)*
übermorgen *the day after tomorrow*
wahrscheinlich *probably*
zusammen *together*

Verstehen Sie?

1 Wieviele Postkarten will Sophie nach England schicken?
2 Gibt es in der Nähe eine Post?
3 Wo ist die Post?
4 Wieviel kostet eine Postkarte nach England?
5 Wieviele Briefmarken kauft Sophie?
6 Wann kommen die Postkarten an?
7 Ist das sicher?

Equivalents

Find the German equivalents of the following useful expressions:

1 I haven't got any more stamps.
2 Is there a post-office nearby?
3 You go straight on here.
4 Then you go left.
5 The post-office is on the left.
6 More slowly, please!
7 I should like six 50-pfennig stamps, please.
8 When will the postcards get there?

Pronunciation

1 j

Notice that the German 'j' is always pronounced like the English 'y' in 'yes'. Listen and repeat after the tape:

ja
das **J**ahr
jetzt
die **J**ugendherberge
jemand

2 zw

This is particularly difficult for English speakers, as you don't get this combination in English. It's 'tsv', which takes quite a lot of practice to say!

zwei
die **zw**eite rechts
zweimal

Now listen to the tape again, and repeat the useful expressions, paying particular attention to pronunciation.

Grammar notes

A Es gibt

Gibt es in der Nähe eine Post? *Is there a post-office nearby?*

'There is' and 'there are' in German are sometimes translated by *es gibt*, with the accusative endings. Here are some more examples to help you:

Es gibt ein Restaurant gegenüber dem Hotel.
There's a restaurant opposite the hotel.
Gibt es eine Jugendherberge in der Stadt? *Is there a youth hostel in the town?*
Es gibt keinen Bahnhof. *There isn't a station.*
Es gibt zwei Kinos in der Stadt. *There are two cinemas in the town.*

B Möchten, wollen

Möchten (would like) and *wollen* (to want to) are two more verbs like *müssen* and *können*, which you just have to learn. Remember that *müssen* and *können* are normally used with other verbs, just like 'must' and 'can' in English.

ich möchte	wir möchten	ich will	wir wollen
du möchtest	Sie möchten	du willst	Sie wollen
er/sie/es möchte	sie möchten	er/sie/es will	sie wollen

Note that *möchten* is the polite way of saying you want something, especially in shops, where *ich will* would be a bit abrupt and sound rather rude:

Ich möchte eine Postkarte, bitte. *I'd like a postcard, please.*
Möchten Sie Briefmarken zu fünfzig oder zu sechzig?
Would you like 50 pfennig or 60 pfennig stamps?
Möchten Sie ein Bier? *Would you like a beer?*
Möchten Sie morgen schwimmen? *Would you like to swim tomorrow?*

Don't confuse *ich will* with 'I will'! (it's easy to do!) Remember that *ich will* always means 'I want':

Ich will einen Stadtplan kaufen.
I want to buy a street map (talking to a friend).
Wollen Sie morgen in die Stadt gehen?
Do you want to go into town tomorrow?
Willst du jetzt essen? *Do you want to eat now?*

C Word order after *dann*

Sometimes you have to switch round the verb and the noun in a way which is unlike English. This happens after *dann* and after some other words:

. . . dann gehen Sie links . . . *. . . then go left . . .*
Dann ist die Post auf der linken Seite. *Then the post-office is on the left.*
Ich kaufe ein, **dann fahre ich** zum Bahnhof.
I'm going shopping, then I'm going to the station.
Du gehst links, **dann siehst du** den Dom.
You go left, then you see the cathedral.

D Jemand

Jemand means 'someone' and it has the masculine endings:

Ich frage **jemanden.** *I'll ask someone.*
Jemand kommt. *Someone's coming.*
Kommst du mit **jemandem**? *Are you coming with someone?*

E Doch

Doch is a very common word in German, and it's often rather difficult to translate into English. When you disagree with someone, you sometimes use it:

Ich möchte sechs Briefmarken kaufen. *I'd like to buy six stamps.*
Kauf' doch zehn Briefmarken! *Oh, buy* **ten** *stamps!*

The time you will most often need it is when you want to say that something **is** so, when someone has just said it **isn't**!

Du hast keinen Stadtplan, nicht? *You haven't got a street map, have you?*
Doch! *Yes I have!*
Du wohnst nicht in einer Wohnung. *You don't live in a flat.*
Doch! *Yes I do!*

Communicating

Directions in the street

If you want to ask if something is nearby, you say:

Gibt es in der Nähe eine Post, eine Jugendherberge, ein Hotel?
Is there a post-office, a youth hostel, a hotel nearby?
Ist sie weit? *Is it far?*
Nicht weit von hier. *Not far from here.*

If you want to give directions, you say:

Sie gehen links/rechts/geradeaus. *You go left/right/straight on.*
Sie nehmen die erste Straße links/rechts.
You take the first street on the left/right.
Die Post ist auf der linken/rechten Seite.
The post-office is on the left-/right-hand side.

Gegenüber, which means 'opposite', takes the dative:

Das Hotel ist gegenüber dem Bahnhof. *The hotel is opposite the station.*
Das Schwimmbad ist gegenüber der Jugendherberge.
The swimming-pool is opposite the youth hostel.

Buying stamps

There is an idiomatic way of asking for stamps:

Ich möchte zehn Briefmarken **zu achtzig**, bitte.
I'd like ten 80 pfennig stamps, please.

Zu achtzig really means 'at 80 (pfennigs)', and you can use it for buying other things in shops, for example ice-creams, if there are different prices:

Ich möchte zwei Eis zu dreißig, bitte.
I'd like two 30-pfennig ice-creams, please.

Exercises

1 Es gibt

(a) You are telling a friend about your town. Complete the following sentences with *Es gibt* followed by the correct endings:

finden *to find*
der Klub *club*
die Stadtmitte *town centre*
tanzen *to dance*

1 . . . Restaurant, wo wir gut essen können.
2 . . . Klub, wo wir tanzen können.

3 . . . Stadtrundfahrt um zehn.
4 . . . Verkehrsamt, wo wir ein Hotel finden können.
5 . . . Hotel, das nicht zu teuer ist.
6 . . . Bus, der zur Stadtmitte fährt.
7 . . . zwei Einzelzimmer für heute.
8 . . . Schwimmbad, wo wir morgen schwimmen können.
9 . . . Straßenbahnhaltestelle in der Nähe von meinem Haus.
10 . . . Post gegenüber dem Bahnhof.

(b) Now translate the following information into German, starting with *Es gibt* each time:

1 a doctor opposite the hotel
2 a town map here
3 a tour of the town at eleven
4 a double room, but no single rooms
5 a tourist office opposite the club
6 a party at Gisela's at ten (use *bei Gisela*)
7 a swimming-pool not far from here
8 a tram-stop opposite the station
9 no trains to Heilbronn
10 no more bread

2 Möchten, wollen

(a) You want to get the following things. Use *Ich möchte* . . . or *Wir möchten* . . . and put *bitte* at the end:

1 four tickets for the sightseeing tour
2 a double room for today
3 a cheese sandwich and a beer
4 a town map of Cologne
5 a detective story
6 a car for today
7 a room in the youth hostel
8 two tickets to Hamburg

Now ask someone you don't know well if they would like the following:

9 to eat in a restaurant
10 meat and salad
11 to see the town
12 to go to the cathedral
13 to book a double room
14 to drink a beer

Now change numbers 9–14 so that you are asking a good friend.

(b) You are discussing with a group of friends what you all want to do.
e.g. (? du) . . . go to the hotel?
Willst du zum Hotel gehen?

1 (Stefan) . . . stay in the room.
2 (Wir) . . . go to the swimming-pool.
3 (?du) . . . go with Gaby and Maria?
4 (Andreas and Katrin) . . . dance.
5 (Ich) . . . go to the post-office.
6 (Melanie) . . . eat in a restaurant.
7 (? du) . . . eat in a restaurant too?
8 (Wir) . . . buy tickets for the sightseeing tour.

(c) Read the following passage:

die Amerikanerin *American woman/girl*
besser als *better than*
sprechen (spricht) *to speak*

Robert und John sind im Verkehrsamt. Sie möchten vier Tage in Münster bleiben. Die Empfangsdame muß telefonieren und sie müssen warten. Es gibt keine Doppelzimmer mehr in der Stadt, und sie müssen zwei Einzelzimmer nehmen. Sie möchten Karten für die Stadtrundfahrt haben. Robert spricht mit einer Amerikanerin. Sie sucht ein Einzelzimmer. Robert möchte mit ihr tanzen gehen. Sie hat ein Auto – das ist besser als die Stadtrundfahrt!

(d) Now, using the information in the passage, write in German what the following people actually said, using *können*, *müssen*, *möchten* or *wollen*:

1 (Robert zur Empfangsdame) Wir . . . bleiben.
2 (die Empfangsdame zu Robert) Ich . . . telefonieren.
3 (die Empfangsdame zu Robert) Sie . . . warten.
4 (Robert zur Empfangsdame) . . . wir . . . Einzelzimmer nehmen?
5 (die Amerikanerin zur Empfangsdame) Ich . . . Einzelzimmer.
6 (Robert zur Empfangsdame) Wir . . . Stadtrundfahrt.
7 (Robert zur Amerikanerin) . . . Sie tanzen gehen?

3 Word order after *dann*

(a) Someone is giving you directions in the street. Put the two instructions together each time, using *und dann* in the middle and making sure the word order is right:
e.g. Sie gehen links . . . Sie nehmen die erste Straβe rechts.
Sie gehen links und dann nehmen Sie die erste Straβe rechts.

aussteigen *to get out*

1 Sie nehmen einen Bus . . . Sie steigen am Dom aus.
2 Sie gehen hier geradeaus . . . Sie nehmen die zweite links.

3 Sie nehmen den Bus bis zum Bahnhof
. . . Sie müssen einen Zug nehmen.
4 Sie fahren bis zum Schwimmbad . . . Sie müssen umsteigen.
5 Sie gehen geradeaus bis zur Ampel
. . . das Kino ist auf der linken Seite.
6 Sie müssen die Straßenbahn bis zum Verkehrsamt nehmen
. . . Sie müssen fragen.
7 Sie nehmen die dritte Straße rechts
. . . die Haltestelle ist auf der linken Seite.
8 Sie warten gegenüber dem Kino . . . ich hole Sie mit dem Auto ab.
9 Sie gehen bis zum Hotel Krone . . . Sie nehmen einen Bus.
10 Sie nehmen die erste Straße rechts . . . Sie fahren geradeaus.

(b) You are giving the answer to the question *Wo ist die Post?* Use *du* for the first three and *Sie* for the next three:

1 You take the first left and then the post-office is on the left.
2 Go straight on and then take the second right.
3 You go straight on to the traffic-lights and then take the second on the left.
4 You take the first right and the post-office is opposite the cinema.
5 You take the third turning on the right and then you'll see the post-office.
6 You go straight on to the cathedral and then you must ask someone.

4 Jemand

(a) Put the correct form of *jemand* into the following sentences:

1 Siehst du . . .?
2 Ich frage . . .
3 . . . kommt. Ich frage ihn.
4 Kommst du mit . . . zur Party?
5 Gaby spricht mit . . .
6 . . . muß die Karten holen.
7 Hat . . . das Geld?
8 Wir fragen . . . morgen.
9 Das ist ein Geschenk von . . .
10 Hat . . . einen Stadtplan?

(b) Now translate the following conversation into German:

A: Where is the youth hostel?
B: I don't know. Ask someone!
A: Someone's coming! – Excuse me, where's the youth hostel?

5 Doch

(a) The information below refers either to the conversation for this unit or to your knowledge of the world. Decide whether the answer is *ja, nein* or *doch*:

1 Eine Briefmarke nach England kostet nicht achtzig Pfennig.
2 Die Post ist gegenüber dem Kino.
3 Sophie will fünf Postkarten nach England schicken.
4 Die Post ist nicht auf der rechten Seite.
5 Die Post ist nicht auf der linken Seite.
6 Uwe fragt einen Mann.
7 Sophie kauft nicht zehn Briefmarken.
8 Das macht zusammen elf Mark.
9 Uwe und Sophie können nicht geradeaus gehen.
10 Sie (*you*!) lernen nicht Deutsch!

(b) You and your friend are discussing your finances. Translate:

A: I want to take a taxi!
B: No! We haven't got enough money.
A: Yes we have!
B: No! Look! I have only three marks!

6 Act it out

(a) Complete the following conversation and act it out with a friend:

A: (*Is there a tourist office nearby?*)
B: Ja, gegenüber dem Bahnhof.
A: (*Where is the station?*)
B: Sie gehen hier geradeaus bis zur Ampel and dann nehmen Sie die erste Straße links.
A: (*Is the station far?*)
B: Nein, nur zehn Minuten.
A: (*Can I take a bus?*)
B: Ja, die Haltestelle ist dort drüben.
A: (*Thank you. Goodbye.*)

(b) Now explain to your friend how to get to your hotel from the station:

My hotel isn't far from the station. You go straight on until the traffic-lights and then take the second turning on the left. My hotel is on the left-hand side, opposite the cinema.

7 Letter-writing

Write a note to your friend explaining that you are sorry, but you can't meet his sister at the station. You have to work. The house isn't far from the station. You go straight on until the cathedral, take the second left and the house is on the right, opposite the swimming-pool. The train arrives at ten.

Unit 8
Am Telefon

STEFAN: Kann ich bitte mit der Kusine von Klaus Biedermann sprechen?
GABY: Am Apparat.
STEFAN: Ach ja, gut. Mein Name ist Stefan Freitag. Ich bin ein Freund von Martin. Ich möchte Sie gern zu einer Party einladen. Geht das?
GABY: Das ist nett von Ihnen, aber wann?
STEFAN: Am Samstag abend – um neun.
GABY: Ich muß mal nachsehen – ja, das geht. Und können Sie mir die Adresse geben?
STEFAN: Domstraße 36.
GABY: Wie komme ich am besten dahin? Fährt da ein Bus?
STEFAN: Am besten, ich hole Sie mit dem Auto ab.
GABY: Ach, das ist wirklich sehr nett!
STEFAN: Sind Sie nur in den Ferien hier?
GABY: Ja. Meine Eltern wohnen in einem Dorf etwas außerhalb von der Stadt, aber die Ferien verbringe ich bei meiner Tante. Es gibt mehr zu tun in einer Großstadt.
STEFAN: Ja, das stimmt. Gehen Sie gern tanzen?
GABY: Ach ja, sehr gern. Ich höre auch gern Musik, besonders Heavy Metal.
STEFAN: Wirklich? Ich auch! Es gibt mehrere Klubs hier in der Stadt. Wir können zusammen hingehen.
GABY: Ja. Ich muß jetzt gehen. Bis Samstag!
STEFAN: Ja, bis dann. Wiederhören!
GABY: Wiederhören!

Nouns
der Abend *evening*
der Klub *club*
der Name *name*
der Samstag *Saturday*

die Großstadt *big town*
die Kusine *(female) cousin*
die Musik *music*
die Party *party*
die Stadt *town*
die Tante *aunt*

das Dorf *village*

die Ferien *holidays*

Verbs
einladen (lädt . . . ein) *to invite*
hingehen *to get there*
hören *to hear*
sprechen (spricht) *to speak to*
stimmen *to be correct*
tanzen *to dance*
tun *to do*
verbringen *to spend (time)*

Words and phrases

am Apparat *speaking (on the phone)*
am besten *best (in the best way)*
außerhalb *outside*
besonders *especially*
dahin *there ('to there')*
etwas *something (here 'somewhat')*
geht das? *is that okay?*
gern *gladly* (see grammar note C below)
mehrere *several*
nett *nice*
sehr *very*
wirklich *really*

Verstehen Sie?

You must say whether the following statements about the conversation are true or false (*richtig oder falsch*):

1 Gaby ist die Kusine von Stefan Freitag.
2 Stefan ist ein Freund von Martin.
3 Die Party ist am Sonntagabend.
4 Die Adresse ist Domstraße dreiundsechzig.
5 Gaby fährt mit dem Bus zur Party.
6 Gaby wohnt in der Stadt.
7 In den Ferien wohnt Gaby bei ihrer (*her*) Tante.
8 Es gibt keine Klubs in der Stadt.
9 Gaby tanzt nicht gern.

Equivalents

Listen to the conversation again, while following the text in your book. Find the German equivalents for the following useful expressions:

1 Please can I speak to . . .
2 Speaking (on the phone).
3 Is that okay?
4 That's nice of you.
5 Yes, that's right.
6 Do you like going dancing?
7 I like listening to music.
8 Till Saturday!
9 Goodbye (on the phone).

Pronunciation

1 ss and ß

These are both pronounced as the English 's':

Ich mu**ß** nachsehen
au**ß**erhalb von der Stadt
In einer Gro**ß**stadt
Ich möchte e**ss**en

2 ö

Ich m**ö**chte Sie zu einer Party einladen.
Ich h**ö**re gern Musik.
Wir k**ö**nnen zusammen hingehen.

Listen to the tape.

Grammar notes

A Dative

In Unit 3 you met the dative after prepositions. The dative is often equivalent to the English '**to the** (doctor)', as in the following sentences:

Können Sie **mir** die Adresse geben? *Can you give **(to) me** the address?*
Ich will es **dem Arzt** geben. *I want to give it **to the doctor**.*

The object that you give is in the accusative case (e.g. '**die Adresse**'), and the person you give it to is in the dative case (e.g. '**mir**').

B Dative after prepositions

Ich möchte Sie **zu einer Party** einladen. *I'd like to invite you to a party.*
Das ist nett **von Ihnen**. *That's nice of you.*
Ich hole Sie **mit dem Auto** ab. *I'll fetch you in the car.*
Sind Sie nur **in den Ferien** hier? *Are you only here in the holidays?*
Ich bleibe **bei meiner Tante.** *I'm staying with my aunt.*

Not all prepositions are followed by the dative case, but the list below shows the most important ones which are:

aus *out of, from*
außer *except for*
bei *with, at the house of*
gegenüber *opposite*
mit *with*
nach *after, to*
seit *since*
von *from, of*
zu *to*

C Gern

To say that you like something in German, you often use the verb with *gern*:

Tanzen Sie gern? *Do you like dancing? (literally 'Dance you gladly?')*
Ich höre gern Musik. *I like listening to music.*
Ich gehe gern ins Kino. *I like going to the cinema.*
Ich wohne nicht gern in der Stadt. *I don't like living in the town.*

Note that *gern* comes immediately after the verb, with what you like doing coming at the end:

Sehen Sie gern fern? *Do you like watching TV?*
Fahren Sie gern Auto? *Do you like driving?*

Nicht always comes immediately before the *gern*:

Ich gehe nicht gern ins Kino. *I don't like going to the cinema.*

Note how to say you like doing something **very much**:

Ich höre (nicht) **sehr gern** Musik.

D Tanzen gehen

You can use *gehen* followed by another verb to translate the English 'going':

Gehen Sie gern tanzen? *Do you like going dancing?*
Ich gehe oft schwimmen. *I often go swimming.*
Ich muβ einkaufen gehen. *I must go shopping.*
Gehen Sie spazieren? *Are you going for a walk?*

Communicating

Telephoning

To ask to speak to someone on the phone, you say:

	Anna Klein	
Kann ich bitte mit	Fräulein Kästner	sprechen?
	dem Arzt	

If the person is there, he/she says:

Am Apparat.

If the person is not there, you might want to say:

Kann ich eine Nachricht hinterlassen? *Can I leave a message?*

If you want to ask someone if they want to leave a message, say:

Möchten Sie eine Nachricht hinterlassen? *Would you like to leave a message?*

And to say goodbye, you say *Wiederhören* instead of *Wiedersehen.*

By the way, when you answer the phone, you never say 'This is . . .', you always say 'Here . . .':

Hier Andrea Braun.

Asking how to get somewhere

Wie komme ich am besten dahin? *What's the best way of getting there?*
Wie komme ich am besten zum Bahnhof? *What's the best way of getting to the station?*

Being grateful

When someone offers to do something nice for you, you can say:

Das ist sehr nett von Ihnen!
That's very kind/nice of you! (to someone you don't know well or is much older than you)
Das ist wirklich nett von dir! *That's really nice of you! (to a friend)*

Exercises

1 Dative

(a) You would like to speak to the following people on the telephone. Use the polite 'Can I please speak to . . .?' and *sprechen mit*:

1 the doctor
2 a teacher
3 Maria's cousin
4 a secretary
5 Stefan's aunt
6 the receptionist

(b) Now you would like to give something to the following people. Use *Ich möchte es . . . geben.*

1 the receptionist
2 the secretary
3 a friend
4 the teacher
5 the doctor

2 Dative after prepositions

(a) Stefan's car broke down! Read the following section of the note which he sent to Gaby, explaining how to get to the party, then copy it out, translating the parts in brackets:

Sie können (*by bus = 'with the bus'*) fahren. Sie nehmen den Bus Nummer achtzehn. Der fährt (*from the town centre to the Hotel Krone*). (*Opposite the hotel*) nehmen Sie den Bus Nummer zwölf. (*After the tourist office*) sehen Sie einen Klub. Mein Haus ist da, Nummer fünfzehn.

(b) Write the following extracts from a letter in German:

1 The hotels here are not good, except for the Hotel Krone.
2 I'm staying with my friend.
3 She lives in a village outside the town.
4 There's a park opposite the house. ('*der Park*')
5 I've got a car now, a present from my father.
6 Since the party I've been ill (write 'I am ill').
7 I'm not going to the party with my friend tomorrow.
8 After the party Gaby and Martin are going to a club.
9 Maria comes from the United States, but she lives here now.
10 I must take this letter to the post-office. (use *bringen*)

3 Gern

(a) Write ten sentences for the people below:
e.g. Thomas schwimmt gern, aber er spielt nicht gern Tennis und Fuβball.

	schwimmen	Tennis spielen	Musik hören	tanzen	ins Kino gehen	Fuβball spielen	Auto fahren
Thomas	√				√		
Gisela					√	√	
Gaby	√	√				√	√
Uwe				√			

(b) Now complete the following conversation:

STEFAN: Möchten Sie am Samstag Tennis spielen?
GABY: (*No thanks. I don't like playing tennis.*)
STEFAN: Schade.
GABY: (*Do you like going to the cinema?*)
STEFAN: Nein! (*But I like listening to music.*)
GABY: Ich auch. (*Do you like dancing?*)
STEFAN: Ja! (*I like dancing very much!*) Können wir am Samstag tanzen gehen?
GABY: Ja, gern!
STEFAN: Also gut. Ich hole Sie um zehn ab.
GABY: (*Thanks*).

(c) Now ask your new friend if he/she likes doing the following. Look at the table in exercise (a) to help you with some of these:

Auto fahren *to drive*
fernsehen *to watch TV*
Bier trinken *to drink beer*

1 playing tennis
2 listening to music
3 driving
4 watching TV
5 going to the cinema (use *in*)
6 playing football
7 dancing
8 swimming in the swimming-pool
9 reading detective stories
10 drinking beer

4 Tanzen gehen

(a) Make some suggestions for the weekend! Use *Wollen wir . . . gehen?* or *Gehen wir . . .?*

schlafen *to sleep*

1 go swimming
2 go dancing
3 go for a walk
4 go shopping
5 go for a drink ('go drinking')
6 go for a meal ('go eating')
7 go to bed ('go sleeping')

(b) Now turn down the suggestions in (a). Use *Nein, ich will nicht . . .!*

5 Act it out

Am Telefon

(a) Write a conversation between Michael and Gisela, in which Michael phones Gisela to ask her if she'd like to go to the swimming-pool on Saturday. Gisela answers the phone. She says she doesn't like going swimming, but she does like dancing. Michael says they'll go dancing, and he'll pick her up at nine. They both say goodbye.

(b) Now write a telephone conversation in which you ask to speak to Frau Bücheler. She isn't there, so you ask to leave a message, saying that you can't come on Saturday. They you say thank you and goodbye.

Asking how to get there

Ask how to get to the following places. Start off with *Entschuldigen Sie . . .*

1 the post-office
2 the swimming-pool
3 the youth hostel
4 the tourist office
5 the station
6 the bus station
7 the cathedral
8 the bank
9 Hotel Fleischmann
10 the cinema

Thanking people

Complete the following conversation and act it out:

dich *you (accusative)*
Nichts zu danken *Don't mention it!*

A: Kommst du morgen zu Gabys Party?
B: (*How do I get there?*)
A: Ich kann dich abholen.
B: (*That's very nice of you! Thank you!*)
A: Nichts zu danken! Ich hole dich um acht ab!
B: (*Thanks! Bye!*)

6 Letter-writing

Write a letter to a friend in which you say you are sorry, but you can't come to the party on Saturday because you must see your sister. She is going to America. You ask if your friend can come to the cinema on Monday. Ask your friend to telephone. (Remember how to begin and end a letter – see the end of unit 1.)

Unit 9
Was läuft denn gerade?

ᴑᴑ

UTE: Du, Peter, möchtest du mit ins Kino kommen?
PETER: Das kommt darauf an. Was läuft denn gerade?
UTE: Ein alter Film – *Krieg der Sterne*.
PETER: Ach, prima! Ich kenne den Film schon, aber ich sehe ihn gern noch einmal.
UTE: Gut. Wir gehen am Freitag abend. Kannst du mitkommen?
PETER: Am Freitag? Ja, ich glaube schon. Wer kommt noch mit?
UTE: Die Gisela und der Sebastian – kennst du sie?
PETER: Die Gisela schon, aber den Sebastian nicht. Wer ist er?
UTE: Er ist der Vetter von der Gisela, bei ihr zu Besuch. Er ist sehr groß und blond.
PETER: Ach ja! Ich weiß. Ist er nicht der neue Freund von der Gisela?
UTE: Nein! Die hat noch keinen Freund, soviel ich weiß.
PETER: Hmm. Also gut. Wo treffen wir uns?
UTE: Vor dem Kino.
PETER: Aber ich weiß nicht, wo das Kino ist.
UTE: Du kennst den Marktplatz, ja?
PETER: Ja, natürlich.
UTE: Also – du stehst vor dem Rathaus. Du nimmst die erste Straße links und die zweite Straße rechts, und dann ist das Kino auf der linken Seite, neben der Post.
PETER: Und wie heißt das Kino?
UTE: Gloria.
PETER: Wie weit ist das ungefähr?
UTE: Nur fünf Minuten zu Fuß.
PETER: Wann beginnt die Vorstellung?
UTE: Um halb acht. Treffen wir uns um Viertel nach sieben?
PETER: Ja – und wieviel kostet das ungefähr? Ich bin ein bißchen knapp bei Kasse.
UTE: Ungefähr DM 3,00, glaub' ich. Geht das?
PETER: Oh, ja, das geht. Also, bis Freitag!
UTE: Ja, bis dann. Tschüs!
PETER: Tschüs!

Nouns

der Film *film*
der Fuß *foot*
der Marktplatz *market place*
der Vetter *(male) cousin*

die Seite *side*
die Vorstellung *performance*

das Rathaus *town hall*

Verbs
glauben *to believe, think*
stehen *to stand*
treffen (trifft) *to meet*
wissen (weiβ) *to know (something)*

Words and phrases
blond *blond*
das kommt darauf an *that depends*
ein biβchen *a bit*
gerade *just*
knapp bei Kasse *broke*
Krieg der Sterne *Star Wars*
natürlich *naturally*
neben *near*
noch einmal *once again*
prima! *great!*
schon *already*
soviel ich weiβ *as far as I know*
ungefähr *roughly, approximately*
uns *us*
vor *in front of*
was läuft denn gerade? *what's on, then?*
wenn *if, whenever*
wer? *who?*

Verstehen Sie?

After listening to the tape, say whether the following statements are true or false (*richtig oder falsch*):

1 Peter kennt *Krieg der Sterne* nicht.
2 Ute geht am Dienstag.
3 Sebastian ist Giselas Freund.
4 Er hat schwarzes Haar.
5 Sie treffen sich vor dem Kino.
6 Peter weiβ nicht, wo das Kino ist.
7 Peter muβ die erste Straβe rechts und dann die zweite Straβe links nehmen.
8 Das Kino ist hinter der Post.
9 Die Vorstellung beginnt um 20.30 Uhr.
10 Peter muβ Ute um 19.15 Uhr treffen.
11 Die Karten kosten DM 3,00.
12 Ute ist ein biβchen knapp bei Kasse.

Equivalents

Listen to the tape again and find the German equivalents to the phrases below. Write them down. Refer to the written text if you have difficulty:

1 Would you like to come with us to the cinema?
2 What's on (at the cinema)?
3 That depends.
4 Yes, I think so.
5 Where do we meet?
6 The cinema's on the left.
7 About how far is the cinema?
8 About how much does it cost?
9 Is that OK?
10 Until Friday, then.

Grammar notes

A Wissen, kennen

ich weiß nicht *I don't know*
. . . soviel ich weiß *as far as I know*
Kennst du sie? *Do you know them?*
Du kennst den Marktplatz, ja? *You know the market place, don't you?*

German uses two different verbs for 'know': *wissen* and *kennen*. *Kennen* is regular in the present tense.

wissen *to know a fact*

ich weiß	wir wissen
du weißt	sie/Sie wissen
er/sie/es weiß	

kennen *to know a person, place, object*

ich kenne	wir kennen
du kennst	sie/Sie kennen
er/sie/es kennt	

Other examples are:

Ich weiß nicht, wo mein Bruder **ist**. *I don't know where my brother is.*
Ich weiß nicht, wie man zum Bahnhof **kommt**.
I don't know how you get to the station.

(Note in the above examples that the verb (highlighted) has to go at the end in the second part of the sentence.)

Kennst du das Programm *Dallas*? *Do you know* Dallas?
Kennst du meine Schwester? *Do you know my sister?*

B Prepositions

Du stehst **vor dem Rathaus**. *You are standing in front of the town hall.*
Das Kino ist **auf der linken Seite, neben der Post**.
The cinema is on the left-hand side, near the post-office.

Prepositions affect the words which come immediately after them. Some of the commonest prepositions in German can be followed either by the **accusative** or **dative**, depending on the meaning. In the above examples they all take the **dative**. However, when **movement towards** something is involved, then the **accusative** is used:

Kannst du mit **ins (in das) Kino** kommen?
Can you come with us to the cinema?

Compare this with *Er ist im Kino* (= *in dem*, dative), where there is no movement towards the cinema.

This is the list of prepositions which can take either accusative or dative:

an	*on, to*	über	*over*
auf	*on, at*	unter	*under*
hinter	*behind*	vor	*in front of*
in	*in*	zwischen	*between*
neben	*near*		

It's a good idea to learn the list by heart. Try chanting it out loud in rhythm. Here are some more examples to help you to get the hang of the rule:

Er **läuft** hinter **die** Bäum**e** (accusative). *He runs behind the trees.*
Sie **steht** hinter **den** Bäume**n** (dative). *She's standing behind the trees.*
Die Tasse **fällt** auf de**n** Boden (accusative). *The cup falls on the floor.*
Der Hund **schläft** auf de**m** Boden (dative). *The dog is asleep on the floor.*

C The days of the week

Wir gehen am Freitag abend. *We're going on Friday evening.*
Am Freitag? *On Friday?*

The days of the week are all masculine because the word *Tag* (day) is masculine (*der Tag*):

Sonntag	*Sunday*	Donnerstag	*Thursday*
Montag	*Monday*	Freitag	*Friday*
Dienstag	*Tuesday*	Samstag Sonnabend	*Saturday*
Mittwoch	*Wednesday*		

Notice that there are two words for Saturday. You only need one for your own use, but you should recognise the other form if other people use it. To say 'on Thursday' etc., you use *am* (= *an dem*, dative). If you want to add 'morning, afternoon, evening', you put *morgen, nachmittag, abend* afterwards. (Notice these are written with small letters in this instance.) You will sometimes find people saying *vormittag* for 'morning':

Ich sehe ihn am Dienstag abend. *I'm seeing him on Tuesday evening.*
Am Sonntag habe ich Geburtstag. *It's my birthday on Sunday.*
Ich habe am Donnerstag vormittag Zeit. *I've got time on Thursday morning.*
Am Samstag nachmittag kann ich leider nicht kommen.
Unfortunately I can't come on Saturday afternoon.

D Time

Wann beginnt die Vorstellung? *When does the performance begin?*
Um halb acht. Treffen wir uns um Viertel nach sieben?
At half past seven. Let's meet at a quarter past seven.

Notice that you use the preposition *um* to talk about times of day:

um zwei Uhr	*at two o'clock*
um elf (Uhr)	*at eleven (o'clock)*
um ein Uhr	*at one o'clock*
um eins	*at one*
um halb sieben	*at half past six*
um halb acht	*at half past seven*

Be very careful with 'half past'. German speakers say it differently from us and what sounds like 'half past nine' to you is actually half past eight! Just remember it's the one **before** the number mentioned (i.e. *halb sieben* is half past **six**). The quarters are as in English:

um Viertel vor neun	*at a quarter to nine*
um Viertel vor fünf	*at a quarter to five*
um Viertel nach sechs	*at a quarter past six*
um Viertel nach vier	*at a quarter past four*

Communicating

Arranging to go somewhere

This is how you ask if someone would like to come with you:

Möchtest du Möchten Sie	mit ins	Kino Theater	kommen?	*Would you like to come to the cinema/theatre (with us/me)?*

Wir gehen ins Schwimmbad. Möchtest du mitkommen?
We're going to the swimming-pool. Would you like to come with us?

If you are uncertain or want to find out more about an invitation, you say:

Das kommt darauf an. *That depends.*
Was läuft denn gerade?
What's on, then (at the moment)? (use this only for the cinema)

To agree or refuse to go, you say:

Ja, ich gehe gern mit. *Yes, I'd like to go.*
Ach, schade, ich bin schon verabredet.
Oh, what a pity! I'm already fixed up.
Ich habe leider keine Zeit. *Unfortunately I haven't the time.*

For making arrangements you might use:

Wo treffen wir uns? *Where shall we meet?*
Wann beginnt die Vorstellung? *When does the performance begin?*
Wieviel kostet das ungefähr? *About how much does that cost?*

To say goodbye you can say:

Bis Freitag. *See you on Friday.*
Tschüs! *Bye!*

Exercises

1 Wissen, kennen

(a) This practises the right form of 'it'. Answer the following sentences with 'I'm sorry, I don't know him/her/them/it'. Use *Es tut mir leid. Ich . . ..*

1 Ist der neue Film gut?
2 Wer ist der Bruder von Gisela Schmidt?
3 Kommen Ute und Ursula?
4 Magst du die neue Platte von Dire Straits?
5 Wie ist das neue Buch über Goethe?

(b) Fill in the blanks in the conversation below with the correct form of either *wissen* or *kennen*:

A: ______ du die Schwester von der Jutta?
B: Ich ______ nicht. Hat sie langes, blondes Haar?
A: Ja, genau wie Jutta.
B: Dann ______ ich sie schon.
A: ______ du, wo sie wohnt?
B: Wohnt sie nicht bei der Jutta?
A: Nein, sie hat ihre eigene Wohnung (*her own flat*) Ich ______ die Adresse nicht.

(c) In the sentences below, decide whether *kennen* or *wissen* is more appropriate:

1 Ich weiß/kenne nicht, wo Uwe ist.
2 Weißt/kennst du, wieviel Uhr es ist?
3 Weißt/kennst du Frau Schmidt?
4 Mein Bruder weiß/kennt Berlin sehr gut.
5 Ich will nicht ins Kino gehen. Ich weiß/kenne den Film schon.
6 Ich weiß/kenne nicht, wann der Zug ankommt.
7 Frau Braun weiß/kennt die Empfangsdame im Verkehrsamt.
8 Wissen/kennen Sie meine Kusine?

2 Prepositions

(a) Provide a suitable beginning to these sentences. Remember you'll have to put a verb implying movement when the noun is in the accusative: e.g. . . . im Theater. Ute ist im Theater.

1 . . . im Theater.
2 . . . hinter die Bäume.
3 . . . neben dem Rathaus.
4 . . . unter dem Tisch.
5 . . . zwischen dem Rathaus und dem Hotel Krone.
6 . . . vor dem Bahnhof.
7 . . . über die Brücke (*bridge*).
8 . . . ins Kino.
9 . . . am Bahnhof.
10 . . . ins Verkehrsamt.

(b) A friend is describing the town to you as you don't know your way around yet. Translate the words in brackets:

der Bierkeller *beer cellar*
der Briefkasten *letter-box*
die Zeitung *newspaper*

1 Du fährst mit dem Bus (*over the bridge*) und dann (*behind the town hall*).
2 (*Near the town hall*) ist die Post.
3 Du kannst (*in a good restaurant near the station*) essen.
4 Du kannst eine Zeitung (*at the station*) kaufen.
5 Willst du (*to the cinema*) gehen?
6 Es gibt ein gutes Kino (*behind the market square*).
7 (*In front of the post-office*) steht ein Briefkasten.
8 (*Under the cinema*) gibt es einen guten Bierkeller.

(c) Using the following words (and others), describe the centre of your own town to your friend:

zwischen	Bahnhof
neben	Kino
gegenüber	Post
in	Rathaus
vor	Verkehrsamt
hinter	Hotel

3 The days of the week

Look at your programme for the next week and then write questions and answers along the following lines:
e.g. Was machst du am Samstag abend?
Ich gehe zu einer Party.

das Büro *office*

Montag	Kino 7.30
Dienstag	schwimmen 7.00
Mittwoch	Restaurant 8.00
Donnerstag	Party 9.00
Freitag	Ute 7.45
Samstag	Büro 9–12 Tennis 2.30
Sonntag	Squash 11 Theater 3.00

4 Time

Answer the following question by referring to the clocks. Write out the words; don't just give numbers:

1

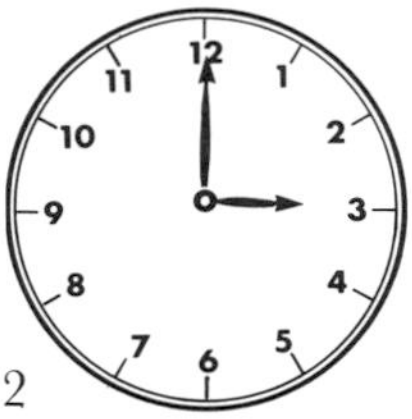
2

3

4

5

6

Wann treffen wir uns?

1 ___________
2 ___________
3 ___________
4 ___________
5 ___________
6 ___________

5 Act it out

In the first dialogue you are doing the inviting. In the second dialogue you are replying:

A: (*Ask if B would like to go to the cinema.*)
B: Das kommt darauf an. Was läuft denn gerade?
A: (*Give name of film.*)
B: Ja, ich komme gern mit! Wann?
A: (*Suggest a day, e.g. Friday evening.*)
B: Und wann beginnt die Vorstellung?
A: (*Give the time.*)
B: Und wo treffen wir uns?
A: (*Suggest you meet in front of the cinema, giving a time a quarter of an hour before the film begins.*)
B: Und wieviel kostet das?
A: (*Say you don't know, but about 3 marks.*)
B: Also, bis dann!
A: Tschüs!
B: Tschüs!

A: Wir gehen ins Schwimmbad. Möchtest du mitkommen?
B: (*Ask when.*)
A: Heute nachmittag. Geht das?
B: (*Say it's a pity, but you haven't any time.*)
A: Ja, das ist schade. Wir gehen auch Mittwoch nachmittag. Geht das?
B: (*Say that's okay and ask where and when to meet.*)
A: Sagen wir, um halb drei vor dem Schwimmbad.
B: (*Say that's okay, then say goodbye, see you on Wednesday.*)
A: Bis dann. Tschüs!

6 Letter-writing

Write a note to a German friend in which you invite him/her to go to the cinema with you. Give the date and time and suggest where to meet. Say that your sister has a new boyfriend. He's coming to the party on Saturday, so your friend can see him. He's very nice.

Unit 10
Einkaufen

Im Lebensmittelgeschäft. ꝏ

VERKÄUFERIN: Guten Tag. Was darf es sein?
ANDREAS: Guten Tag. Ich möchte zweihundert Gramm Leberwurst und eine Teewurst, bitte.
VERKÄUFERIN: Ja. Sonst noch etwas?
ANDREAS: Ja. Haben Sie Käse – Emmentaler?
VERKÄUFERIN: Ja, natürlich. Im Stück geschnitten?
ANDREAS: Geschnitten, bitte. Können Sie mir dreihundert Gramm geben?
VERKÄUFERIN: Dreihundert Gramm Emmentaler. Haben Sie sonst noch einen Wunsch?
ANDREAS: Ja, ich hätte gern ein Pfund gekochten Schinken, bitte – geschnitten.
VERKÄUFERIN: Fein oder grob geschnitten?
ANDREAS: Grob geschnitten, bitte.
VERKÄUFERIN: Haben Sie außerdem noch einen Wunsch?
ANDREAS: Nein, danke. Doch! Haben Sie Eier?
VERKÄUFERIN: Ja. Möchten Sie die Packung mit sechs oder mit zehn Stück?
ANDREAS: Mit zehn Stück, bitte. Haben Sie eine Tragetasche?
VERKÄUFERIN: Eine Plastiktüte? Ja, sicher.
ANDREAS: Was macht das?
VERKÄUFERIN: Das macht zusammen acht Mark sechsundfünfzig (DM 8,56).
ANDREAS: Danke schön. Hier sind DM 10,00.
VERKÄUFERIN: Danke schön, und hier ist Ihr Wechselgeld.
ANDREAS: Auf Wiedersehen.
VERKÄUFERIN: Auf Wiedersehen.
ANDREAS: Ach, wie dumm! Ich muß auch Brot und Butter kaufen. Können Sie mir ein halbes Pfund Butter und sechs Brötchen geben? Es tut mir leid.
VERKÄUFERIN: Ach, das macht nichts. Sechs Brötchen, sagen Sie?
ANDREAS: Ja – und auch Obst. Ich möchte drei Kilo Äpfel und sechs Bananen. Verkaufen Sie Obst?
VERKÄUFERIN: Nein, leider nicht. Sie müssen in den Supermarkt.
ANDREAS: Ach nein! Ich mag den Supermarkt nicht!
VERKÄUFERIN: Also gehen Sie in die Gemüsehandlung. Butter, sagen Sie?

Nouns
der Apfel *apple*
der Käse *cheese*
der Schinken *ham*
der Supermarkt *supermarket*
der Wunsch *wish*

die Banane *banana*
die Butter *butter*
die Gemüsehandlung *greengrocer's*
die Leberwurst *liver sausage*
die Packung *pack, packet*
die Plastiktüte *plastic bag*
die Teewurst *tea sausage (a kind of spreading sausage)*
die Tragetasche *carrier bag*
die Verkäuferin *shop assistant (female)*

das Brötchen *roll*
das Ei (die Eier) *egg(s)*
das Gramm *gram*
das Lebensmittelgeschäft *grocer's*
das Obst *fruit*
das Pfund *pound*
das Stück *piece*
das Wechselgeld *change*

verbs
kaufen *to buy*
mögen (ich mag) *to like*
verkaufen *to sell*

words and phrases
außerdem *apart from that*
das macht nichts *that doesn't matter*
dumm *stupid*
etwas *something*
fein *fine*
gekocht *cooked*
geschnitten *sliced*
grob *coarse*
hundert *(a) hundred*
im Stück *in a piece, lump*
leider *unfortunately*
sonst noch etwas? *anything else?*
was darf es sein? *what would you like? (literally 'what may it be?')*
zusammen *together*

Verstehen Sie?

Bitte korrigieren Sie wo nötig (Please correct where necessary):

Andreas geht in eine Gemüsehandlung und kauft hundert Gramm Leberwurst, eine Teewurst und ein Stück Emmentaler. Er kauft auch fein geschnittenen Schinken und eine Packung mit sechs Eiern. Das macht zusammen DM 10,00. Andreas hat eine Tragetasche. Dann kauft er drei Brötchen, ein Pfund Butter und Obst.

Equivalents

Find the German equivalents to the following useful shopping phrases:

1 What would you like? (almost 'May I help you')
2 Anything else?
3 Would you like anything else?
4 That comes to eight marks fifty-six altogether.
5 Here's your change.
6 Oh, how stupid!
7 I'm sorry.
8 That doesn't matter.
9 No, unfortunately not.

Pronunciation

äu
In German 'au' is pronounced as in the English 'ou' in 'house', but when you add an umlaut to the first letter, it sounds like 'oy' as in 'boy'. Note that *verkaufen* means 'to sell', while *die Verkäuferin* means 'saleswoman'. Listen to the tape:

das Haus	die H**ä**user
die Maus (mouse)	die M**ä**use

Now listen to the tape again and stop and repeat when you hear the useful phrases you found above, paying particular attention to pronunciation.

Grammar notes

A Plurals

In English we just add 's' to make the plural of a noun, but in German it's a little more complicated. Often you just have to learn the plural at the same time as learning the word.

Feminine nouns
Many feminine words end with 'e' in German, and these just add -n in the plural. Ones which don't end in 'e' usually add -en:

die Banane	die Bananen
die Frau	die Frauen

Note:

die Stadt	die Städte
die Mutter	die Mütter

Masculine nouns
These are more complicated, so it is better to learn the plural with each noun. Many words form the plural in –e or ¨–e, some just add an umlaut, some add ¨–er, while other don't change:

der Tag (*day*)	die Tage
der Sohn (*son*)	die Söhne
der Apfel (*apple*)	die Äpfel
der Onkel (*uncle*)	die Onkel
der Mann (*man*)	die Männer

Some foreign nouns add –s:

der Krimi die Krimis

Neuter nouns
These either add –e or –er, or they add ¨er or they don't change:

das Tier (*animal*) die Tiere
das Kind (*child*) die Kinder
das Haus die Häuser
das Fenster (*window*) die Fenster

Again, some foreign words add –s:

das Auto die Autos
das Kino die Kinos

From the next unit on, important plurals will be marked in the vocabulary list in the following way:

die Mutter(¨) *mother*
das Auto(s) *car*
der Tag(e) *day*

Feminine nouns that end in 'e' won't have their plurals marked, as they always add –n.

Note that you have to add an 'n' to the end of a plural noun in the dative if it doesn't end in 'n' already:

Er kommt mit den Männer**n**. *He's coming with the men.*

B 'me' 'us' etc.

In unit 3 you saw that 'he, she' etc. have different forms in the accusative and dative. The same applies to 'I, you' etc.:

Können Sie **mir** dreihundert Gramm geben? *Can you let me have 300 grams?*
Es tut **mir** leid. *I'm sorry.*

	I	you (to friends)	we	you (polite)
nom.	ich	du	wir	Sie
acc.	mich	dich	uns	Sie
dat.	mir	dir	uns	Ihnen

Here are some more examples to help you:

Ich sehe **dich** morgen. *I'm seeing* you *tomorrow.*
Sie gibt **uns** einen Stadtplan. *She's giving* us *a map of the town.*
Ich gebe **Ihnen** eine Plastiktüte. *I'm giving* you *a plastic bag.*

C Mögen

Mögen (to like) is another verb like *können, müssen* and *wollen*, which just has to be learned:

ich mag	wir mögen
du magst	Sie mögen
er/sie/es mag	sie mögen

Ich mag den Supermarkt nicht. *I don't like the supermarket.*
Ich mag den Film nicht. *I don't like the film.*
Magst du die Bücher von Tom Sharpe? *Do you like Tom Sharpe's books?*
Sie mögen klassische Musik, nicht wahr? *You like classical music, don't you?*

Remember that when you talk about liking to **do** something, you use *gern* with the verb:

Ich schwimme gern.

D Quantity

In German you don't need 'of' (**von**) when you are talking about quantities of things. You also keep the word for 'pound', 'kilo' etc. in the singular, even if in English it would be in the plural:

zweihundert Gramm Leberwurst *200 grams of liver sausage*
dreihundert Gramm Emmentaler *300 grams of Emmental cheese*
ein Pfund gekochten Schinken *a pound of cooked ham*
ein halbes Pfund Butter *half a pound of butter*
drei Kilo Äpfel *three kilos of apples*
ein Viertel Leberwurst *a quarter of liver sausage*
ein Viertelpfund Käse *a quarter of a pound of cheese*

Communicating

Numbers above a hundred

101	hunderteins
232	zweihundertzweiunddreißig
1,000	tausend
1,102	tausendeinhundert(und)zwei
1,000,000	eine Million

Note that prices are written, for example, as DM 12,25, but spoken as *zwölf Mark fünfundzwanzig*. There are 100 pfennigs to one mark.

Shopping

There are several formulae for asking for things in shops, and certain set ways in which the shop-assistant will talk to you. As you come into the shop she may say:

	Was darf es sein?
	Bitte schön?
Guten Tag.	Was möchten Sie, bitte?
	Was wünschen Sie, bitte?
	Was kann ich für Sie tun? *What can I do for you?*

In reply you will say:

Guten Tag.	Ich möchte . . . ein Kilo Äpfel, bitte. Ich hätte gern . . . ei**nen** Apfel, bitte.

After serving you, the assistant will ask if you want anything else:

(Haben Sie) sonst noch einen Wunsch?
Sonst noch etwas?
Außerdem noch etwas?
Darf es noch etwas sein?

When you want to know how much things come to, you say:

Was macht das?
Was macht das zusammen (*together*)?

You use *Stück* (piece) to say how much things are **each**:

Die Äpfel kosten siebzig Pfennig das Stück.
Die Packung zu sechs oder zu zehn Stück?

If there are various prices for things, you say you want the one **at** so much:

Ich möchte ein Eis, bitte.
Zu sechzig oder **zu** achtzig Pfennig?
Zu sechzig, bitte.

Some useful food words

die Bratwurst *long, thin, grilled sausage (very popular!)*
die Kartoffel *potato*
die Petersilie *parsley*
die Trauben *grapes*
die Zwiebel *onion*

Exercises

1 Plurals

(a) You need more than you thought! Change your orders below into the numbers in brackets:
e.g. Einen Apfel, bitte. (3)
Drei Äpfel, bitte.

1 Eine Banane, bitte. (4)
2 Ein Brötchen, bitte. (5)
3 Eine Tragetasche, bitte. (2)
4 Ein Ei, bitte. (6)
5 Einen Stadtplan, bitte. (2)
6 Einen Kuli, bitte. (2)
7 Eine Rückfahrkarte, bitte. (3)
8 Ein Doppelzimmer, bitte. (2)
9 Ein Haus, bitte. (2) (*You're buying toys!*)
10 Ein Auto, bitte. (4) (*Still in the toyshop!*)

(b) Unfortunately everything you want is unavailable! Respond to each of the following sentences with *Leider haben wir keine . . . mehr*. Use the plural.

1 Können Sie mir ein Einzelzimmer geben?
2 Ich möchte eine englische Zeitung.
3 Haben Sie eine Karte für die Stadtrundfahrt?
4 Ich möchte ein Dorf. (*You're in the toyshop again!*)
5 Ich hätte gern ein Hotel. (*You've booked a holiday, and there are only self-catering flats left.*)
6 Haben Sie einen roten Zug? (*toyshop!*)
7 Ein Käsebrot, bitte.
8 Noch eine Frage? (*Leave off the* leider *this time!*)
9 Können Sie mir eine Plastiktüte geben?
10 Einen Apfel, bitte.

2 'me', 'us', etc.

(a) There are some differences of opinion here! Complete the following sentences by changing round the pronouns and making things negative. *Sie* will always mean 'you' in these examples:
e.g. Du magst ihn, aber . . .
Du magst ihn, aber er mag dich nicht. *You like him, but he doesn't like you!*

die Katze *cat*
lieben *to love*

1 Ich sehe ihn gern, aber . . .
2 Ich tanze gern mit Gaby, aber . . .

3 Wir geben Michael ein Geschenk, aber . . . (*Remember to use* kein, *not* nicht)
4 Sie sprechen gern mit Stefan, aber . . .
5 Du liebst ihn, aber . . .
6 Du willst Andreas die Telefonnummer geben, aber . . .
7 Sie geben Ingrid ein Geschenk, aber . . .
8 Sie sehen ihn gern am Wochenende, aber . . .
9 Wir haben Melanie gern, aber . . .
10 Wir mögen die Katze, aber . . .

(b) Translate the following sentences into German. If you need to check the verbs, they are on pp. 246–7.

1 Give me the address!
2 Is the doctor seeing you tomorrow? (*du*)
3 Is he coming with you? (*Sie*)
4 Can I speak to him?
5 Is he with her?
6 Is he giving you the telephone number? (*du*)
7 Does she like me?
8 Do you want to go with us?
9 Who is coming with them?
10 He doesn't like you. (*Sie*)

3 Mögen

(a) You and a friend are discussing likes and dislikes:

1 ?du . . . Agatha Christie's books ('the books of A.C.')
2 ich . . . the film *Rambo*
3 wir . . . the restaurant 'Drei Könige'
4 ?Gaby . . . the hotel
5 Ingrid und Michael . . . the club opposite the town hall
6 ?du . . . Steven Spielberg's films ('the films of S.S.')
7 ?Sie . . . the film *Krieg der Sterne* (an older acquaintance has just come in!)
8 ich (nicht) . . . the film
9 Helga (nicht) . . . the youth hostel
10 wir (nicht) . . . the town

(b) In this exercise you have to decide whether to use *mögen* or *gern*. You are quizzing your friend about his/her likes and dislikes! Ask 'Do you like . . .?'

1 swimming
2 playing tennis
3 the film *Rocky III*
4 going for walks
5 Madonna
6 listening to music
7 the programme
8 playing football
9 watching TV
10 your aunt

4 Quantity

Ask for the following things in a grocer's or a greengrocer's. Use the accusative case, followed by *bitte*:

die Orangen *oranges*
die Pilze *mushrooms*

1 a pound of Emmental cheese (don't say 'cheese', just say *Emmentaler*)
2 two kilos of oranges
3 200 grams of *Bierwurst*
4 250 grams of Edam cheese (*Edamer*)
5 half a pound of mushrooms
6 half a kilo of butter
7 300 grams of salami
8 four kilos of apples
9 half a pound of cooked ham
10 quarter of a pound of *Teewurst*

5 Prices

(a) Write out the following prices as words:

1 0,75 DM	6 66,98 DM
2 35,46 DM	7 76,21 DM
3 53,17 DM	8 28,72 DM
4 62,23 DM	9 94,05 DM
5 87,00 DM	10 54,20 DM

(b) Write down the prices of the following items as you hear them on the tape. Which is the most expensive?

1 das rote Auto
2 das Haus
3 die Leberwurst
4 die Platte
5 zwei Einzelzimmer
6 der Stadtplan
7 eine Orange
8 das blaue Auto
9 das Hotel
10 das Käsebrot

6 Act it out

Complete the following dialogue in a shop:

VERKÄUFERIN: Guten Tag. Was darf es sein
SIE: *(You would like a pound of liver sausage and a quarter of a pound of salami.)*
VERKÄUFERIN: Ja, gut, Sonst noch etwas?
SIE: *(Yes, has she got any Edam cheese?)*
VERKÄUFERIN: Ja, natürlich. Wieviel möchten Sie?
SIE: *(You'd like half a pound.)*
VERKÄUFERIN: Haben Sie außerdem noch einen Wunsch?
SIE: *(How much are the eggs?)*
VERKÄUFERIN: Die Packung mit sechs kostet 75 Pfennig und die Packung mit zehn kostet 1,35 DM.
SIE: *(You'd like the pack of six.)*
VERKÄUFERIN: Haben Sie sonst noch einen Wunsch?
SIE: *(No thanks – how much is that altogether?)*
VERKÄUFERIN: Das macht 11,20 DM.
SIE: *(Here are 15 marks.)*

7 Letter-writing

You're on holiday in Germany; your Bavarian friend is going into the village and you'd like her to get some things for you. Leave a note in which you ask her to get some fruit (bananas, apples, oranges – specify the quantities). She mustn't get the red apples – you don't like them! You'd also like some liver sausage, cheese, rolls, butter and ten eggs. She'll have to get a plastic bag as there aren't any in the house. You're going to give her the money tomorrow.

Unit 11
Letztes Jahr in den Ferien

ANDREAS: Gaby, was hast du letztes Jahr in den Ferien gemacht?
GABY: Ach, nicht viel! Ich habe Tennis gespielt und ich habe gesegelt. . .
ANDREAS: Habt ihr ein Segelboot?
GABY: Ja. Meine Eltern segeln sehr gern. Sie segeln fast jedes Wochenende.
ANDREAS: Ich segele auch gern, aber wir haben unser Segelboot nicht mehr.
GABY: Warum denn?
ANDREAS: Mein Vater hat jetzt keine Zeit. Vor zwei Jahren habe ich oft mit ihm gesegelt, aber jetzt nicht mehr.
GABY: Schade! Vielleicht kannst du mal mit uns segeln.
ANDREAS: Ja, das wäre schön! – Und was hast du sonst gemacht, außer Tennis spielen und segeln?
GABY: Ich habe meinen Onkel besucht. Er wohnt auf dem Lande und hat einen großen Garten. Was hast **du** gemacht?
ANDREAS: Ich habe auch Tennis gespielt, und ich habe geangelt.
GABY: Geangelt?! Angelst du gern?
ANDREAS: Ja, sehr gern. Es ist so ruhig – ich sitze da und denke nach. . . Du solltest es versuchen!
GABY: Ich angele nicht gern! Das ist so langweilig! Aber du kannst nächste Woche mit uns segeln, wenn du willst!
ANDREAS: Das ist nett von euch! Ich komme gern!
GABY: Also, wir fahren am Samstag weg. Wir können dich um neun abholen.
ANDREAS: Das ist wirklich sehr nett! Vielen Dank!
GABY: Also, bis Samstag!
ANDREAS: Bis Samstag! Tschüs!
GABY: Tschüs! – Du solltest trockene Kleider mitbringen! Vergiß es nicht!
ANDREAS: Ich vergesse es nicht!

Nouns

der Garten (¨) *garden*

die Woche *week*

das Segelboot(e) *sailing-boat*
das Wochenende *weekend*

die Kleider *clothes*

Verbs

angeln *to fish, go fishing*
besuchen *to visit*
machen *to do, make*
mitbringen (*separable*) *to bring with (you)*
nachdenken (*separable*) *to think, have a think*
segeln *to sail*

sitzen *to sit*
sollen *should*
vergessen (vergißt) *to forget*
versuchen *to try*
wegfahren (*separable*) *to leave, go away*

Words and phrases
auf dem Lande *in the country*
das wäre schön *that would be lovely*
fast *nearly*
groß *big*
ihr/euch *you (see below)*
jed- *every*
letzt *last*
manchmal *sometimes*
nächst *next*
oft *often*
ruhig *quiet*
sonst *otherwise*
trocken *dry*
vor zwei Jahren *two years ago*
wenn *if*
wirklich *really*

Verstehen Sie?

Bitte antworten Sie auf die Fragen!

1 Wer hat Tennis gespielt?
2 Wer hat ein Segelboot?
3 Wie oft segeln Gabys Eltern?
4 Was hat Andreas mit dem Segelboot gemacht?
5 Wo wohnt Gabys Onkel?
6 Warum angelt Andreas gern?
7 Angelt Gaby gern?
8 Wann kann Andreas mit Gaby segeln?
9 Wann holt ihn Gaby ab?
10 Was soll er mitbringen?

Equivalents

Now find the German equivalents for the following phrases:

1 They sail nearly every weekend.
2 Two years ago.
3 That would be lovely!
4 What did you do otherwise?
5 In the country.
6 It's so boring!
7 If you want.
8 Don't forget!
9 I won't forget!

Pronunciation

Listen to the tape. Notice how the following past participles are said (see Grammar Note A below). Be careful not to emphasize the 'ge-' part too much:

spielen – gespielt   angeln – geangelt   segeln – gesegelt
kaufen – gekauft   machen – gemacht

Now listen to the tape again and repeat the useful phrases, paying particular attention to pronunciation.

Grammar notes

A Talking about the past (the perfect)

When talking about the past in German, you normally use the perfect:

Was **hast** du in den Ferien **gemacht**? *What did you do in the holidays?*
Ich **habe** Tennis **gespielt** und ich **habe gesegelt**.
I played tennis and I went sailing.
Was **hast** du sonst **gemacht**? *What else did you do?*
Ich **habe geangelt.** *I went fishing.*

As you can see from the examples, you use the verb *haben* and the **past participle** of the verb, which is made by putting 'ge-' on the front, dropping the 'en' from the end and adding 't':

machen	ge-mach-t	gemacht
segeln	ge-segel-t	gesegelt
kaufen	ge-kauf-t	gekauft
spielen	ge-spiel-t	gespielt

The past participle goes to the end, and if you want to say 'not', you usually put the *nicht* just before the participle:

Ich **habe** am Wochenende **nicht gespielt**. *I didn't play at the weekend.*

B Ihr, euch

So far, you have had two words for 'you' – *du* for friends and *Sie* for strangers or people who are much older than you. There is one more word for 'you', which is used when talking to **more than one friend**, i.e. it's the **plural** of *du*:

Hab**t ihr** ein Segelboot? *Have you got a sailing-boat?*

(Andreas says *ihr* because he means Gaby's whole family, not just Gaby.)

With verbs, *ihr* just has a -t ending:

ich wohne	wir wohnen
du wohnst	**ihr wohnt**
er/sie/es wohnt	sie/Sie wohnen

The only verb which doesn't follow this pattern is *sein* (to be):

Sei**d** ihr fertig? *Are you ready?*

Like *du* and *Sie*, *ihr* has special accusative and dative forms:

nominative	ihr
accusative	euch
dative	euch

Das ist nett von **euch**! *That's nice of you!*
Ich gebe **euch** meine Adresse. *I'll give you my address.*
Ich gehe mit **euch** spazieren. *I'll go for a walk with you.*

C Sollen

Du solltest es versuchen! *You should try it!*
Du solltest trockene Kleider mitbringen! *You should bring dry clothes with you!*

Sollen (should or ought) is another of those verbs like *können* and *müssen* which just have to be learned. You're most likely to use it for making suggestions, when you'll need the form *sollte*:

ich sollte	wir sollten
du solltest	ihr solltet
er/sie/es sollte	sie/Sie sollten

D Personal pronouns in the dative

In the table below, the new datives are highlighted:

	m.	f.	n.	pl.
nom.	er	sie	es	sie
acc.	ihn	sie	es	sie
dat.	**ihm**	**ihr**	**ihm**	**ihnen**

Ich habe oft **mit ihm** gesegelt. *I've often sailed with him.*
Wir geben **ihm** ein Geschenk. *We're giving him a present.*
Ich gebe **ihr** meine Adresse. *I'll give her my address.*
Sind Herr und Frau Braun da? Kann ich mit **ihnen** sprechen?
Are Mr and Mrs Brown there? Can I speak to them?

Communicating

Saying when you did something

Here are some useful expressions of past time:

letztes Jahr *last year*	vor einem Jahr *a year ago*
letzte Woche *last week*	vor einer Woche *a week ago*
letztes Wochenende *last weekend*	vor drei Tagen *three days ago*
vor zwei Jahren *two years ago*	gestern *yesterday*

Here are some examples:

Vor zwei Jahren habe ich oft mit ihm gesegelt.
Two years ago I often went sailing with him.
Was hast du letztes Jahr in den Ferien gemacht?
What did you do in the holidays last year?
Letztes Wochenende habe ich Tennis gespielt. *I played tennis last weekend.*

If you put the time expression first, you have to turn round the verb:

Vor einem Jahr **habe ich** ein Haus gekauft. *I bought a house a year ago.*

Saying how often you do something

Ich gehe **oft** tanzen. *I often go dancing.*
Wir gehen **manchmal** spazieren. *We sometimes go for a walk.*
Gaby spielt **jeden Tag** Tennis. *Gaby plays tennis every day.*
Wir segeln **fast jedes Wochenende**. *We go sailing nearly every weekend.*
Ich sehe **nicht sehr oft** fern. *I don't often watch TV.*

Note that these expressions go **after** the first verb, but **before** the second verb or the object noun (e.g. *Tennis*).

To ask how often someone does something, you say:

Wie oft (machst du das)?

Exercises

1 Talking about the past

(a) Write out the meanings and the past participles of the following verbs, all of which have appeared earlier in the book:

angeln	hören	segeln
arbeiten	kaufen	spielen
fragen	kosten	suchen
glauben	machen	tanzen
grüßen	sagen	warten
gucken	schicken	wohnen

(b) Tell your friend all the things you did in your holidays last year:

der Plattenspieler *record-player*

1 played tennis
2 worked in a restaurant
3 looked for a flat
4 often danced
5 sent a lot of letters to your parents
6 went sailing
7 listened to music
8 bought a record-player
9 played squash
10 played cards

(c) You are reminiscing about last year:

1 We played cards every day.
2 You went sailing with Andreas.
3 I didn't send any postcards to my parents.
4 Gaby didn't play tennis.
5 Hans and Martin worked in a hotel.
6 You bought a car (said to Max and Grete).

2 Ihr, euch

(a) You are talking to a couple of friends, and just checking on a few things such as whether they like swimming. You write 'Ihr schwimmt gern, nicht?'. (You like swimming, don't you?)

1 live in a flat
2 work in a tourist office
3 have a car
4 like playing tennis
5 live in the country
6 go fishing every weekend
7 don't live with Helga
8 like listening to music
9 visited Richard last week
10 sent me the address

(b) Tit for tat! Use the correct form of 'you':
e.g. Du hast **mir** einen Brief geschickt. Jetzt schicke ich **dir** einen Brief!

1 Ihr habt ein Geschenk für **mich** gekauft.
2 Sie haben zu **mir** 'nein!' gesagt.
3 Du hast für **mich** gearbeitet.
4 Ihr habt bei **mir** gewohnt.
5 Du hast **mich** viel gefragt.
6 Sie haben oft Karten für **mich** gekauft.

3 Sollen

(a) You are giving advice to your friends going on holiday. Use *Du solltest. . .*, *Ihr solltet. . .* and *Richard sollte. . .* in turn:

1 book a double room and a single
2 go by train
3 not stay in a hotel
4 stay in a youth hostel
5 write a letter every day
6 not drink beer (use *kein*)
7 take a lot of clothes with you
8 ask in the tourist office
9 visit Aunt Maria
10 see the cathedral in Cologne

(b) Complete the following conversation:

Kopfschmerzen *a headache* müde *tired*

A: Was hast du, Inge?
B: (*I don't know. I'm hungry!*)
A: (*You ought to eat!*)
B: Ich habe Kopfschmerzen.
A: (*You ought to take aspirin!*)
B: Ich bin müde!
A: (*You ought to go to sleep!*)

4 Personal pronouns

(a) You are on the phone. You ask 'Is Gaby/Thomas etc. there? Can I speak to her/him etc.?' (Use *Kann ich mit . . . sprechen?*):

1 Gaby
2 Uwe
3 Mr and Mrs Köstler
4 my parents
5 my (male) cousin
6 my aunt
7 my (female) cousin
8 my sister
9 Andreas and Melanie
10 the teacher

(b) Answer the questions in German:

1 Wo ist mein Stadtplan? (*It's on the table.*)
2 Ist der Film gut? (*I don't know it.*)
3 Ist Sebastian dein Vetter? (*Yes, I'm going with him to Bonn.*)
4 Wo ist Anna? (*She's ill.*)
5 Wie kommt Gaby zur Party? (*I'm picking her up.*)
6 Fährt Katrin nach Berlin? (*Yes, I'm going with her.*)
7 Wie ist das Buch? (*It's very good.*)
8 Was machst du mit dem Geschenk? (*I'm giving it to Michael.*)
9 Kommen deine Freunde? (*Yes, I'm seeing them on Saturday.*)
10 Sind Robert und Boris hier? (*Yes, I'm going to England with them.*)

5 Talking about when in the past

When did you last go abroad?

1 last week
2 last weekend
3 four days ago
4 yesterday
5 three weeks ago
6 ten years ago
7 a year ago

(b) Now use these expressions to say when you last did the following things. (Be careful of the word order!)

1 played tennis
2 went fishing
3 visited your mother
4 sent a letter to your brother
5 played football
6 bought a record
7 went sailing
8 danced
9 worked in a restaurant
10 played cards

6 Act it out

Complete the following conversation and act it out:

die Karten *cards*

A: (*What did you do in the holidays last year?*)
B: Ich habe London besucht.
A: (*Oh, I visited London two years ago!*)
B: London ist sehr schön!
A: (*What did you do yesterday evening?*)
B: Ich habe mit meiner Familie Karten gespielt.

7 Saying how often you do something

(a) Use the grid below to write about people's habits:
e.g. Gaby spielt nicht sehr oft Tennis.

	jeden Tag	jedes Wochenende	manchmal	oft	nicht sehr oft
Gaby	tanzen	segeln	in einem Restaurant essen	fernsehen	Tennis
Thomas	spazieren gehen	Fuβball	Briefe schreiben	Musik hören	seine Eltern besuchen

(b) Complete the following conversation and act it out:

A: (*Do you like playing tennis?*)
B: Ja, ich spiele ziemlich gern.
A: (*How often do you play?*)
B: (*Nearly every weekend.*)
A: Ich spiele nicht sehr oft.
B: (*Do you often play football?*)
A: Ja, sehr oft.

8 Letter-writing

Write a letter to your German friend, saying what you did last weekend. (You went sailing, played tennis and went for a walk.) Ask your friend what he/she did. Does he/she like the film '*Rambo*'? Tell him/her that you've bought a Rolling Stones record. Send your regards to his/her parents (use *grüβen*).

Unit 12
Eine kleine Pause!

1 ○○ Look at the map of Cologne on the opposite page and then listen to the three sets of directions on the tape (the text is in the back of the book if you get stuck!). You will need to listen to each one several times before you can follow the instructions. For each set of directions:

Give the destination and find it on the map.
Follow the route with your finger or a light pencil.

The starting point is given for you in the first and third sets of directions. You ought to be able to find the starting point for the second if you have understood the first one!

vorbeigehen (separable) *to go past*

2 Below are ten things you may or may not enjoy doing. Say whether you like each one (using *gern*) and then choose two things you like from the second list and invite a friend to do them with you. Write a conversation in which you make arrangements (day, time, place) – the first day suggested is no good, so try again.

watching TV	going to the cinema
reading	going to a concert (*das Konzert*)
driving	swimming
playing football	going dancing
going for a walk	going to the theatre (*das Theater*)

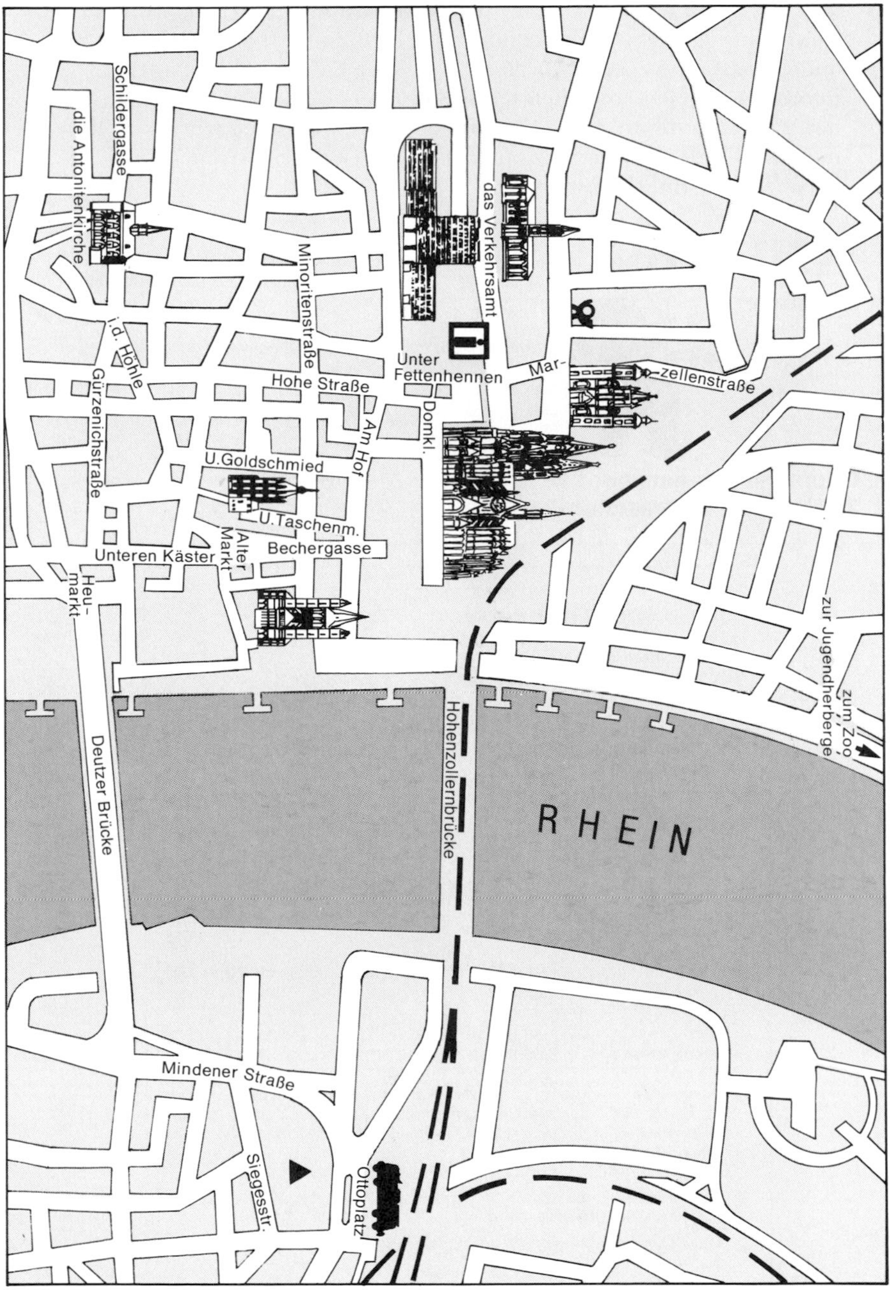
Schildergasse
die Antonitenkirche
Minoritenstraße
das Verkehrsamt
Unter Fettenhennen
Mar-zellenstraße
i.d. Höhle
Hohe Straße
Gürzenichstraße
Am Hof
Domkl.
U.Goldschmied
U.Taschenm.
Alter Markt
Bechergasse
Unteren Käster
Heu-markt
zur Jugendherberge
zum Zoo
Hohenzollernbrücke
Deutzer Brücke
RHEIN
Mindener Straße
Siegesstr.
Ottoplatz

3 You are an au pair with a German family in Stuttgart. The mother wants to give you and the children (aged 8 and 10) a treat for the day, and suggests the zoo, followed by a theatre matinee. Look at the information below and then tell the mother the details (opening times, how you're going to get to the zoo, cost, time of show, when you'll be home). Decide what to do about lunch. Write the conversation between you and the mother.

Wilhelma

in Stuttgart

Deutschlands einziger Zoologisch-botanischer Garten

Das Erlebnis mit 8000 Tieren und herrlichen Pflanzen aus aller Welt

● ganzjährig täglich geöffnet ●
große Schauhäuser ● kein Wetterrisiko

Stuttgart-Bad Cannstatt, Neckartalstraße, Postfach 501227
Telefon (0711) 54020

Anfahrt über B10 bzw. B14
S-Bahn: Bahnhof Bad Cannstatt oder Nordbahnhof
Straßenbahn: Linie 14 und 13
Bus: Linie 52, 55 und 56

Öffnungszeiten:	**Hauptkasse:**	**Tierhäuser:**
Mai bis August:	8.00–18.00	8.00–19.00
April und September:	8.00–17.30	8.00–18.30
März und Oktober:	8.00–17.00	8.00–18.00
November bis Februar:	8.00–16.00	8.00–17.00

Das Aquarium öffnet um 9.00 Uhr. Dienstags wird es 1 Stunde vor den Tierhäusern geschlossen. Der Park bleibt bis Einbruch der Dunkelheit – spätestens 20.00 Uhr – geöffnet.

Eintrittspreise:

Tageskarten:

Erwachsene	**7,— DM**
Rentner	**6,— DM**
Kinder, Schüler und Studenten, Schwerbeschädigte mit Ausweis	**3,— DM**

Gesellschaften ab 20 Personen:

Erwachsene	**6,— DM**
Kinder	**2,50 DM**
Schulen, je Schüler	**2,50 DM**

Jahreskarten:

Erwachsene	**40,— DM**
Rentner	**20,— DM**
Beikarte für Ehefrau	**20,— DM**
Kinder	**10,— DM**
Studienkarten für Schüler und Studenten	**20,— DM**

- **Parkplätze:** Parkhaus an der Neckartalstraße beim Haupteingang. An Sonn- und Feiertagen im Sommer auch Parkhaus Mahle, Halden-Glockenstraße, mit Zugang zur Wilhelma über Kasse Pragstraße direkt gegenüber.
  Parkgebühr DM 3,–. Für Omnibusse Parkplätze kostenlos.
- **Fotografieren und Filmen** für private Zwecke ist von den Wegen aus kostenlos, erlaubt und erwünscht.
- **Hunde und alle fremden Tiere** dürfen nicht in den Park mitgenommen werden.
- **Das Füttern durch die Besucher ist im Interesse der Tiere untersagt.**
- **Absperrungen dienen Ihrer Sicherheit!** Bleiben Sie deshalb bitte auf den Wegen und vermeiden Sie Unfälle.
- Leistungsfähige **Gaststätte** mit 900 Sitzplätzen, davon 500 im Freien. Alles selbst aussuchen und selbst nehmen.

Hereinspaziert, hereinspaziert!

VARIETE-THEATER Killesberg Stuttgart

Vom 1. Mai bis 31. Oktober täglich 16 und 20 Uhr, monatlicher Programmwechsel.

Eine perfekte Mixtur aus Illusion, Akrobatik, Kapriolen, Sketch und Raubtier-Dressur

Vom 1. bis 30. Juni gastieren:

Pierre Brama, Frankreich. Eine brillante Mischung aus Manipulation und Illusion.

Claus Beckers, Bundesrepublik Deutschland. Der Jongleur auf dem Einrad.

Henriett & Roman, Italien. Zeigen hochkarätige Akrobatik auf Rollschuhen.

Don Martinez, USA. Kapriolen auf dem Trampolin.

Elisabeth Volkmann, Bundesrepublik Deutschland. Ob Chanson, ob Sketch, die als Mutter der Klimbim-Familie unvergeßliche Künstlerin überzeugt in jeder Rolle.

The Famous Acrobats of Kenya, Kenia. Eine Springertruppe, wie man sie sonst nur in der Zirkusmanege zu sehen bekommt.

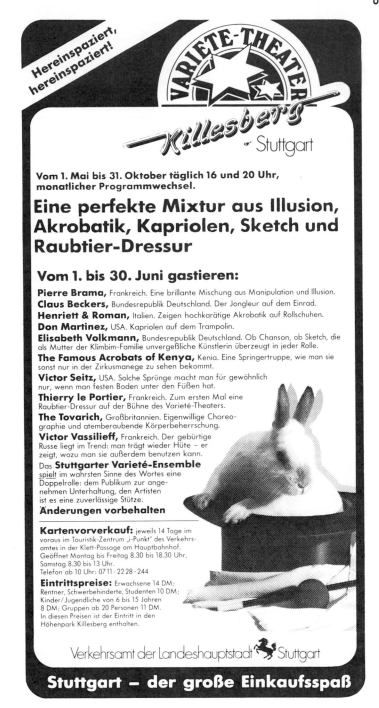

Victor Seitz, USA. Solche Sprünge macht man für gewöhnlich nur, wenn man festen Boden unter den Füßen hat.

Thierry le Portier, Frankreich. Zum ersten Mal eine Raubtier-Dressur auf der Bühne des Varieté-Theaters.

The Tovarich, Großbritannien. Eigenwillige Choreographie und atemberaubende Körperbeherrschung.

Victor Vassilieff, Frankreich. Der gebürtige Russe liegt im Trend: man trägt wieder Hüte – er zeigt, wozu man sie außerdem benutzen kann.

Das **Stuttgarter Varieté-Ensemble** spielt im wahrsten Sinne des Wortes eine Doppelrolle: dem Publikum zur angenehmen Unterhaltung, den Artisten ist es eine zuverlässige Stütze.

Änderungen vorbehalten

Kartenvorverkauf: jeweils 14 Tage im voraus im Touristik-Zentrum „i-Punkt" des Verkehrsamtes in der Klett-Passage am Hauptbahnhof. Geöffnet Montag bis Freitag 8.30 bis 18.30 Uhr, Samstag 8.30 bis 13 Uhr. Telefon ab 10 Uhr: 0711-2228-244

Eintrittspreise: Erwachsene 14 DM; Rentner, Schwerbehinderte, Studenten 10 DM; Kinder/Jugendliche von 6 bis 15 Jahren 8 DM; Gruppen ab 20 Personen 11 DM. In diesen Preisen ist der Eintritt in den Höhenpark Killesberg enthalten.

Verkehrsamt der Landeshauptstadt Stuttgart

Stuttgart – der große Einkaufsspaß

4 You are still an au pair! You come home and find the following note from the mother. Read it and then write the conversations you would have while doing the shopping. (You'll have to supply your own quantities! – There are five people to provide for!) If you have trouble deciphering the handwriting, there is a typed version in the *Answers* section at the back!

> Liebe Margaret!
> Es gibt nichts zu essen im Hause! Ich will Bratwurst mit Kartoffelsalat und Salat zum Abendessen haben, aber ich habe keine Zeit, um einkaufen zu gehen! Kannst du bitte alles für mich kaufen. (Für den Kartoffelsalat brauchen wir auch Zweibeln, Petersilie und Öl.) Wir können Trauben zum Nachtisch essen, und ich brauche auch Brot und Butter.
>
> Vielen Dank!

5 Your English friend is sending a letter to a German penfriend, but is a bit shaky on prepositions and the words for 'me', 'us' etc. He/she asks for your help! He/she wants to know how to translate into German the bits in brackets.

Liebe Christa! (oder Lieber Hans-Peter!)

Ich fahre nächste Woche (*to*) Schottland. Ich fahre (*by*) Zug. Das ist eine lange Reise. Meine Tante holt (*me from the*) Bahnhof ab. Ich kenne (*her*) nicht. Sie hat (*me*) ein Foto geschickt und ich habe (*her*) auch ein Foto geschickt. Mein Bruder ist krank. Ich kann nicht (*with him*) fahren.

(*Opposite*) unserem Haus gibt es ein großes Schwimmbad. Ich schwimme sehr gern dort. Wenn du (*us*) besuchst, kannst du mit (*us*) schwimmen. (*Except for*) meinem kleinen Bruder können wir alle sehr gut schwimmen.

Ich höre sehr gern die Musik von Dire Straits. Kennst du (*them*)? Gestern habe ich eine Platte (*by them*) gekauft.

6 Complete the following conversation. A young man is talking to the (young) hotel receptionist.

JUNGER MANN: Ich möchte ein Einzelzimmer für eine Woche, bitte.
EMPFANGSDAME: (*Would you like a room with a shower?*)
JUNGER MANN: Ja, bitte. (*Is there a restaurant in the hotel?*)
EMPFANGSDAME: Ja, aber Sie können nur Frühstück und Abendessen haben.
JUNGER MANN: (*Please can you give me the phone book. I want to speak to someone.*)
EMPFANGSDAME: Bitte schön. (Sie gibt ihm das Telefonbuch.) Wie ist Ihr Name, bitte?
JUNGER MANN: David Harris.
EMPFANGSDAME: Sie sind aber kein Engländer!!
JUNGER MANN: (*Yes I am!*)
EMPFANGSDAME: Aber Sie sprechen so gut Deutsch!
JUNGER MANN: Danke. (*Do you like going to the cinema?*)
EMPFANGSDAME: Ja, natürlich!
JUNGER MANN: (*Would you like to go to the cinema tonight?*)
EMPFANGSDAME: (*With you?!*)
JUNGER MANN: Ja! (*What's on?*)

7 You have asked someone to go out with you at 8 in the evening. They are very busy and it is difficult to find a day. Listen to the tape and jot down what they are doing when. Find a day when they can come at 8.00.

Unit 13
Die Reise nach Deutschland

Christian und Susan sind jetzt in England. ꝏ

CHRISTIAN: Ich fahre am ersten August wieder nach Deutschland.
SUSAN: Ja? Das ist schade!
CHRISTIAN: Du bist letzten Sommer nach Deutschland gefahren, nicht?
SUSAN: Ja, das stimmt.
CHRISTIAN: Bist du alleine gefahren?
SUSAN: Nein, mit einer Freundin.
CHRISTIAN: Und was hast du da alles gemacht?
SUSAN: Ich bin zuerst nach München gefahren. Wir haben dort in einem Hotel gewohnt.
CHRISTIAN: Wie lange?
SUSAN: Ungefähr eine Woche.
CHRISTIAN: Und was hast du gesehen?
SUSAN: Das Deutsche Museum, die alte Pinakothek, die neue Pinakothek, die Frauenkirche, das Rathaus – sehr interessant!
CHRISTIAN: Und den Englischen Garten?
SUSAN: Nein, leider nicht!
CHRISTIAN: Ach, den solltest du sehen! Er ist wirklich sehr schön!
SUSAN: Vielleicht das nächste Mal. . .
CHRISTIAN: Ich kenne München ziemlich gut. Ich habe einmal dort gewohnt.
SUSAN: Wirklich?
CHRISTIAN: Und seid ihr nach Schwabing gegangen?
SUSAN: Nur einmal. Wir haben dort in einem Lokal gegessen – sehr gut!
CHRISTIAN: Und hast du im Hofbräuhaus Bier getrunken?!
SUSAN: Ja, natürlich!
CHRISTIAN: Habt ihr Ausflüge gemacht?
SUSAN: Ja, wir haben Schloß Neuschwanstein gesehen, und wir sind im Gebirge gewandert.
CHRISTIAN: Und wie hat es dir in Deutschland gefallen?
SUSAN: Ach, sehr gut! Es ist wirklich wunderschön dort. Ich will nächstes Jahr noch einmal hinfahren.
CHRISTIAN: Und diesmal darfst du den Englischen Garten nicht vergessen!
SUSAN: Okay!

Nouns
der Ausflug(¨e) *outing, excursion*
der Sommer *summer*

die alte Pinakothek *art gallery in Munich*
die neue Pinakothek *art gallery (modern)*
die Frauenkirche *Church of Our Lady*
die Reise *journey, trip*

Deutschland *Germany*
das Gebirge *mountains*
das Hofbräuhaus *a famous beer cellar in Munich*
das Lokal(e) *pub*
das Mal(e) *time, occasion*
das Museum (Museen) *museum*
Schloβ Neuschwanstein *a fairy-tale castle in the mountains*
Schwabing *a night-club district in Munich*

Verbs
dürfen (darf) *may*
sich gefallen (gefällt) *to like (see below)*
wandern *to walk, hike*

Words and phrases
allein *alone*
alles *everything*
das ist schade *that's a pity*
diesmal *this time*
einmal *once*
interessant *interesting*
noch einmal *once again*
ungefähr *about, approximately*
wie hat es dir gefallen? *how did you like it?*
wie lange? *how long?*
wieder *again*
zuerst *first*

Verstehen sie?

Bitte korrigieren Sie wo nötig!

Susan ist letzten Winter nach Deutschland gefahren. Sie ist alleine hingefahren, nach Frankfurt. Sie hat drei Tage in einer Jugendherberge gewohnt. Sie hat den Englischen Garten gesehen. Christian kennt München nicht. Susan hat in einem Lokal in Schwabing gegessen. Sie hat kein Bier getrunken. Sie ist nach Schloβ Neuschwanstein gefahren. Es hat ihr in Deutschland nicht gefallen.

Equivalents

Look at the conversation again and find the German equivalents for the following useful expressions:

1 Yes, that's right.
2 What did you do there?
3 About a week.
4 Perhaps next time.
5 No, unfortunately not!
6 Did you go on any excursions?
7 How did you like it in Germany?
8 It's really beautiful there.

Pronunciation

1 Sometimes names are rather difficult to pronounce. Listen to the following well-known places in and around Munich, and repeat from the tape:

München Schwabing das Hofbräuhaus (Hof-bräu-haus)
Schloβ Neuschwanstein (Neu-schwan-stein) die alte Pinakothek (Pin-a-ko-thek)
die Frauenkirche (Frauen-kirche)

2 Repeat the months of the year from the tape:

Januar Februar März April Mai Juni Juli August September Oktober November Dezember

Grammar notes

A The perfect tense

Was **hast** du **gesehen**? *What did you see?*
Wir **haben** dort in einem Lokal **gegessen**. *We ate in a pub there.*
Hast du im Hofbräuhaus Bier **getrunken**?
Did you drink beer in the Hofbräuhaus?

In unit 11 you learned how to make the past participle of verbs using ge–:
machen gemacht
kaufen gekauft

Although the majority of verbs do this, some of the more common ones are irregular, and have to be learned. The best thing to do is to learn them by heart. The ones from this chapter are given below, but there is a complete list for reference on pp. 246–7.

fahren	gefahren	gehen	gegangen
bl**ei**ben	gebl**ie**ben	tr**i**nken	getr**u**nken
sehen	gesehen	essen	gegessen

B Perfect with *sein*, not *haben*

You will see from the examples that a few very common verbs form their perfect with *sein* (to be) instead of *haben*:

Du **bist** letzten Sommer nach Deutschland **gefahren**, nicht?
You went to Germany last summer, didn't you?
Bist du alleine **gefahren**? *Did you go alone?*
Seid ihr nach Schwabing **gegangen**? Did you go to Schwabing?

Some of these verbs with *sein* involve movement (*fahren, gehen*), but you can't rely on this, so it's best just to learn the common verbs with *sein* by heart:

fahren Ich **bin** nach Bonn **gefahren**. *I went to Bonn.*
gehen Wir **sind** zur Post **gegangen**. *We went to the post-office.*
kommen Meine Mutter **ist gekommen**. *My mother came.*
sein Ich **bin** krank **gewesen**. *I was ill.*
bleiben Wir **sind** dort **geblieben.**

C Dürfen

Dürfen is another verb like *müssen* which has to be learned:

Diesmal **darfst du** den Englischen Garten nicht vergessen!
This time you mustn't forget the English Garden!

ich darf	wir dürfen
du darfst	ihr dürft
er/sie/es darf	sie/Sie dürfen

Dürfen means 'may', but you'll really only **have** to use it when you want to tell someone they **mustn't** do something. In German you can't say *du mußt nicht* for 'you must not', you have to say *du darfst nicht*!

Du mußt nicht kommen. *You don't have to come.*
Du darfst nicht kommen. *You mustn't come.*
Sie dürfen nicht rauchen. *You mustn't smoke.*
Wir dürfen nicht länger warten. *We're not allowed to wait any longer.*

You can see from these examples that you give quite a different meaning if you get this point wrong!

D Sich gefallen

Wie **hat es dir** in Deutschland **gefallen**? *How did you like it in Germany?*

A very common way of saying that you like something in German is to use *es gefällt mir*. This is literally 'it is pleasing to me'. You always use the dative:

Es gefällt mein**em** Vater. *My father likes it.*
Es gefällt **uns**. *We like it.*
Es gefällt **mir**. *I like it.*
Gefällt es **dir**? *Do you* (du) *like it?*
Gefällt es **Ihnen**? *Do you* (Sie) *like it?*
Es gefällt **ihnen**. *They like it.*
Gefällt es **euch**? *Do you* (ihr) *like it?*

The thing that you like often comes first in German:

Die Stadt gefällt mir. *I like the town.*
Der Film gefällt ihnen. *They like the film.*
Die Bücher gefallen mir. *I like the books.*

Put *nicht* at the end:

Die Bücher gefallen mir nicht. *I don't like the books.*

Communicating

Dates

The months of the year are all masculine (*der*) words:

Januar	März	Mai	Juli	September	November
Februar	April	Juni	August	Oktober	Dezember

To ask about the date today, you say:

Den wievielten haben wir heute? Den einundzwanzigsten Februar.

To say that something happens on a particular date, you use *am* (*an dem*):

Ich fahre am vierten März. *I'm travelling on the fourth of March.*
Wir sind am zwölften Juni angekommen. *We arrived on the twelfth of June.*
Er hat am dritten August Geburtstag. *His birthday is on the third of August.*

To form numbers like 'first', 'second' and 'third', you add 't' to two and numbers four to nineteen, and 'st' to the numbers from twenty on. 'First' and 'third' are irregular, as is 'eighth', which does not double the 't' and 'seventh' which drops the final 'en':

Heute ist der	**erst**e Mai. zwei**t**e Dezember. **dritt**e November. vier**t**e April.

Mein Geburtstag ist am	sieb**t**en April. ach**t**en September. zwanzig**st**en Juni.

Exercises

1 The perfect tense

(a) First write out the meanings and the past participles of the following irregular verbs. All the verbs are ones you have had so far. Some you will have to look up in the table on pp. 246–7.

Verbs which take *haben*		Verbs which take *sein*	
lesen	schwimmen	bleiben	kommen
nehmen	sprechen	fahren	sein
schreiben	treffen	gehen	stehen
sehen	tun		

(b) Using the verbs from the first list above, write down what you did yesterday:

1 did a lot
2 read a book
3 wrote a letter
4 spoke to my parents
5 saw a film
6 met my friend
7 took a bus to the pool
8 swam

2 Perfect with *sein*

(a) Now, using the verbs from the second list above, ask your friend if he/she did the following:

lange *for a long time*
Schlange stehen *to queue*

1 come by car?
2 go to the museum?
3 go to Schloβ Neuschwanstein yesterday?
4 go to the cinema yesterday evening?
5 queue for a long time?
Ask him/her:
6 Were you ill?
7 Were you at home?

(b) Now complete the following conversation. Be careful to choose *haben* and *sein* to go with the right verbs:

ein biβchen *a bit*
Frankreich *France*
französisch *French*

A: (*Where did you go last year?*)
B: Nach Frankreich.
A: (*Did you speak French?*)
B: Ja, ein biβchen!
A: (*Did you stay in a hotel?*)
B: Nein, bei einer Freundin.
A: (*Did you go to the Louvre?*)
B: Ja, natürlich!
A: (*And how did you like it?*)
B: Sehr gut!

3 Dürfen

(a) A strict parent! A mother is reminding her child of all the things he/she mustn't do! She says: 'You mustn't. . .'

1 smoke
2 drink beer
3 see *Rambo*
4 eat sweets (*Bonbons*)
5 go to the pub
6 go to sleep late
7 play cards on Sunday
8 forget

(b) Complete the following conversation. This also practises other verbs like *können* and *sollen.*

die Arbeit *work*
so viel *so much*
wichtig *important*

A: Can you come to a party on Saturday?
B: Es tut mir leid. (*I can't come. I must work.*)
A: (*You shouldn't work so much!*)
B: (*Really, I shouldn't come!*) Meine Arbeit ist sehr wichtig!
A: (*But you can do it on Sunday!*)
C: (*You mustn't speak here.*)

4 Sich gefallen

(a) Ask you friend if he/she likes the following things about the holiday:

1 the garden
2 the swimming-pool
3 the village
4 the hotel
5 the restaurants
6 the clothes
7 the castle
8 the rooms
9 the car
10 the museum

(b) Now ask the same questions of someone you don't know so well.

(c) Here is a list of your family's likes and dislikes. Translate them into German:

die Geschäfte *shops*

1 My mother doesn't like the hotel.
2 My father likes the museum.
3 My brother likes the castle.
4 My parents don't like the restaurant.
5 I like the pub.
6 My sister likes the shops.
7 My brothers and sisters don't like the swimming-pool.
8 My aunt likes the garden.
9 My uncle likes the town.
10 My (male) cousin likes the film.

5 Dates

(a) The question is *Den wievielten haben wir?* Write out the answers in full:

1 10 May
2 23 January
3 1 March
4 7 June
5 28 July
6 3 August
7 3 December
8 13 February
9 17 October
10 12 September

(b) Listen to the tape and write down the date on which the following things happen:

eg: Hans fährt . . . nach Hannover.
Hans fährt am siebten April nach Hannover.

hoffentlich *I hope that. . ., hopefully*

1 Mein Geburtstag ist . . .
2 Meine Eltern kommen . . . an.
3 Michael ist . . . nach Frankreich gefahren.
4 Der Film beginnt . . .
5 Wir müssen bis zum . . . bleiben.
6 Meine Schwester hat . . . Geburtstag.
7 . . . will meine Mutter uns besuchen.
8 Meine Tante ist . . . angekommen.
9 Hoffentlich fahren wir . . . nach Italien.
10 Warum ist er . . . nach Hause gefahren?

6 Act it out

Complete the following conversation about holidays:

Italien	*Italy*	Rom	*Rome*
italienisch	*Italian*	Venedig	*Venice*

A: (*Susanne and Melanie, where did you go for your holidays last year?*)
B: Nach Italien.
A: (*How long did you stay?*)
B: Zwei Wochen.
A: (*Did you go to Rome?*)
B: Nein, wir sind nach Venedig gefahren.
A: (*Did you like it there?*)
B: Ja, es ist sehr schön!
A: (*Did you speak Italian?*)
B: Nein! Wir haben Englisch gesprochen!

7 Letter-writing

Write a letter to your friend in Germany, telling him/her about your holiday. You can choose whether you went to Germany, France or Italy, and which towns you visited. Say how long you stayed and whether you went by car etc. Say what you saw and whether you liked it.

Unit 14
In einem Café

Susanne und Helen sind in einem Café. Helen ist Engländerin. Sie ist erst gestern in Deutschland angekommen. Michael kommt ins Café.

SUSANNE: Tag, Michael! Willst du dich zu uns setzen? Kennst du Helen?

MICHAEL: Tag, Susanne! Nein, ich kenne Helen nicht. Woher kommst du, Helen?

HELEN: Ich bin Engländerin.

MICHAEL: Aber du sprichst sehr gut Deutsch!

HELEN: Nein! aber ich kann fast alles verstehen, wenn die Leute nicht zu schnell sprechen.

MICHAEL: Das ist sehr gut. Die meisten Engländer sprechen gar kein Deutsch!

HELEN: Ja, das stimmt. Und viele Deutsche sprechen sehr gut Englisch!

SUSANNE: Es ist aber wichtiger für die Deutschen. Englisch ist eine Weltsprache. Viele Leute brauchen Englisch bei der Arbeit.

HELEN: Ja, das ist wahr, aber die Engländer glauben auch, sie sind nicht sehr sprachbegabt. Sie haben Angst, wenn sie Fremdsprachen lernen müssen!

MICHAEL: Wie lange bist du schon hier, Helen?

HELEN: Seit gestern. Ich bin erst gestern angekommen. Heute ist mein erster Tag.

MICHAEL: Und bist du schon vorher in Deutschland gewesen?

HELEN: Ja, vor zwei Jahren bin ich nach München gefahren.

MICHAEL: Und wie lange bist du dort geblieben?

HELEN: Fünf Wochen.

MICHAEL: Und wie lange bleibst du diesmal bei uns?

HELEN: Leider nur drei Wochen.

SUSANNE: Aber in drei Wochen kann man sehr viel sehen!

MICHAEL: Ja, sicher! Hast du schon was von der Stadt gesehen?

HELEN: Nur ein bißchen. Gestern nachmittag haben wir den Dom besucht. Der ist wirklich wunderschön.

MICHAEL: Und was sind eure Pläne für heute?

SUSANNE: Wir wollen das Museum besuchen, und dann den Englischen Garten. Willst du auch mitkommen?

MICHAEL: Ja, gerne! Ich habe nichts Besonderes vor.

SUSANNE: Also, los!

MICHAEL: Nicht so schnell! Ich habe meinen Kaffee noch nicht ausgetrunken!

Nouns
der Nachmittag(e) *afternoon*
der Plan(¨e) *plan*

die Angst(¨e) *fear*
die Arbeit *work*
die Engländerin(nen) *English woman*
die Fremdsprache *foreign language*
die Sprache *language*
die Weltsprache *world language (international)*

(das) Deutsch *German*
(das) Englisch *English*

die Leute *people*

Verbs
austrinken (*separable*) *to drink up*
brauchen *to need*
lernen *to learn*
sich setzen *to sit down* (*literally 'to seat oneself'*)
verstehen *to understand*
vorhaben (*separable*) *to have in mind*

Words and phrases
Angst haben *to be afraid*
begabt *gifted*
die meisten (Leute) *most (people)*
diesmal *this time*
erst *first, only* (*as in* erst gestern)
fast (alles) *nearly (everything)*
gar kein (Deutsch) *no (German) at all*
los! *let's go!*
man *one* (*as in 'one can see'*)
nichts Besonderes *nothing special*
schnell *fast*
sprachbegabt *gifted for languages* (begabt = *gifted*)
vorher *before(hand)*
vor zwei Jahren *two years ago*
wichtig(er) *(more) important*
wunderschön *very beautiful*

Verstehen Sie?

Bitte antworten Sie auf die Fragen!

1 Woher kommt Helen?
2 Kennt Michael sie schon?
3 Kann Helen gut Deutsch verstehen?
4 Wann ist Helen angekommen?
5 Ist Helen schon vorher in Deutschland gewesen?
6 Wie lange ist sie in München geblieben?
7 Wie lange bleibt sie diesmal?
8 Was hat sie diesmal schon gesehen?
9 Was wollen Helen und Susanne heute besuchen?
10 Kann Michael mitkommen?

Equivalents

Find the German equivalents for the following useful phrases:

1 I can understand nearly everything.
2 Most English people don't speak any German at all!
3 They are afraid.
4 How long have you been here?
5 Have you been to England before?
6 How long did you spend there?
7 How long are you staying here?
8 Have you seen anything of the town yet?
9 I haven't got anything special on (planned).

Pronunciation

1 a

Listen to the words on the tape in which the 'a' is pronounced as a short vowel:

K**a**ffee **a**lles d**a**s f**a**st **A**ngst l**a**nge verbr**a**cht h**a**st St**a**dt

Listen to the words in which the 'a' is a long vowel:

Spr**a**che **a**ber J**a**hr T**a**g G**a**rten

2 r

The 'r' sound is made more at the back of the throat than the English 'r'.

reservieren Englände**r**in F**r**emdsp**r**ache leide**r**
e**r**st geste**rn** e**r** de**r** le**rn**en

Practise the words on the tape and then go back and listen to the whole dialogue, repeating the useful phrases you have noted.

Grammar notes

A The perfect tense

1 Separable verbs

Helen ist erst gestern in Deutschland an**ge**kommen.
Helen only arrived in Germany yesterday.
Ich habe meinen Kaffee nicht aus**get**runken! *I haven't finished my coffee!*

You first met separable verbs in unit 5. When you make the past participle of a separable verb, you put the ge- between the two parts:

abholen	Ich habe ihn ab**ge**holt. *I fetched him.*
einladen	Wir haben dich ein**ge**laden. *We invited you.*
umsteigen	Sie sind um**ge**stiegen. *They changed (trains).*
nachsehen	Ich habe im Buch nach**ge**sehen. *I looked in the book.*
ankommen	Er ist an**ge**kommen. *He arrived.*

Notice that the emphasis is on the prefix, the an-, ein-, um- etc.

2 Inseparable verbs

Some verbs (particularly those beginning with ver- and be-) don't add ge- to the past participle:

besuchen	Er hat uns **besucht** *He visited us.*
verkaufen	Was hast du **verkauft**? *What did you sell?*
beginnen	Der Film hat **begonnen.** *The film has begun.*
vergessen	Ich habe es **vergessen.** *I forgot it.*
versuchen	Hast du es **versucht**? *Did you try it?*

B Word order

Vor zwei Jahren **bin ich** nach München gefahren.
Two years ago I went to Munich.
In drei Wochen **kann man** sehr viel sehen! *One can see a lot in three weeks.*
Gestern nachmittag **haben wir** den Dom besucht.
We visited the cathedral yesterday afternoon.

The verb nearly always likes to come in second position in the sentence. This means that, when something else comes first (here expressions of time), the verb and subject change positions:

Ich bin nach München gefahren.
Vor zwei Jahren **bin ich** nach München gefahren.

In German the time expression comes first more than in English.

C Nationality words

Here are a few words for countries and nationalities:

Country	*Man*	*Woman*	*Adjective*
England	der Engländer	die Engländerin	englisch
Deutschland	der Deutsche	die Deutsche	deutsch
Frankreich	der Franzose	die Französin	französisch
Italien	der Italiener	die Italienerin	italienisch
Spanien	der Spanier	die Spanierin	spanisch
Amerika	der Amerikaner	die Amerikanerin	amerikanisch
Schottland	der Schotte	die Schottin	schottisch

Frankreich ist sehr schön. *France is very beautiful.*
Mein Vater ist Deutscher. *My father is German.*
Das Buch ist italienisch. *The book is Italian.*

If you want to say you are English, you have to say 'I am English(man).'

Ich bin Engländer.

Note that the **language** is simply the adjective written with a capital, e.g. (*das*) *Deutsch*

Sprechen Sie Deutsch? *Do you speak German?*

D Erst or nur

Both these words mean 'only', but in different senses. 'Erst' is used with time expressions, in the sense of 'not until':

Ich bin erst gestern angekommen. *I only arrived yesterday.*
Er ist erst heute nach Frankreich gefahren. *He went to France only today.*

And *nur* is used in other senses:

Es kostet nur dreißig Mark. *It only costs thirty marks.*
Er will nur mit dir sprechen. *He only wants to talk to you.*

E Man

Man (with a small 'm', so don't confuse it with *der Mann!*) means 'one' or 'you' when you are talking generally:

In drei Wochen kann man sehr viel sehen!
In three weeks you/one can see a lot!
In der Stadt kann man nicht gut essen. *You can't eat well in the town.*

F Seit schon

Note how you ask how long someone has been somewhere:

Wie lange **bist** du **schon** hier? *How long have you been here?*

In German you have to use the present, if the person is still here, whereas in English you use the perfect:

Wie lange **hast** du die Jacke **schon**? *How long have you had the jacket?*

Schon means 'already', and here it is necessary for the question to make sense. For the answer, use *seit* (literally 'since') plus the dative:

Wie lange bist du schon hier?
Seit gestern.
Seit zwei Tagen/Jahren.

Communicating

The following sentences are worth memorising, as you are likely to be asked this kind of thing if you go to Germany:

Bist du Sind Sie	schon in Deutschland gewesen?		*Have you been to Germany before?*
Nein, das ist das erste Mal für mich.			*No, this is my first time.*
Ja,	voriges Jahr letzten Sommer vor einem Jahr	bin in nach Berlin gefahren.	*last year* *last summer* *a year ago*
Wie lange	bist du sind Sie	in. . . gewesen?	*How long did you spend in. . .?*
Nicht lange. Ungefähr drei Wochen.			*Not long. About three weeks.*

Exercises

1 The perfect tense

(a) The past participles of separable verbs really need to be learned by heart. Practise writing out the past participles of the verbs below, together with their meanings. They are all verbs which have occurred in the previous chapters, but you will have to look at the list on pp. 246–7 to get the past participles of the irregular ones. With these separable verbs, always look up the main verb, minus the first part, e.g. look up *denken*, not *nachdenken* to get the past participle.

ankommen	einladen	nachdenken	wegfahren
abholen	hingehen	nachsehen	
austrinken	mitbringen	umsteigen	

(b) Now do the same for the following list of verbs which don't take ge-:

beginnen	verbringen	verstehen
besuchen	verkaufen	

(c) Translate the following into German. Sentences 1–10 require verbs with *haben*, sentences 11–15 verbs with *sein*. The separable verbs are all mixed in with other verbs, so be careful!

1 Have you visited the cathedral yet? (Sie)
2 Where did you buy your ticket for the sightseeing tour? (du)
3 How much did it cost?
4 Have you spoken to the receptionist? (du)
5 Have you seen the town hall? (Sie)
6 Have you bought a map of the town? (ihr)
7 Have you drunk the German beer? (Sie)
8 How long did he spend at the cathedral?
9 When did the performance begin?
10 What did they eat at the hotel?
11 I was in Hamburg two years ago.
12 My (female) cousin came with me.
13 We stayed there for three weeks.
14 We went by train (*mit dem Zug.*)
15 We changed in Bremen.

(d) You are surprised! Respond to all the following statements with the format: *Wirklich?! Aber. . . gestern. . .!*

e.g. Ich sehe ihn morgen.
Wirklich? Aber du hast ihn gestern gesehen.

1 Er sieht sie morgen.
2 Wir besuchen ihn heute nachmittag.
3 Sie kommt heute.
4 Christian besucht den Dom morgen.
5 Ich beginne die Arbeit morgen.
6 Morgen laden wir meinen Onkel ein.
7 Sie verkauft das Auto morgen.
8 Ich bin am Samstag in Berlin.
9 Sie hört morgen von ihren Eltern (*parents*).
10 Meine Eltern sprechen heute mit dem Arzt.

(e) Use the following outline to write part of a letter in German (in the perfect), in which you describe your holiday:

Bayerisch *Bavarian*

Wir . . . (bleiben) in Regensburg . . ., und dann . . . (ankommen) wir gestern in München . . . . Wir . . . (besuchen) das Hofbräuhaus . . . und . . . (trinken) sehr gutes Bier . . . . Gisela . . . (einladen) zu einer Party . . . . Ich . . . (tanzen) mit einem netten Deutschen . . . . Vorher . . . (gehen) in ein sehr gutes Restaurant . . . und . . . (essen) ein wunderbares Essen . . . . Ich verstehe gut Deutsch, aber ich . . . (verstehen) Bayerisch nicht gut . . . . Ich . . . (kaufen) Karten für die Stadtrundfahrt . . . .

2 Word order

(a) Match up the beginnings and the endings of the sentences. Sometimes there is more than one possibility:

1 Vor zwei Jahren. . .	(a) fahre ich nach Frankreich.
2 Morgen. . .	(b) bin ich nach Regensburg gefahren.
3 Gestern nachmittag. . .	(c) bin ich ein Jahr dort gewesen.
4 Nächsten Samstag. . .	(d) gehen wir ins Theater.
5 Vorher. . .	(e) bin ich drei Wochen dort geblieben.
6 Übermorgen	(f) bin ich tanzen gegangen.
7 Letztes Wochenende	(g) gehen wir schwimmen.

(b) Here are some things you and your family did recently. Begin with the time expression and make sure you get the word order right:

1 Meine Kusine ist nach Italien gefahren. (*three days ago*)
2 Mein Vater hat ein neues Auto gekauft. (*at the weekend*)
3 Meine Mutter hat meine Tante besucht. (*last week*)
4 Mein Bruder ist tanzen gegangen. (*yesterday*)
5 Er hat in einem Lokal gegessen. (*before that*)
6 Meine Schwester hat Tennis gespielt. (*yesterday afternoon*)

3 Nationality words

Follow the same pattern for all the sentences:
e.g. England
Ein Engländer kommt aus England und spricht Englisch. Seine Frau ist (vielleicht) Engländerin.

1 Amerika
2 Deutschland
3 Frankreich
4 Spanien
5 Italien
6 England

4 *Erst* or *nur*

Put *erst* or *nur* into the gaps in the following conversation:

dauern *to last*

Kannst du Deutsch sprechen?
______ ein bißchen.
Aber du bist ______ gestern angekommen!
Ja, das stimmt.
Willst du mit ins Kino kommen? Der Film läuft ______ noch zwei Tage.*
Wieviel kostet das? Ich habe ______ drei Mark. Kommt Michael auch?
Nein. Er ist nach Italien gefahren.
Schade! Wann?
______ heute.

* Be careful with this one! Although "zwei Tage" is a time expression, the "only" *doesn't* mean "not until", so you can't use "erst"!

5 Man

Say in German whether or not people can do the following things in your home town.
Begin *Man kann. . .*:

das Theater *theatre*

1 swim
2 play tennis
3 go dancing
4 see a film
5 eat in a restaurant
6 go to the cinema
7 go to the theatre

6 Act it out

(a) You are being quizzed on your stay! Answer the questions using the information in brackets:

Der Mietwagen *hire car*

A: Wie lange sind Sie schon hier in Heidelberg?
B: (*Three weeks*)
A: Und wie lange sind Sie in diesem Hotel?
B: (*Only one week*)
A: Sie haben ein Auto hier! Einen Mietwagen! Wie lange haben Sie ihn schon?
B: (*Two weeks*)
A: Und wie lange kennen Sie Susanne schon?
B: (*Four years*)
A: Sie sprechen sehr gut Deutsch! Wie lange lernen Sie schon?
B: Danke! (*Only one year*)

(b) Now you are the one asking the questions, using *du*:

A: (*How long have you lived in Heidelberg?*)
B: Ach, seit vielen Jahren! Ungefähr zwanzig.
A: (*How long have you been learning English?*)
B: Wir müssen alle Englisch in der Schule lernen.
A: (*How long have you been working for this firm?*) (use *arbeiten bei dieser Firma*)
B: Nicht so lange. Erst seit zwei Jahren.
A: (*How long have your parents been here?*)
Mein Vater ist hier geboren! (*born*)

(c) Use the clues to build up the conversation:

A: . . . Germany before?
B: . . . second time.
A: . . . last time?
B: . . . two years ago/Köln.
A: How long . . . Köln?
B: . . . three weeks.

7 Letter-writing

Write a letter to a friend or relative in which you describe how you arrived in a German town three days ago. Say what you have done (eaten, drunk, visited, seen). Say what you think of the place, people etc. You have enough money. Tomorrow you are going to visit a friend who has been here for three weeks already.

Unit 15
Im Fundbüro

TORSTEN: Entschuldigen Sie, ich habe meinen Mantel verloren.
ANGESTELLTE: Ja, wann haben Sie ihn verloren?
TORSTEN: Heute morgen. Ich habe ihn im Bus liegen lassen.
ANGESTELLTE: Ach ja. Und in welchem Bus? Wissen Sie das?
TORSTEN: Ja, es war der Bus Nummer 13, Richtung Bahnhof.
ANGESTELLTE: Und um wieviel Uhr, so ungefähr?
TORSTEN: Genau um zwanzig Minuten nach elf. Ich habe auf meine Armbanduhr gesehen.
ANGESTELLTE: Und wie sieht der Mantel aus? War Ihr Name darin?
TORSTEN: Nein, leider nicht! Es ist ein brauner Mantel, ein Regenmantel.
ANGESTELLTE: Dunkelbraun oder hellbraun?
TORSTEN: Dunkelbraun.
ANGESTELLTE: War etwas in den Taschen?
TORSTEN: Ja, ein Paar Handschuhe, braune Lederhandschuhe und ein Taschenbuch – ein Krimi.
ANGESTELLTE: Also, ich sehe mal nach. Sehen Sie, wir haben viele Mäntel und Regenschirme! Auch Portemonnaies!
TORSTEN: Ja!
ANGESTELLTE: Also – hier ist ein brauner Regenmantel. Gehört Ihnen der Mantel?
TORSTEN: Ja! Das ist wunderbar! Vielen, vielen Dank!
ANGESTELLTE: Also, Sie müssen eine Mark bezahlen, und auch diesen Zettel ausfüllen. Können Sie bitte unterschreiben?
TORSTEN: Also, hier sind fünf Mark.
ANGESTELLTE: Danke schön, und hier ist Ihr Wechselgeld.
TORSTEN: Danke. Das nächste Mal muß ich besser aufpassen! Diesmal habe ich Glück gehabt!
ANGESTELLTE: Ja, das stimmt! Auf Wiedersehen!
TORSTEN: Auf Wiedersehen!

Nouns

der Handschuh(e) *glove*
der Mantel (¨) *coat*
der Regenmantel *raincoat*
der Regenschirm(e) *umbrella*
der Zettel *slip, form, piece of paper*

die Armbanduhr *watch*
die Minute *minute*
die Richtung *direction*
die Tasche *pocket*

das Fundbüro(s) *lost-property office*
das Leder *leather*
das Paar *pair*
das Portemonnaie(s) *purse*
das Taschenbuch (¨er) *paperback book*

Verbs

aufpassen (*separable*) *to watch out, pay attention*
ausfüllen (*separable*) *to fill out*
aussehen (*separable*) *to look (appearance)*
bezahlen *to pay*
gehören *to belong*
lassen *to leave*
liegen *to lie*
liegen lassen *to leave behind*
unterschreiben *to sign*
verlieren (verloren) *to lose*

Words and phrases

braun *brown*
darin *in it*
das nächste Mal *next time*
diesmal *this time*
dunkel *dark*
genau *exactly*
hell *light*
heute morgen *this morning*
Ihr *your* (*goes with Sie*)

Verstehen Sie?

Sind diese Sätze (*sentences*) richtig oder falsch?

1 Torsten hat einen Ledermantel verloren.
2 Der Mantel ist hellbraun.
3 Er hat den Mantel im Bus liegen lassen.
4 Der Bus war am Dom.
5 Er hat den Mantel gestern um zwanzig Minuten nach elf verloren.
6 Ein Paar Handschuhe waren in der Tasche.
7 Der Mantel ist im Fundbüro.
8 Torsten muβ zwei Mark bezahlen.

Equivalents

Now look at the conversation again and find the German equivalents for the following useful expressions:

1 Excuse me, I've lost my coat.
2 This morning.
3 I left it on the bus.
4 In the direction of the station.
5 What time, approximately?
6 At exactly twenty past eleven.
7 Does the coat belong to you?
8 Can you sign, please.

Pronunciation

1 Here are some sentences from the conversation using separable verbs. Repeat them, making sure you get the emphasis in the right place:

Wie sieht der Mantel **aus**? *(What does the coat look like?)*
Also, ich sehe mal **nach**. *(Right, I'll have a look.)*
Sie müssen diesen Zettel **aus**füllen. (*You must fill in this form.)*
Das nächste Mal muβ ich besser **auf**passen!
(I must pay more attention next time!)

2 Listen to the following adjectives, which you will need for grammar exercise one. Pay particular attention to stress:

langsam intellig**ent** interess**ant** **lan**gweilig **bil**lig

Grammar notes

A Adjective endings

Es ist ein braun**er** Mantel. *It's a brown coat.*
Hier ist ein braun**er** Regenmantel. *Here's a brown raincoat.*

When adjectives (like 'brown', 'big' etc.) stand by themselves, they don't have any endings:

Der Mantel ist braun. *The coat is brown.*
Das Haus ist groβ. *The house is big.*

But when they go before the noun, they have different endings, which have to be learned. Here are the endings after words like *ein* (including *mein, dein, kein*)

	m.	f.	n.
nom.	ein braun**er** Mantel	eine braun**e** Jacke	ein braun**es** Haus
acc.	einen braun**en** Mantel	eine braun**e** Jacke	ein braun**es** Haus
dat.	einem braun**en** Mantel	einer braun**en** Jacke	einem braun**en** Haus

	pl.
nom.	meine braun**en** Jacken, Mäntel, Häuser
acc.	meine braun**en** Jacken, Mäntel, Häuser
dat.	meinen braun**en** Jacken, Mänte**ln**, Häuse**rn**

Here are some more examples to help you:

Haben Sie einen groβen Stadtplan? *Have you got a large street map?*
Ich wohne in einem ruhigen Hotel. *I'm living in a quiet hotel.*
Ist das ein interessantes Buch? *Is that an interesting book?*

B War

You can usually talk about the past in German using the perfect (see Unit 11), but there is another tense, the 'imperfect', which is also used to talk about the past. You don't normally need to worry about it in ordinary conversation, except with certain verbs, particularly the verb 'to be':

Es war der Bus Nummer 13. *It was the number 13 bus.*
War Ihr Name darin? *Was your name in it?*
War etwas in den Taschen? *Was there anything in the pockets?*

ich war *I was*	wir waren *we were*
du warst *you were*	ihr wart *you were*
er/sie/es war *he/she/it was*	sie/Sie waren *you were*

On the whole, you'll need to use *war* much more than the the perfect *bin gewesen*. Here are some more examples:

Wo warst du gestern? *Where were you yesterday?*
Ich war zu Hause. *I was at home.*
War dein Vater da? *Was your father there?*
Nein, er war nicht da. *No, he wasn't there.*

C Lassen

Lassen (to leave), can be used as a normal verb:

Er hat es zu Hause gelassen. *He left it at home.*

But it is often used in a special way with other verbs. In the conversation, *liegen lassen* means 'to leave behind', and *fallen lassen* means 'to drop'. When *lassen* is used in this way with another verb, it doesn't add ge- to the past participle:

Sie hat es fallen lassen. *She dropped it.*
Er hat es im Hotel liegen lassen. *He left it behind in the hotel.*

Note that *lassen* is one of those verbs which is irregular with *er* and *du* in the present:

Er läßt seinen Hund zu Hause. *He's leaving his dog at home.*

D Gehören

Gehört Ihnen der Mantel? *Does the coat belong to you?*

Gehören (to belong) is another of those verbs like *gefallen*, which take the dative:

Das Buch gehört **meiner Schwester.** *The book belongs to my sister.*
Der Koffer gehört **mir**. *The suitcase belongs to me.*
Gehört **Ihnen** das Auto? *Does the car belong to you?*
Nein, das Auto gehört **meinen Eltern**. *No, the car belongs to my parents.*
Wem gehört das? *Who does that belong to?* (wem = *dative of* wer)
Das gehört **mir** nicht. *That doesn't belong to me.*

Communicating

Time

In unit 9 you learned to tell the time in German. Giving the time with minutes is very straightforward:

Und um wieviel Uhr, so ungefähr? *What time, approximately?*
Genau um zwanzig Minuten nach elf. *At exactly twenty past eleven.*

Here are some more examples:

Wie spät ist es? *What's the time?*
(Es ist) dreizehn Minuten vor zehn. *It's thirteen minutes to ten.*
Es ist fünf Minuten nach eins. *It's five past one.*

If you want to use the twenty-four hour clock, for example for timetables, it's quite simple:

Es ist dreizehn Uhr dreiβig. *It's one-thirty (in the afternoon)*
Der Zug fährt um fünfzehn Uhr fünfundzwanzig.
The train goes at fifteen-twenty-five.

Saying what something looks like

The separable verb *aussehen* is used to ask what things or people look like:

Wie sieht der Mantel aus? *What does the coat look like?*
Er ist braun. *It's brown.*
Wie sieht dein Bruder aus? *What does your brother look like?*
Er ist groβ und blond. *He's tall and blond.*

You can also use it if you want to comment on the way something or someone looks:

Das sieht interessant aus! That looks interesting!
Du siehst müde aus. *You look tired.*

Exercises

1 Adjective endings

(a) You're commenting on things. Choose a suitable adjective to go with each noun. There may be more than one possible combination.
e.g. das Haus
Ein groβes Haus!

gut schlecht *bad* dumm intelligent
teuer billig *cheap* interessant langweilig *boring*
langsam schnell lang *long* kurz *short*

1 das Buch
2 der Film
3 die Frage
4 das Hotel
5 die Fahrt
6 das Restaurant
7 der Mantel
8 das Taschenbuch
9 der Mann
10 die Frau

(b) Ask for the following in German. Use *Ich möchte*:

blau *blue*
klein *small*
rot *red*

1 a good detective story
2 a red car (for your little brother!)
3 a small beer (*das Bier*) (= a 'half')
4 a blue pen
5 an interesting book
6 half-a-pound of mushrooms
7 a big cheese sandwich
8 a quiet room
9 an expensive restaurant

2 War

(a) You are having to account for your whereabouts at the time a burglary took place! Translate the following into German:

1 Where were you (*Sie*) at half past five?
2 I was at home.
3 My mother was in bed.
4 My father and brother were in the garden.
5 Where were you (*du*), Hans?
6 Where were you (*ihr*), Ute and Gaby?
7 We were in the park.
8 I wasn't in the shop.
9 We weren't in the town.
10 My brother wasn't there!

(b) Translate this conversation about holidays into German. You are talking to someone you don't know well. You will sometimes need the correct form of *war* and sometimes the perfect of a different verb.

das Wetter *weather*

A: Where did you go last year?
B: To France.
A: Where were you?
B: In Nice.
A: Was the weather good?
B: Yes, very good.

3 Lassen

(a) Someone wants to know what's happened. Answer using either *fallen lassen, liegen lassen* or just *lassen* by itself:
e.g. Wo ist der Koffer? (Gaby – Zug)
Gaby hat ihn im Zug liegen lassen.

die Flasche	*bottle*	die Milch	*milk*
kaputt	*broken*	warum	*why*

1 Warum ist das kaputt? (Michael)
2 Ich kann den Stadtplan nicht finden. (Katrin – Auto)
3 Das Glas ist kaputt. (Ingrid)
4 Mein Mantel ist nicht hier! (Christian – Hotel)
5 Wo ist mein Kuli? (Karin – Zimmer)
6 Meine schöne Vase ist kaputt! (Es tut mir leid, ich . . .)
7 Wo sind die Bücher? (Thomas und Gaby – Jugendherberge)
8 Es gibt keine Milch mehr! (Susanne – die Flasche fallen)
9 Unser Regenschirm ist nicht im Zimmer! (Ihr – Straßenbahn)
10 Haben Sie Ihre Handschuhe verloren? (Ja, ich – Hotelzimmer)

(b) You have lost your purse. Complete the following conversation:

A: I've lost my purse.
B: Where did you leave it?
A: I think I left it on the train.
B: You must go to the lost-property office.

4 Gehören

(a) Read the following information about your family and friends and then use it to write about who owns what! You have to think hard to make the connection – for example, the book belongs to my mother as she likes reading.
e.g. Das Taschenbuch gehört meiner Mutter.

die Schule *school*

Meine Mutter liest sehr gern. Mein Vater fährt sehr gern Auto. Mein Bruder hört gern Popmusik. Meine Eltern haben einen Hund. Meine Mutter mag Blumen. Meine Schwester fährt morgen nach Deutschland. Meine Freundin muß jetzt einkaufen. Michael und Claudia gehen ins Kino. Wir wollen die Stadt sehen. Ich schreibe jetzt einen Brief. Du hast eine Postkarte von deiner Freundin.

1 paperback	6 pen
2 postcard	7 car
3 record	8 dog
4 case	9 street map
5 bag	10 tickets

(b) Someone is asking who things belong to.
e.g. who – gloves?
Wem gehören die Handschuhe?
your father – map?
Gehört der Stadtplan deinem Vater?

1 your mother – car?
2 my (male) cousin – beer?
3 your parents – tickets?
4 you – suitcase? (to stranger)
5 you – pen? (friend)
6 me – book?
7 us – raincoats?
8 them – house?
9 who – umbrella?
10 Gaby – clothes?

5 Time

(a) Answer the question *Wie spät ist es?*, writing out the times in full in words:
e.g. 11.30
Es ist halb zwölf.

1 8.35	6 4.40
2 3.45	7 1.50
3 2.05	8 6.30
4 5.20	9 10.03
5 7.15	10 11.54

(b) Someone wants to invite you out, but you have rather a full schedule! Say what you are doing at the given times:
e.g. Tennis – 2.00
Um zwei Uhr spiele ich Tennis.

1 dancing – 9.45
2 squash – 8.40
3 swimming – 11.15
4 shopping – 3.00
5 cinema – 7.05
6 restaurant – 12.10
7 work – 8.30
8 see father – 6.50

6 Act it out

(a) You're in the lost-property office and you're helping someone look for something they've lost. Ask the question *Wie sieht (Ihr Mantel) aus?*

die Jacke *jacket*
der Pullover *pullover*
der Schuh(e) *shoe*

1 gloves
2 raincoat
3 bag
4 purse
5 suitcase
6 pen
7 umbrella
8 shoes
9 pullover
10 jacket

(b) Now complete the following conversation and act it out:

A: (*Excuse me, I've lost my raincoat.*)
B: Ja? Wann?
A: (*I left it on the tram yesterday.*)
B: Welche Linie? Wissen Sie das?
A: Ja, Linie 27, Richtung Dom.
B: (*What does the raincoat look like?*)
A: (*It's dark blue, quite long.*)
B: Also, ich sehe mal nach. Hier ist ein Regenmantel. (*Does it belong to you?*)
A: (*No, unfortunately not.*)

7 Letter-writing

You have been shopping and bought some clothes. Describe these to your friend, naming at least four items and saying what colour they are. You've also lost your new umbrella and must go to the lost-property office tomorrow.

Unit 16
In einem Restaurant

THOMAS: Haben Sie einen Tisch für zwei?
KELLNER: Ja, dort in der Ecke. Geht das?
THOMAS: Ja. Können wir bitte die Speisekarte haben?
KELLNER: Ja.
ANDREA: Kennst du das Restaurant? Warst du schon einmal hier?
THOMAS: Ja, ich komme ziemlich oft hierher. Ich war letzten Samstag hier und das ganze Restaurant war besetzt. Leider hatte ich keine Reservierung. Normalerweise braucht man nicht zu warten.
ANDREA: Was empfiehlst du? Was für Spezialitäten haben sie hier?
THOMAS: Der französische Koch ist hier sehr gut. Die Soßen sind ausgezeichnet.

. . .

KELLNER: Möchten Sie bestellen?
THOMAS: Ja, zuerst möchten wir Gulaschsuppe mit Brötchen, und dann möchten wir einmal Brathähnchen mit Pommes frites und grünen Bohnen und einmal Wiener Schnitzel mit Kartoffelsalat, Erbsen und Karotten.
KELLNER: Jawohl. Also – zweimal Gulaschsuppe, einmal Brathähnchen und einmal Wiener Schnitzel. Möchten Sie etwas trinken?
THOMAS: Ja, bitte. Eine Flasche Moselwein.

. . .

THOMAS: Wie schmeckt's?
ANDREA: Prima! Wirklich ausgezeichnet!

. . .

KELLNER: Möchten Sie einen Nachtisch?
THOMAS: Ja. Wir möchten einmal Obstsalat mit Sahne und einmal Schwarzwälder Kirschtorte – auch mit Sahne, und dann Kaffee.

. . .

THOMAS: Herr Ober, könnten wir bitte die Rechnung haben?
KELLNER: Ja, sofort. (Er bringt die Rechnung).
(Die Rechnung macht DM 22,50. Thomas gibt ihm DM 25,00.)
THOMAS: Das stimmt schon so.
KELLNER: Vielen Dank. Auf Wiedersehen.

Nouns
der Kaffee *coffee*
der Kartoffelsalat *potato salad*
der Kellner *waiter*
der Koch *cook, chef*
der Moselwein *wine from the Moselle region*
der Nachtisch *dessert*
der Obstsalat *fruit salad*
der Salat *salad, lettuce*

die Bohne *bean*
die Erbse *pea*
die Ecke *corner*
die Flasche *bottle*
die Gulaschsuppe *goulash soup*
die Karotte *carrot*
die Rechnung *bill*
die Reservierung *reservation*
die Sahne *cream*
die Schwarzwälder Kirschtorte *Black Forest gateau*
die Soβe *sauce*
die Speisekarte *menu*
die Spezialität *speciality*

das Brathähnchen *roast chicken*
das Brötchen *roll*
das Wiener Schnitzel *wiener schnitzel (Viennese cutlet)*

Verbs
bestellen *to order*
brauchen *to need*
empfehlen (empfiehlst) *to recommend*

Words and phrases
ausgezeichnet excellent
besetzt *occupied, full*
das stimmt schon so *that's alright (when leaving a tip)*
Herr Ober! *waiter! (when calling him)*
hierher *(to) here*
normalerweise *normally*
prima! *great!*
sofort *immediately*
wie schmeckt's *what's it like? how does it taste?*
zuerst *first*

Verstehen Sie?

Bitte antworten Sie auf die Fragen!

1 Ist das Restaurant besetzt?
2 Wer kennt das Restaurant?
3 Was essen Thomas und Andrea?
4 Was trinken sie?
5 Schmeckt es gut?
6 Was essen sie zum Nachtisch?

Equivalents

Now look at the conversation again and find the German equivalents to the following expressions:

1 Have you got a table for two?
2 Can we have the menu?
3 What kind of specialities do they have?
4 Would you like to order?
5 Would you like something to drink?
6 What does it taste like? (How is it?)
7 Really excellent!
8 Would you like a dessert?
9 Waiter, please could we have the bill?
10 Keep the change.

Pronunciation

Here are some compound words. See how they are broken up and then listen to their pronunciation on the tape and repeat, paying special attention to where the stress comes (emphasis):

Speise-karte die **Spei**sekarte
aus-ge-zeichnet **aus**gezeichnet
Gulasch-suppe die **Gul**aschsuppe
Brathähnchen das **Brat**hähnchen
Nach-tisch der **Nach**tisch
Obst-salat der **Obst**salat
Schwarz-wälder Kirsch-torte die Sch**war**zwälder **Kirs**chtorte

Grammar notes

A Adjective endings after *der*

Das ganz**e** Restaurant war besetzt. *The whole restaurant was full.*
Der französisch**e** Koch ist sehr gut. *The French chef is very good.*

Adjective endings after *der* etc are slightly different from the endings after *ein*, which you met in unit 15, but only in some instances. The endings which are different have been highlighted.

	m.	f.	n.	pl.
nom.	der gut**e** Mann	die gute Frau	das gut**e** Buch	die guten Bücher
acc.	den guten Mann	die gute Frau	das gut**e** Buch	die guten Bücher
dat.	dem guten Mann	der guten Frau	dem guten Buch	den guten Büchern

Here are some more examples:

Wann fährt der nächste Zug? *When does the next train go?*
Der erste Zug fährt um zehn. *The first train is at ten.*
Ich möchte den blauen Mantel. *I'd like the blue coat.*
Das beste Restaurant ist in der Stadtmitte.
The best restaurant is in the town centre.

B Hatte

Leider hatte ich keine Reservierung. *Unfortunately I didn't have a reservation.*

In the last chapter you met *war*, the imperfect of *sein* (to be). *Haben* (to have) also has an irregular imperfect, which is much more common than the perfect form.

ich hatte *I had*	wir hatten *we had*
du hattest *you had*	ihr hattet *you had*
er/sie/es hatte *he/she/it had*	sie/Sie hatten *you had*

Here are some more examples:

ich hatte keine Zeit. *I didn't have any time.*
Wir hatten nicht viel Geld. *We didn't have much money.*
Mein Vater hatte ein neues Auto. *My father had a new car.*

C Was für

Was für Spezialitäten haben sie hier?
What kind of specialities do they have here?

Was für means 'what kind of?', and is very common in German. Here are some more examples:

Was für ein Auto haben Sie? *What kind of car have you got?*
Was für einen Mantel hast du mit? *What kind of coat have you got with you?*
Was für Musik hörst du gern? *What kind of music do you like?*
Was für eine Zeitung ist das? *What kind of newspaper is that?*

D Using *zu* with verbs

Normalerweise **braucht** man nicht **zu** warten.
Normally you don't need to wait.

When *brauchen* (to need) is followed by another verb, you have to use *zu*. You also need *zu* with some other verbs and expressions:

Es ist leicht, Deutsch **zu** lernen. *It's easy to learn German.*
Es ist schwer, eine neue Sprache **zu** lernen.
It's difficult to learn a new language.

With separable verbs, the *zu* has to go in the middle (rather like the ge- of the past participle):

Du brauchst mich nicht ab**zu**holen. *You don't need to fetch me.*
Brauche ich keinen Regenschirm mit**zu**nehmen?
Don't I need to take an umbrella with me?
Notice that *brauchen* is normally used with *nicht* or *kein*, i.e. when you **don't** need to do anything!

Communicating

Ordering food in a restaurant

When you go into a restaurant, the waiter or waitress will give you the menu. On the menu you'll find starters (*Vorspeisen*), then soups (*Suppen*), then probably egg dishes (*Eierspeisen*), fish dishes (*Fischgerichte*), meat dishes (*Fleischgerichte*) and desserts (*Nachspeisen*). Then you'll be asked if you want to order:

Möchten Sie bestellen?

When you order, you say *einmal* (once) and *zweimal* (twice), depending on how many people want a particular dish:

Ich möchte zweimal Gulaschsuppe, einmal Brathähnchen mit Salat und einmal Wiener Schnitzel.
I'd like two goulash soups, one roast chicken with salad and one wiener schnitzel.

If you want to get the bill, you say:

Herr Ober, kann ich bitte die Rechnung haben?
Waiter, can I have the bill, please?

Notice that, although the word for 'waiter' is *Kellner*, and the word for 'waitress' is *Kellnerin*, if you are actually talking to them or calling them, it is polite to say *Herr Ober* to a man and *Fräulein* to a woman:

Fräulein, ich habe keinen Löffel. *I haven't got a spoon.*

Commenting on food

To talk about food and drink you use *schmecken* (literally 'to taste'). You can't use *gefallen*.

Wie schmeckt's? *What's it like? (only for food)*
Wie schmeckt der Obstsalat? *What does the fruit salad taste like?*

Notice that *schmecken* is a bit like *gefallen*, in that it takes the dative:

Schmeckt Ihnen das Wiener Schnitzel? *Do you like the wiener schnitzel?*
Der Kartoffelsalat schmeckt mir nicht. *I don't like the potato salad.*

Restaurant vocabulary

der Apfelsaft *apple juice*
der Blumenkohl *cauliflower*
der Kohl *cabbage*
der Orangensaft *orange juice*

die Gabel *fork*
die Gurke *cucumber*
die Tomate *tomato*
die Torte *cake (rich and creamy kind)*
die Wurst *sausage*
die Zitrone *lemon*

das Eis *ice-cream*
das Gemüse *vegetables*
das Messer *knife*
das Steak *steak*
das Pfeffersteak *pepper-steak*
das Sahnesteak *steak with cream sauce*

Exercises

1 Adjective endings

(a) You're in a shop and the salesgirl is asking you which one you want. You answer *Den blauen Kuli* etc. Remember to use the accusative, as it is after *möchte*.

gelb *yellow*
schwarz *black*
weiß *white*

1 the black bag
2 the brown shoes
3 the green raincoat
4 the yellow gloves
5 the red jacket
6 the red suitcase
7 the blue umbrella
8 the expensive car
9 the small purse
10 the cheap paperback

(b) In this exercise you will need the adjective endings after *ein* as well as after *der*, so you may want to look back to grammar note A; unit 15. Complete the following conversations:

A: Was hast du da?
B: (*A blue jacket.*)
A: (*I like the green coat better.*)
B: (*The clothes are very expensive.*)
A: (*Yes, it's an expensive shop.*)

A: (*Are you living in a big hotel?*)
B: Ja, das Hotel ist ziemlich groß.
A: Und ist es teuer?
B: (*Yes, it's a very expensive hotel.*)

A: Wo warst du gestern nachmittag?
B: (*In the small park near the hotel.*)

A: Gehen wir ins Kino?
B: (*Okay, when's the next performance?*)

2 Hatte, war

(a) You've just had the bill after a very big meal and you're trying to work out what you all ate! Use *Ich hatte . . .* etc. You may need to look at the restaurant vocabulary on p. 132 for some of the words.

1 Thomas – wiener schnitzel
2 I – roast chicken
3 we – soup
4 you – Black Forest gateau (talking to a friend)
5 you – ice-cream (talking to two friends)
6 you – pepper-steak (talking to a comparative stranger)
7 Boris und Melanie – sausage and potato salad

(b) You're talking about yesterday evening. Translate the following into German. You will need 'war', 'hatte', and other verbs in the perfect tense.

eine Erkältung *cold (illness)*
eine Panne haben *to have a breakdown (the car)*

1 We went to a good restaurant (use 'in', not 'to').
2 It was very expensive.
3 I had steak and chips.
4 Sebastian had fruit salad.
5 We went to the cinema.
6 The film was very bad, very boring.
7 The car broke down.
8 The weather was bad.
9 I didn't have a raincoat.
10 I've got a cold.

3 Was für

(a) You're very inquisitive about someone's possessions! Ask them what kind of things they've got! Use *Was für ein- . . . hast du?*

der Plattenspieler *record player*

1 house
2 car
3 garden
4 record-player
5 watch
6 records
7 books
8 clothes
9 table
10 flat

(b) Now you're plying your new friend with questions!

Fernsehprogramme TV programmes
das Hobby hobby

1 What kind of music do you like?
2 What kind of books do you read?
3 What kind of films do you like?
4 What kind of clothes do you like?
5 What kind of TV programmes do you watch?
6 What hobbies do you have?

4 Using *zu* with verbs

(a) You were going to have to do all the following things, but suddenly you get a phone call. They're not coming! You say *Ich brauche nicht . . .*

anrufen *to telephone (separable)*

1 fetch my mother from the station
2 reserve a table
3 reserve two rooms in the hotel
4 buy tickets for the sightseeing tour
5 buy fruit
6 talk to my father
7 telephone my sister

(b) Decide whether it's easy or difficult to do the following things! Use *Es ist leicht . . .* or *Es ist schwer . . .*

kochen *to cook* singen *to sing*

1 play tennis
2 learn German
3 drive
4 cook
5 speak French
6 play football
7 sing
8 speak English
9 write a letter
10 sail

5 Act it out

(a) Complete the following conversation:

A: (*Have you got a table for three?*)
B: Ja, dort in der Ecke.
A: (*Can I have the menu, please?*)
B: Möchten Sie bestellen?
A: (*Yes. We'd like three soups, one roast chicken and salad, one steak in cream sauce with carrots and chips and one wiener schnitzel with chips and peas.*)
B: Möchten Sie einen Nachtisch?
A: (*Yes, we'd like two ice-creams and one fruit salad and cream.*)
. . .
A: (*Can we have the bill, please?*)

(b) Now write and act out a conversation between you and the waiter, in which you ask for a table, get the menu, order, ask for the bill and pay.

6 Writing

Not a letter this time! Write out the menu for a three-course dinner, with a choice of desserts. Include wine and soft drinks.

Unit 17
In den Ferien

GABY: Uwe, wohin fährst du dieses Jahr in den Ferien?
UWE: Wahrscheinlich in die Vereinigten Staaten.
GABY: Wirklich?! Das ist aber eine lange Reise! Wie lange bleibst du?
UWE: Wir bleiben zwei Monate – sonst lohnt es sich nicht.
GABY: Das ist schön! Hast du Familie oder Bekannte dort?
UWE: Der Onkel meines Vaters wohnt seit vierzig Jahren dort. Ich habe ihn noch nie gesehen. Seine Enkel sind genau so alt wie ich.
GABY: Wann fahrt ihr?
UWE: Am ersten Juli. Ich freue micht schon darauf!
GABY: Ja, du hast wirklich Glück! Wir fahren wie immer nach Travemünde. Das ist so langweilig!
UWE: Aber letztes Jahr seid ihr nach Spanien gefahren, nicht?
GABY: Jaja, aber das war eine Katastrophe!
UWE: Wieso? Spanien gefällt mir ganz gut.
GABY: Ach ja, es geht. Wir sind zu Ostern dorthin gereist und das Wetter war scheußlich. Es war kalt und es hat jeden Tag geregnet.
UWE: Na ja, ihr habt Pech gehabt. Normalerweise ist das Wetter ganz schön zu Ostern.
GABY: Ja, ich weiß. Auch haben wir ein Einzelzimmer und ein Doppelzimmer reserviert, aber als wir angekommen sind, haben sie uns stattdessen ein Dreibettzimmer gegeben. Wir haben alle zusammen geschlafen. Das hat keinen Spaß gemacht! Meine Eltern haben sich darüber geärgert.
UWE: Wie schade!
GABY: Auch ist meine Mutter die ganze Zeit krank gewesen. Sie hatte Durchfall.
UWE: Ach, das kriegen Touristen immer! Die Arme!
GABY: Was habt ihr letztes Jahr gemacht? Seid ihr auch ins Ausland gefahren?
UWE: Nein! Ich habe mit einem Freund gezeltet, in der Nähe von München. Wir haben Glück mit dem Wetter gehabt. Es hat kein einziges Mal geregnet!
GABY: Also, das nächste Mal komme ich mit euch! Ihr habt immer Glück!

Nouns

der Bekannte(n) *acquaintance, friend*
der Durchfall *diarrhoea*
der Enkel *grandson*
der Monat(e) *month*
der Spaß *joke, fun*
der Tourist(en) *tourist*
die Katastrophe *catastrophe*
die Reise *journey*
die Zeit *time*

das Ausland *abroad*
das Dreibettzimmer *a room with three beds*
das Glück *luck*
das Mal *time (occasion)*
das Ostern *Easter*

die Vereinigten Staaten *the United States*

Verbs
sich (über etwas) ärgern *to be angry (about something)*
sich (auf etwas) freuen *to look forward (to something)*
kriegen *to get (colloquial)*
sich lohnen *to be worth*
regnen *to rain*
reisen *to travel*
schlafen (schläft) *to sleep*
zelten *to camp*

Words and phrases
die ganze Zeit *the whole time*
dorthin *(to) there*
es lohnt sich nicht *it's not worth it*
genau so . . . wie *just as . . . as*
kalt *cold*
kein einziges Mal *not a single time*
nie *never*
scheußlich *terrible*
stattdessen *instead of that*

Verstehen Sie?

Correct the following summary of the conversation where necessary:

Gaby fährt dieses Jahr in die Vereinigten Staaten. Sie bleibt drei Monate bei ihrem Onkel. Er wohnt seit fünfzig Jahren in den USA. Sie fährt am ersten Juni. Uwe fährt nach Tübingen und freut sich schon darauf.

Letztes Jahr ist Gaby nach Spanien gefahren. Es hat ihr gut gefallen. Das Wetter war sehr schön. Die Familie hat zwei Doppelzimmer reserviert aber das Hotel hat ihnen zwei Einzelzimmer gegeben. Gabys Mutter war krank: sie hat die Grippe gehabt. Uwe ist letztes Jahr nach München gefahren. Er hat gezeltet, aber das Wetter war schlecht.

Equivalents

Find the German equivalents to the following useful phrases:

1 Where are you going for your holidays this year?
2 It's not worth it.
3 He has lived there for forty years.
4 They're exactly the same age as me.
5 You're lucky!
6 I'm looking forward to it.
7 I really like Spain.
8 You were unlucky.

Pronunciation

1 eu

This is always pronounced like the English 'oy' as in 'boy':

ich fr**eu**e mich sch**eu**ßlich Fr**eu**nd **eu**ch

2 au

This is always pronounced like the English 'ow' as in 'cow' or 'ou' as in 'house':

gen**au** das **Au**sland **au**ch

Listen to the words on the tape and repeat them and then go back to the conversation and play it through again, stopping it at the useful phrases you found above and repeating them, paying particular attention to pronunciation.

Grammar notes

A Perfect of verbs ending in -ieren

Don't add **ge-** to the past participle of verbs ending in **-ieren**:

Wir **haben** ein Einzelzimmer **reserviert**. *We reserved a single room.*

Other useful verbs are *studieren* and *sich amüsieren*:

Er **hat** drei Jahre auf der Universität **studiert.**
He studied for three years at university.
Meine Eltern **haben sich** gut **amüsiert**. *My parents enjoyed themselves.*

B Weather verbs

In English we use the same construction as in German:

Es regnet. *It's raining.*
Es schneit. *It's snowing.*
Es friert. *It's freezing.*
Es hagelt. *It's hailing.*
Es donnert. *It's thundering.*
Es blitzt. *It's lightning.*

Note that 'I'm freezing' is *Mich friert's* and there is a special way of saying that you are cold or hot which uses the dative:

Mir ist kalt. *I'm cold.*
Mir ist warm. *I'm hot.*

Ich bin kalt . . . means that you are cold-blooded, cold-hearted!

C The genitive case

So far we have seen the nominative, accusative and dative cases of nouns. There is just one more, the genitive (possessive):
Der Onkel mein**es** Vater**s** *my father's uncle*

As you can see, the genitive is used when you want to talk about something belonging to someone/something:

Das Haus mein**er** Tante *my aunt's house*
Der Name **des** Hund**es** *the dog's name*

It is also used after certain prepositions, the most common of which are given below:

statt	*instead of*	während	*during*
trotz	*in spite of*	wegen	*because of*

Während des Tages habe ich ihn nicht gesehen.
I didn't see him during the day.
Trotz des Wetters haben wir uns gut amüsiert.
We enjoyed ourselves in spite of the weather.
Deswegen war ich sehr zornig. *Because of that I was very angry.*

In the tables below, the adjective endings are given as well:

	m.	f.	n.	pl.
nom.	der gute Mann	die gute Frau	das gute Kind	die guten Kinder
acc.	den guten Mann	die gute Frau	das gute Kind	die guten Kinder
gen.	**des** gut**en** Mann**es**	**der** gut**en** Frau	**des** gut**en** Kind**es**	**der** gut**en** Kinder
dat.	dem guten Mann	der guten Frau	dem guten Kind	den guten Kindern

	m.	f.	n.	pl.
nom.	ein guter Mann	eine gute Frau	ein gutes Kind	meine guten Kinder
acc.	einen guten Mann	eine gute Frau	ein gutes Kind	meine guten Kinder
gen.	ein**es** gut**en** Mann**es**	ein**er** gut**en** Frau	ein**es** gut**en** Kind**es**	mein**er** gut**en** Kinder
dat.	einem guten Mann	einer guten Frau	einem guten Kind	meinen guten Kindern

D Reflexive verbs

Ich freue mich (schon) darauf. **I'm (already) looking forward to it.**
Meine Eltern haben sich darüber geärgert. *My parents were angry about it.*

In English we say 'The children are enjoying themselves' (*Die Kinder amüsieren sich*). In German, however, there are far more verbs where you add the 'self'. A few useful common ones are given below:

sich anziehen (angezogen) *to get dressed*
sich ausziehen (ausgezogen) *to get undressed*
sich erholen *to recover, get better*
sich erkälten *to catch cold*
sich setzen *to sit down (literally 'to place oneself')*
sich waschen (wäscht, gewaschen) *to wash (oneself)*

sich amüsieren *to enjoy oneself*

ich amüsiere mich	wir amüsieren uns
du amüsierst dich	ihr amüsiert euch
er/sie amüsiert sich	sie/Sie amüsieren sich

Communicating

Talking about feelings

To say you are lucky or unlucky, you use *Glück haben* or *Pech haben*:

Ja, du hast wirklich Glück! *Yes, you're really lucky*!
Na ja, ihr habt Pech gehabt. *Oh well, you had bad luck.*
Wir haben Glück mit dem Wetter gehabt.
We had good luck with the weather.

To express sympathy, you can say:

Wie schade! *What a pity!*
Die Arme! *The poor thing! (a woman)*
Der Arme! *The poor thing! (a man)*
Du Arme! *You poor thing*!

To say things are good or bad, you can use:

Das Wetter war **scheußlich.** *The weather was terrible.*
Das Restaurant ist **ausgezeichnet!** *The restaurant is excellent!*
Der Film war **prima**! *The film was great.*

Exercises

1 The perfect tense

(a) Use the perfect of verbs you know to complete the following (outline) account of your holiday (use *wir*):

2 Einzelzimmer in einem guten Hotel (reservieren) – aber – nur ein Doppelzimmer (geben) – im Restaurant im Hotel (essen) – aber – Durchfall (haben) – (sich ärgern) – Arzt (sehen) – das Wetter – schlecht – die ganze Zeit (regnen) – nur zwei Tage dort (bleiben) – nach Regensburg (fahren) – eine Woche dort (verbringen) – gut (sich amüsieren) – ein bißchen Deutsch (sprechen) – die Leute mich gut (verstehen) – ein schönes Bild (picture) (kaufen) – ein wunderbares Essen in einem sehr teueren Restaurant (essen)

(b) Answer the questions in the following way:
e.g. Fährt er heute nach Paris?
Nein, er ist gestern nach Paris gefahren.
Kaufst du die Karten heute?
Nein, ich habe sie gestern gekauft.

1 Arbeitest du heute abend?
2 Reserviert sie jetzt einen Platz?
3 Laden Sie Ihren Vetter zur Party ein?
4 Besuchst du dieses Wochenende deine Eltern?
5 Trinken sie jetzt die Flasche Moselwein?
6 Holt ihr ihren Freund vom Bahnhof ab?
7 Liest du heute abend das Buch?
8 Verkauft er jetzt das Auto?
9 Sieht sie den Arzt morgen?
10 Kommen sie morgen zu ihrem Vater?

2 Weather verbs

Translate the following conversation into German:

1 What's the matter with him?
2 He was cold in the hotel.
3 I'm sorry.
4 How are *you*?
5 I'm very well.
6 The weather isn't bad here. It's raining in England.
7 No, it's snowing!
8 But I'm freezing here!
9 Really? I'm warm.
10 You're lucky!

3 The genitive case

(a) You have mislaid a lot of things that don't belong to you! Ask your friend if he/she has seen them. Use the pattern *Hast du (die Jacke) meiner Kusine gesehen?*

1 your (female) cousin's jacket
2 your father's map of the town
3 your mother's carrier-bag
4 your uncle's (railway) ticket
5 the doctor's phone number
6 your (male) cousin's money
7 the receptionist's biro
8 your brother's car
9 the teacher's book
10 the doctor's address

(b) Fill in the beginnings of the following sentences with either *statt*, *trotz*, *während*, or *wegen*:

der Tod *death*

1 . . . des schlechten Wetters haben wir uns gut amüsiert.
2 . . . des letzten Jahres habe ich ihn dreimal gesehen.
3 . . . der Ferien können wir jeden Tag schwimmen gehen.
4 . . . eines Hundes hat er eine Katze gekauft.
5 . . . des guten Wetters wollen wir zelten.
6 . . . des Todes des Lehrers haben wir heute keine Schule.

(c) This exercise practises the prepositions in general, so you will find some take the accusative and dative, as well as the genitive. Translate the parts in brackets in the following letter fragment:

Dänemark *Denmark* daβ *that*

'Gestern bin ich (*to the tourist office*) gegangen. (*In spite of the bad weather*) waren viele Touristen dort. Ich habe eine lange Zeit gewartet. (*Because of the many tourists*) habe ich kein anderes Hotel finden können. Ich habe einen Parkplatz (*behind the town hall*) gefunden. (*During the day*) habe ich das Museum besucht. Das ist wirklich sehr schön. Die Stadt ist so schön, daβ ich (*instead of one day*) drei Tage bleiben will. Ich habe ein nettes, billiges Restaurant (*near the museum*) gefunden. Nächste Woche fahre ich (*with my brother*) nach Dänemark.'

4 Reflexive verbs

(a) Put the italicised sentences in the conversation into the right order.

Katrin arrives at Gaby's house.

GABY: *dein Bruder von sich der Grippe hat erholt?*
KATRIN: *ja ich aber mich habe erkältet.*
GABY: Schade. *du dich setzten willst*?
KATRIN: Danke. *du freust auf die Party dich*?
GABY: Ja, natürlich. Kommst du mit dem Auto?
KATRIN: Nein, *sich nicht es lohnt*. Es ist nicht weit. *Warum du dich angezogen nicht hast?*
GABY: *jetzt ich mich ziehe an.*

(b) Translate the following into German:

1 Are you (*ihr*) enjoying yourselves?
2 He hasn't got dressed.
3 Have you (*du*) washed your hands?
4 Has she caught a cold?
5 Have they recovered?
6 You must get undressed.
7 It's not worth it.
8 We enjoyed ourselves a lot (*gut*).
9 They were annoyed.

5 Talking about feelings

(a) Make a suitable reply to what people tell you, using *Pech* or *Glück*.
e.g. Ich hatte die ganze Zeit Durchfall.
Du hast Pech gehabt!

1 Mein Vater hat mir hundert Mark gegeben.
2 Das Wetter war scheuβlich!
3 Mein neues Auto ist kaputt.
4 Meine Tante hat mir einen schönen Mantel gekauft.
5 Morgen brauche ich nicht zu arbeiten.
6 Ich kann nicht zur Party kommen.
7 Martin fährt mit seinem Vater in die Vereinigten Staaten.
8 Hans kann nicht kommen. Er ist krank.

(b) Now express sympathy, using *Die Arme!* etc.:

1 Gaby hat Grippe.
2 Ich habe Durchfall (*diarrhoea*).
3 Thomas hat sein Auto verloren.
4 Ich bin krank.
5 Sie müssen arbeiten.
6 Hans kann nicht kommen.
7 Ingrid muβ zu Hause bleiben.

6 Act it out

Use the following notes to make up a conversation about holidays. Look back at the dialogue at the beginning of the chapter:

Wohin – letztes Jahr – Ferien?
  Italien – Rom
Ach! Italien (gefallen)! Wie lange . . .?
  3 Wochen
Wetter?
  prima
Hotel?
  gut – gutes Restaurant
Museen und Galerien?
  Ja – sehr schön, interessant

7 Letter-writing

Write a letter to a friend describing your last holiday. Say who you went with, where you stayed, which places you visited, what you saw, what you bought, ate, drank, what the weather was like. How long did you stay in one place? Did you go anywhere else? Say where you are going for your next holidays.

Unit 18
Eine kleine Pause!

1

(a) Look at the following extract from the tourist information booklet *Info-Blatt Stuttgart*.

> **Fundbüros**
>
> Fundbüro der Stadtverwaltung, Eberhardstr. 61A, Tel. 216-2016
>
> Fundbüro der Bundesbahn, Wolframstr. 19, Tel. 2092-5468
>
> Fundbüro der Bundespost, Postamt 1, Kleiner Schlossplatz, Tel. 20671 (Fundsachen Postämter) und Tel. 2000-624 (Fundsachen Telefonhäuschen)
>
> Fundbüro der Strassenbahnen, Filderstr. 47 (Marienplatz), Tel. 25053360

Why might you need these offices?

Why do you think there are different ones? (*Bundes* comes from *Bundesrepublik*, which means 'Federal Republic', i.e. West Germany.)

Which one is just the general council office?

What number would you phone if you had lost something (a) in a post-office and (b) in a telephone box?

(b) Listen to the telephone conversation on the tape and then fill in the form below as the clerk might do, giving details of name, address and phone number, date, time and place of loss, and a description of the object lost:

Name:
Adresse:
Telefonnummer:
Datum:
Zeit:
Ort:
Gegenstand:

2 Listen to the conversation on the tape between a new arrival in Germany and someone they have just been introduced to by a friend. Take notes of the information given by the new arrival and use these to complete the conversation below. (You needn't use Robert's exact words, as long as the information is the same.)

ALEXANDRA: Wie lange bist du schon hier in Deutschland, Robert?
ROBERT:
ALEXANDRA: Und wie gefällt es dir?
ROBERT:
ALEXANDRA: Ja, das stimmt! Und bist du schon einmal in Deutschland gewesen?
ROBERT:
ALEXANDRA: Und wie lange lernst du schon Deutsch?
ROBERT:
ALEXANDRA: Wirklich?! Aber du sprichst sehr gut!
ROBERT:
ALEXANDRA: Und wie lange bleibst du bei uns?
ROBERT:
ALEXANDRA: Und was hast du schon gesehen?
ROBERT:
ALEXANDRA: Und was hast du morgen vor?
ROBERT:
ALEXANDRA: Wenn du willst, können wir eine Schiffstour auf dem Neckar machen.
ROBERT:

3

(a) Read the following outline of a six-day tour of Stuttgart and the surrounding area, which includes a trip to the finals of the European Championships (athletics).

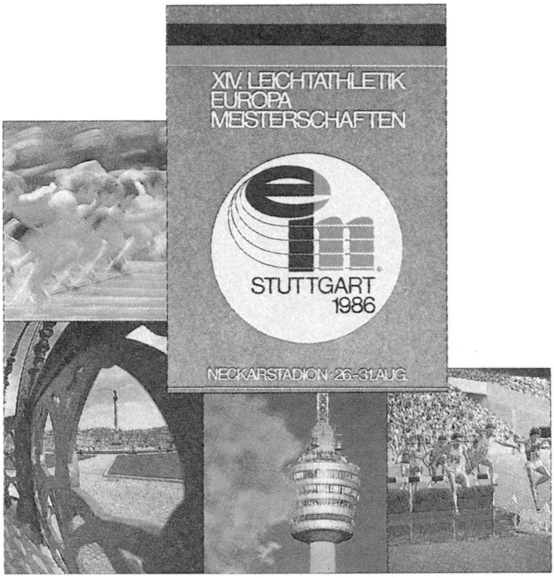

26.–31. August 1986 Leichtathletik-Europameisterschaften in Stuttgart. Verbinden Sie **zu Zweit Urlaub + Sport**, in Stuttgart und Baden-Württemberg.

1. Tag, Freitag, 29.8.86:
Anreise Stuttgart, individueller Transfer zum Hotel. Übernachtung/Frühstück.

2. Tag, Samstag, 30.8.86:
Besuch der Endkampfe der Europameisterschaft, Rahmenprogramm. Übernachtung/Frühstück im Hotel.

3. Tag, Sonntag, 31.8.86:
Besuch der Endkampfe der Europameisterschaft, Rahmenprogramm. Übernachtung/Frühstück im Hotel.

4. Tag, Montag, 1.9.86:
Aufenthalt in Stuttgart, Programm. Übernachtung/Frühstück im Hotel.

5. Tag, Dienstag, 2.9.86:
Fahrt zum Bodensee und in den Schwarzwald.
Nach dem Frühstück Fahrt zur Burg Hohenzollern.
Weiter auf der Autobahn Singen zum Bodensee nach Meersburg (Mittagspause, kurze Besichtigung). Schifffahrt zur Insel Mainau.
Weiterfahrt nach Donaueschingen.
Fahrt durch den Schwarzwald zum Titisee (der herrlich gelegene Titisee gehört zu den beliebtesten Seen im Schwarzwald). Abendessen, Übernachtung, Frühstück im guten Hotel, alle Zimmer mit Bad oder Dusche, WC.

6. Tag, Mittwoch, 3.9.86:
Schwarzwald – Baden-Baden – Heidelberg – Rückflug.
Nach dem Frühstück Fahrt durch das bekannte Höllental nach Freiburg (mittelalterliche Stadt).

Auf der Rheintalautobahn zwischen Vogesen und Schwarzwald Fahrt nach Baden-Baden (mit seinen berühmten Hotels, mit dem Spielcasino im Kurhaus).
Nach der Mittagspause Fahrt auf der Autobahn nach Heidelberg. Das Heidelberger Schloβ liegt hoch über der Stadt und gehört zu den bedeutendsten Beispielen deutscher Renaissance-Architektur.
Am Nachmittag Transfer zum Flughafen Stuttgart.

Rahmenprogramm Stuttgart
Stadtrundfahrt bereits im Programm enthalten.
Besuch von: Sommertheater, Daimler-Benz-Museum, Porsche-Museum, Staatsgalerie, Fernsehturm, Planetarium, Besuch des Weinbaumuseums in Uhlbach, Schiffahrt auf dem Neckar, Besuch der Wilhelma, Stadtrundfahrt Stuttgart bei Nacht, 1/2-tägiger Ausflug nach Ludwigsburg in die Porzellan-Manufaktur, Fahrt ins Remstal in die Remstalkellerei mit Weinprobe.

Which two days do you go to the finals of the European Championships?
Which day is set aside for visiting Stuttgart?
When do you go to Lake Constance and the Black Forest?
Which town has the famous hotels and the casino?
What is particularly famous in Heidelberg ('among the most important examples of Renaissance architecture'!)?
How do you travel – by rail or by air?

(b) Now listen on the tape to two people who went on the trip you have just been reading about. They are arguing about what dates they did things. Check who is right by looking back at the text, and then write out the answers to the following questions. The numbers should be written as words.

1 Wann haben sie die Endkämpfe gesehen?
2 Wann haben sie die Stadt Stuttgart gesehen?
3 Wann sind sie durch den Schwarzwald gefahren?
4 Wann haben sie das Schloβ in Heidelberg gesehen?
5 Wann sind sie nach Hause geflogen?

4 Answer the following questions truthfully, trying to use **adjectives** in your answer (alt/rot/modern, etc.):

(a) Was für ein Haus haben Sie? (Wir wohnen in. . .)
(b) Was für ein Auto haben Sie, hat Ihre Familie? (Wir haben. . .)
(c) Was für einen Mantel haben Sie?
(d) Was für Wetter haben Sie in den Ferien gehabt?

5 You can't have it both ways!

Look at the following joke from a German magazine. Why is the teenager annoyed at being called *du* by the conductor? Does the teenager have to pay the full fare or half fare? If *das Kind* means 'child', what do you think *kindisch* means? If *du* means 'you', what do you think the verb *duzen* means?

★

Der Kontrolleur in der Straβenbahn: „Nein, Kleiner. Für die Kinderkarte bist du schon zu groβ. Du muβt voll bezahlen!" – „Okay, dann lassen Sie aber auch das kindische Duzen!"

★

6 In the following account of a holiday, all the verbs have been put in brackets (or left out, if it is obvious what they are). Put them into their correct form in the perfect (or possibly the imperfect), making sure that all the parts are in the right place in the sentence:

Letztes Jahr (fahren) wir nach Deutschland. Wir (mitbringen) das Auto nicht und muβten mit dem Zug fahren. Es   sehr interessant. Ich (kaufen) viele schöne Sachen. Ich konnte sie nicht in meinem Koffer tragen und (schicken) sie nach England. Wir (besuchen) Hamburg im Norden und München im Süden. Ich glaube, meine Lieblingsstadt   Heidelberg. Die mittelalterliche Stadt am Fluβ, mit dem Schloβ in der Mitte, (gefallen) mir sehr gut. Ich (essen) zu viel und bin jetzt vier Kilo schwerer. Torte mit Sahne in jeder Kaffeepause!

7 Here is a restaurant joke from a German magazine (*sich beklagen* means 'to complain' and *das hat nichts zu sagen* means 'that has nothing to do with it'). By the way, this certainly isn't about a typical **German** restaurant!

★

Beklagt sich ein Gast im Restaurant: „Herr Ober, die Speisekarte ist ja schon 14 Tage alt!" „Das hat nichts zu sagen, es ist noch alles da!"

★

8 Now read the menu which follows, decide what you are going to have, and write the conversation you would have with the waiter at the beginning, during the meal and at the end. (A translation of the menu is in the answers' section, but try to work things out for yourself first before looking at it!) *Art* means 'way' or 'style', so it is used when a dish is prepared in a particular way. Be warned – it's an expensive restaurant!

SPEISEKARTE

Vorspeisen

Matjesfilet 'Hausfrauen Art', frische Salzkartoffeln mit Speck	DM 6,75
Frische Oslo Shrimps 'eigene Art'	DM 9,50
Melonen-Schiffchen 'Hongkong' – Cantaloupe Melone mit Krabben, Scampis, Lachs und Aal	DM 17,50
Beefsteak Tartar, mit Brot und Butter	DM 10,00

Suppen

Französische Zwiebelsuppe	DM 4,00
Original ungarische Gulaschsuppe	DM 4,50
Hühnerbrühe	DM 4,00

Eierspeisen

Omelette 'norwegische Art', mit Krabben, Lachs, Aal	DM 9,00
Rühreier 'Jäger Art', Röstkartoffeln	DM 9,00

Fischgerichte

Heilbutt vom Grill, Tomaten vinaigrettes, Rissolees Kartoffeln	DM 13,50
Forelle, blau, mit grünem Salat, Petersilienkartoffeln	DM 15,00

Fleischgerichte

Pfeffersteak 'Pariser Art' – Schalottenbutter, Cognac, Knoblauch – mit französischem Weiβbrot und gemischtem Salat	DM 19,50
Kalbssahneschnitzel mit Salat und Kartoffelkroketten	DM 14,00
Jägerschnitzel mit Pommes frites	DM 13,50
Filetgulasch 'Stroganoff' mit Selleriesalat und Reis	DM 14,00

Nachspeisen

Vanilleeis mit Sahne oder heiβer Schokoladensauce	DM 4,50
Zitronencreme	DM 5,00
Pfirsich Melba	DM 5,50
Obstsalat mit Maraschino	DM 7,00

Bedienung und Mehrwertssteuer inklusiv

Service and VAT inclusive

Unit 19
Der Unfall

ꝏ

UWE: Jutta! Was ist los mit dir? Du siehst furchtbar aus!
JUTTA: Ich habe gerade einen Unfall gehabt – mit dem Auto.
UWE: Nein! Und wie geht es dir jetzt? Du solltest zum Krankenhaus gehen.
JUTTA: Das hab' ich schon gemacht. Ich habe nichts gebrochen. Ich habe bloβ ein paar Prellungen.
UWE: Also, du brauchst etwas zu trinken! Komm'! Wir gehen in ein Café und trinken einen Kaffee oder eine Tasse Tee.
JUTTA: Das ist nett von dir!

. . .

UWE: Was ist denn passiert? War jemand verletzt?
JUTTA: Gott sei Dank, nein. Ich war alleine im Auto.
UWE: Aber wie ist das passiert? Wer war daran schuld?
JUTTA: Niemand. Ich konnte nicht anhalten.
UWE: Die Bremsen?
JUTTA: Ja, wahrscheinlich. Als ich an eine Kreuzung gekommen bin, konnte ich einfach nicht anhalten. Ich bin gegen einen Baum gefahren.
UWE: Warum denn?
JUTTA: Weil ich nicht mit einem anderen Auto zusammenstoβen wollte, Dummkopf!
UWE: Ja, natürlich! Und was ist mit dem Auto?
JUTTA: Es wird leicht zu reparieren sein, glaub' ich.
UWE: Das ist gut. – Noch eine Tasse Tee?
JUTTA: Ja, bitte!
UWE: Du siehst jetzt besser aus. Was hast du nach dem Unfall getan? Muβtest du lange warten?
JUTTA: Nein. Der Mann im anderen Wagen hat die Polizei gerufen. Ein Krankenwagen ist sofort gekommen.
UWE: Aber warum bist du nicht zu Hause? Du solltest dich zu Hause ein biβchen erholen!
JUTTA: Ja, das stimmt, aber ich muβ einkaufen.
UWE: Ach, was! Das mach' ich für dich! Wenn du willst, fahren wir gleich nach Hause!
JUTTA: Ja, bitte! Das ist nett von dir!

Nouns
der Baum (¨e) *tree*
der Dummkopf *idiot*
der Krankenwagen *ambulance*
der Tee *tea*
der Unfall (¨e) *accident*
der Wagen *car*

die Bremse *brake*
die Kreuzung *crossroads*
die Polizei *police*
die Prellung *bruise*
die Tasse *cup*

das Krankenhaus *hospital*

Verbs
anhalten (*separable*) *to stop*
brechen (gebrochen) *to break*
(sich) erholen *to recover*
passieren *to happen*
reparieren *to repair, mend*
rufen *to call*
zusammenstoβen (*separable*) *to hit (a car)*

Words and phrases
als *when*
bloβ *just, merely*
ein paar *a couple*
furchtbar *terrible*
gerade *just*
gleich *immediately*
Gott sei Dank *thank God*
natürlich *naturally*
nichts *nothing*
niemand *no one*
noch ein *another*
sofort *straightaway*
verletzt *hurt*
warum? *why?*
was ist los? *what's the matter?*
weil *because*
wer war daran schuld? *whose fault was it?*

Verstehen Sie

Bitte korrigieren Sie wo nötig!

Jutta hat einen Unfall gehabt. Sie war mit Uwe im Auto. Sie war stark verletzt (*badly hurt*). Sie geht in ein Café mit Uwe und trinkt einen Kaffee. Jutta ist mit einem anderen Auto zusammengestoβen. Das Auto ist jetzt kaputt. Nach dem Unfall muβte sie lange warten. Eine Frau hat die Polizei angerufen. Jutta muβ jetzt allein nach Hause gehen.

Equivalents

Now look at the conversation again and find the German equivalents for the following phrases:

1 What's the matter with you?
2 You look terrible!
3 I've just had an accident.
4 What happened, then?
5 Was anyone hurt?
6 Whose fault was it?
7 How's the car?
8 You look better now.
9 That's nice of you.
10 Did you have to wait long?

Pronunciation

The following examples are on your tape. Listen and repeat them:

In many words, the 'u' is pronounced short:

und **u**m m**u**ßten w**u**nderschön H**u**nger J**u**tta **U**nfall d**u**mm sch**u**ld

In other words, the 'u' is pronounced long:

z**u** t**u**n J**u**gend d**u** vers**u**chen bes**u**chen M**u**seum g**u**t **U**we anr**u**fen r**u**hig

Grammar notes

A Word order

Als ich an eine Kreuzung gekommen **bin, konnte** ich nicht anhalten.
When I came to a crossroads, I couldn't stop.
Weil ich nicht mit einem anderen Auto zusammenstoßen **wollte!**
Because I didn't want to hit another car!

After words like *als* and *weil* (which are called conjunctions), the verb goes to the end:

Ich bin gekommen

becomes

Als **ich** gekommen **bin** . . .

and the verb in the **second** part of the sentence comes first:

Ich konnte nicht anhalten

becomes

Als ich gekommen bin, **konnte ich** nicht anhalten

This also happens after other words, including *wenn* (which means 'if' or 'whenever'):

Wenn du willst, **fahren wir** gleich nach Hause!
If you like, we can go straight home!
Als er mich gesehen hat, **hat er** angehalten. *When he saw me, he stopped.*
Weil er mich sehen wollte, **ist er** zur Party gegangen.
He went to the party because he wanted to see me.

B Als, wenn, wann?

It is easy for an English speaker to confuse these three words, which can all mean 'when'. If you want to ask a straightforward question, you use *wann*:

Wann kommst du zurück? *When are you coming back?*

But if you want to talk about when something happened **in the past,** you use *als*:

Als der Film zu Ende war, sind wir nach Hause gegangen.
When the film was over, we went home.

If, however, 'when' means 'whenever', then you use *wenn*:

Wenn ich ihn sehe, freue ich mich. *When(ever) I see him I'm glad.*

And you also use *wenn* for the future:

Wenn ich ihn sehe, werde ich mich freuen. *When I see him I shall be glad.*

In the above example, you are using the present tense to give a future meaning.

C Mußte, konnte

You need the imperfect of *müssen, können* and *wollen*, because the perfect isn't used so often:

Ich konnte nicht anhalten. *I couldn't stop.*
Ich wollte nicht mit einem anderen Auto zusammenstoßen!
I didn't want to hit another car!
Mußtest du lange warten? *Did you have to wait long?*

The endings are the same for all of them:

ich konnte	wir konnten
du konntest	ihr konntet
er/sie/es konnte	sie/Sie konnten

ich mußte	wir mußten
du mußtest	ihr mußtet
er/sie/es mußte	sie/Sie mußten

Note that *mußte* means 'had to':

Ich mußte den nächsten Zug nehmen. *I had to take the next train.*
Er mußte ein anderes Hotel finden. *He had to find another hotel.*

And that *konnte* can mean 'was able to' as well as 'could':

Ich konnte ihn nicht sprechen. *I wasn't able to speak to him.*

D Noch ein

Noch eine Tasse Tee? *Another cup of tea?*

A very common way of saying 'another' in German is to use *noch.*

Noch eine Frage. *Another question.*
Trinkst du noch einen Kaffee? *Would you like another coffee?*
Möchten Sie noch ein Käsebrot? *Would you like another cheese sandwich?*

Note that *noch ein* is used to mean 'another' in addition to what you have already got. To say 'another' in the sense of 'different' you use the adjective *ander*:

Ich möchte noch ein Zimmer. *I'd like another room (in addition).*
Kann ich ein anderes Zimmer haben? *Can I have another (different) room?*

Note how you say '**the** other':

Der Mann im anderen Wagen hat die Polizei angerufen.
The man in the other car called the police.

Communicating

Asking what the matter is

It is very common to say:

Was ist los mit dir? *What's the matter with you?*
Is etwas los? *Is something the matter?*
Es muβ etwas mit dem Auto los sein.
There must be something wrong with the car.

To ask what happened, you use either *passieren* or *geschehen*:

Was ist passiert? *What happened?*
Was ist geschehen? *What happened?*
Ist etwas passiert? *Has something happened?*

You might also want to ask if anyone is hurt:

Ist jemand verletzt? *Is anyone hurt?*

Exercises

1 Word order

(a) Join the two sentences together, being careful of the word order:
e.g. Ich war in Deutschland. Ich habe mich gut amüsiert. (Als)
Als ich in Deutschland war, habe ich mich gut amüsiert.

1 Mein Vater war in Frankreich. Es hat die ganze Zeit geregnet. (Als)
2 Er hatte nicht genug Geld. Er konnte nich nach Amerika fahren. (Weil)
3 Ich fahre nach Deutschland. Ich will meinen Onkel besuchen. (Wenn)
4 Mein Bruder ist nach Italien gefahren. Es hat ihm gut gefallen. (Als)
5 Sie wollte ihre Eltern sehen. Sie ist nach Australien gefahren. (Weil)
6 Es regnet. Ich will zu Hause bleiben. (Wenn = *if*)
7 Ich bin um die Ecke gefahren. Ich bin mit einem anderen Auto zusammengestoßen. (Als)
8 Er hat den Unfall gesehen. Er hat die Polizei angerufen. (Als)
9 Sie hatte Grippe. Sie konnte nicht zur Party gehen. (Weil)
10 Du bist fertig. Wir können gehen. (Wenn)

(b) You are reporting on a conversation. In this exercise, you have to decide whether to use *als, wenn*, or *weil*:
e.g. 'Wann hast du ihn gesehen, Melanie?'
'Ich war im Hotel und ich habe ihn dort gesehen.'
Als Melanie im Hotel war, hat sie ihn gesehen.

1 'Wann haben Sie den Koffer gekauft, Michael?'
'Ich bin nach Deutschland gefahren.'

2 'Warum kommst du so spät, Ingrid?'
'Ich habe mein Portemonnaie verloren.'

3 'Kommst du bald zurück, Stefanie?'
'Wenn ich kann.'

4 'Warum kann Gaby nicht kommen?'
'Sie ist krank.'

5 'Wann hast du den Stadtplan gekauft, Thomas?'
'Ich war gestern in der Stadt.'

6 'Warum bist du um halb zehn schlafen gegangen, Melanie?'
'Ich war sehr müde!'

7 'Hast du die Frauenkirche gesehen, Peter?'
'Ja. Ich war letzte Woche in München.'

8 'Du hast ein neues Auto gekauft, Markus!'
'Ja, mein Vater hat mir das Geld gegeben!'

9 'Wollen wir ein Geschenk für Gisela kaufen?'
'Ja – haben wir genug Geld?'

10 'Wann hast du den Mantel verloren, Stefanie?'
'Ich bin mit dem Zug nach Bonn gefahren.'

2 Als, wenn, wann?

(a) Put *als*, *wann* or *wenn* in front of the following sentences:

1 . . . kommst du wieder nach Deutschland?
2 . . . ich das letzte Mal in Deutschland war, habe ich den Kölner Dom besucht.
3 . . . ich wieder nach Deutschland komme, will ich München besuchen.
4 . . . ich am Bahnhof war, habe ich den Koffer verloren.
5 . . . ich an die Kreuzung gekommen bin, konnte ich nicht anhalten!
6 . . . hast du Geburtstag?
7 . . . fährst du wieder nach Hause?
8 . . . du deine Eltern siehst, grüß' sie von mir!
9 . . . ich den Unfall gesehen habe, habe ich die Polizei angerufen.
10 . . . ich in Hamburg war, war das Wetter sehr gut.

(b) Now translate the following conversation into German.

A: When did you go to Germany?
B: Last year.
A: What did you do there?
B: When I was in Munich, I saw the Frauenkirche and the town hall.
A: Are you going back?
B: When I have enough money!

3 Mußte, konnte, wollte

(a) A chapter of accidents! You wanted to do a lot of things, but you couldn't, so you had to do something else instead!

I wanted to . . .
1 book a double room
2 eat in a restaurant
3 see my friend
4 telephone my sister

I couldn't . . .
5 book a double room
6 find my purse
7 find the address
8 find her phone number

I had to . . .
9 book a single room
10 eat at home
11 stay at home
12 ask my mother

(b) Someone is asking you about your trip. Translate using the imperfect of *können* or *müssen*:

aufmachen (*separable*) *to open*
bezahlen *to pay*
tragen *to carry*

1 Did you have to wait long at the station?
2 Could you sit with your family?
3 Did you have to open your case?
4 Could you sleep?
5 Could you eat on the train?
6 Did you have to change (trains)?
7 Did you have to carry your case?
8 Could you buy coffee on the train?
9 How much did you have to pay?
10 Was Peter able to fetch you?

4 Noch ein, ander-

(a) Using *noch ein*, translate the following into German:

1 Another cheese sandwich, please.
2 We must wait another half hour.
3 Can I have another ticket for the sightseeing tour?
4 Another present for Gaby?!
5 Michael is buying another Bruce Springsteen record.
6 I'd like another town map for Robert.
7 Another coffee, please!
8 Another orange juice, please!
9 Another cup of tea?
10 Another piece of cake?

(b) Now you have to decide whether to use *noch ein* or *ander-*:

1 She is in another bookshop. (different)
2 I should like to speak to another doctor. (different)
3 The room is too small. Can I have another room?
4 They live in another town.
5 My friend is coming tomorrow. Can I have another room?
6 Herr Schmidt is buying another house in a village. (in addition)
7 Would you like another beer?
8 Another apple juice, please!
9 Can I have another spoon, please? (This one's dirty.)
10 Can I have another stamp, please? (I haven't got enough.)

5 Act it out

Complete the following conversation and act it out:

der Knall *crash, bang*

A: (*What's the matter with you?*)
B: Nichts.
A: (*Yes there is! You look terrible!*)
B: Ich habe einen Unfall gesehen.
A: (*What happened?*)
B: Ich weiß nicht. Ich habe einen Knall gehört. Ich glaube, ein Auto war ganz kaputt.
A: (*Was anyone hurt?*)
B: Ja, es war ganz schlimm.

6 Letter-writing

Write part of a letter to a friend in which you tell him/her about an accident you saw. One car hit another car at a cross-roads. No one (*niemand*) was hurt. One car was smashed up. You had to speak to the police. You didn't want to!

Unit 20
Was sind Sie von Beruf?

Frau Krieger trifft einen Kollegen ihres Mannes auf einer Party.

FRAU KRIEGER: Herr Bücheler, darf ich meinen Sohn vorstellen? Markus – das ist Herr Bücheler, ein Kollege deines Vaters.

MARKUS: Guten Tag, Herr Bücheler.

HERR BÜCHELER: Guten Tag, Markus. Sie sind noch auf der Universität, nicht?

MARKUS: Ja, dies ist mein letztes Jahr.

HERR BÜCHELER: Und was werden Sie dann machen? Haben Sie schon einen Beruf gewählt?

MARKUS: Ich studiere schon Ingenieurwesen. Ich will Ingenieur werden.

HERR BÜCHELER: Das ist gut. Und haben Sie schon eine Stellung gefunden? Bei welcher Firma werden Sie arbeiten? Wissen Sie das schon?

MARKUS: Hoffentlich werde ich eine Stellung bei Siemens finden. Ich habe nächste Woche ein Interview.

HERR BÜCHELER: Aha, ich wünsche Ihnen viel Glück dabei!

MARKUS: Danke schön.

FRAU KRIEGER: Ach, es wird für ihn nicht schwer sein. Er hat sehr gute Noten.

MARKUS: Haben Sie Kinder, Herr Bücheler?

HERR BÜCHELER: Ja, ich habe eine Tochter und einen Sohn. Die Tochter studiert Medizin hier in Heidelberg. Sie will Ärztin werden. Mein Sohn ist etwas älter.

MARKUS: Und was ist er von Beruf?

HERR BÜCHELER: Er ist Jurist. Er ist schon verheiratet und hat zwei Kinder. Aber Sie haben eine Schwester, nicht?

MARKUS: Ja, sie ist einige Jahre jünger als ich. Sie geht noch auf das Gymnasium. Sie will aber Schauspielerin werden!

HERR BÜCHELER: Schauspielerin! Und was halten Ihre Eltern davon?

MARKUS: Sie sind davon nicht begeistert. Man verdient nicht gut, und meine Schwester wird wahrscheinlich keine Arbeit finden.

HERR BÜCHELER: Und spielt Ihre Schwester gut? Ist sie wirklich begabt?

MARKUS: Oh ja. Ich habe sie öfters gesehen. Sie spielt wirklich sehr gut. Das wissen meine Eltern, aber sie sagen, daß es ein unsicherer Beruf ist.

HERR BÜCHELER: Und was glauben Sie? Wird Ihre Schwester es schaffen?

MARKUS: Ja, wahrscheinlich. Sie ist sehr hartnäckig!

HERR BÜCHELER: Aber es wird ohne die Eltern schwer sein!

FRAU KRIEGER: Ja, das stimmt!

Nouns
der Beruf(e) *career, job*
der Ingenieur(e) *engineer*
der Jurist(en) *lawyer*
der Kollege(n) *colleague*
der Sohn(¨e) *son*

die Ärztin *(female) doctor*
die Firma (Firmen) *firm*
die Note *mark, grade*
die Schauspielerin *actress*
die Stellung *job, position*
die Tochter(¨) *daughter*

das Gymnasium (Gymnasien) *grammar school*
das Ingenieurwesen *engineering*
das Interview(s) *interview*
das Kind(er) *child*
das Medizin *medicine*

Verbs
arbeiten *to work*
denken (gedacht) *to think*
finden (gefunden) *to find*
schaffen *to manage, do*
spielen *to play, act*
verdienen *to earn*
vorstellen (*separable*) *to introduce*
wählen *to choose*
werden (ist geworden) *to become (but see grammar note B below)*
wünschen *to wish*

Words and phrases
älter *older*
begabt *talented*
begeistert *enthusiastic*
einige *some*
hartnäckig *stubborn*
hoffentlich *I hope, hopefully*
öfters *often*
ohne *without*
später *later*
unsicher *unsure, uncertain*
verheiratet *married*
wahrscheinlich *probably*

Verstehen Sie?

Say whether the following statements about the conversation are true or false (*richtig oder falsch*):

1 Herr Bücheler ist ein Kollege von Markus' Mutter.
2. Markus ist in seinem letzten Jahr auf der Universität.
3 Er studiert Jura.
4 Er hat schon eine Stellung bei Siemens.
5 Herr Bücheler hat zwei Kinder.
6 Die Tochter studiert Jura.
7 Die Tochter ist älter als der Sohn.
8 Markus' Schwester will Schauspielerin werden.
9 Sie ist nicht sehr begabt.
10 Markus glaubt nicht, daβ sie das schaffen wird.

Equivalents

Find the German equivalents of the following useful phrases:

1 What's your job?
2 May I introduce . . .? (formal)
3 What firm will you work for?
4 I wish you luck with it!
5 She's going to be a doctor.
6 My son is somewhat older.
7 He's already married.
8 She goes to grammar school.
9 She wants to be an actress.
10 You don't earn very much.

Pronunciation

o

1 When **o** is followed by more than one consonant it has a short sound:
h**o**ffentlich K**o**nversation T**o**chter S**o**nne (sun) k**o**mmen w**o**llen P**o**st

2 When it is followed by one consonant, it is a long sound:
r**o**t sch**o**n Br**o**t D**o**m l**o**s gr**o**b abh**o**len M**o**nat

3 Followed by an 'h' it is always long:
So**h**n sic**h** Lo**h**nen

4 Followed by 'ch' it is normally short:
n**o**ch W**o**che d**o**ch T**o**chter k**o**chen L**o**ch (*hole*)
but note 'h**o**ch', in which it is long.

Grammar notes

A Possessive adjectives

Frau Krieger trifft einen Kollegen **ihres** Mannes.
Mrs Krieger meets a colleague of her husband's.
Darf ich **meinen** Sohn vorstellen? *May I introduce my son?*
Ein Kollege **deines** Vaters. *A colleague of your father's*
Dies ist **mein** letztes Jahr. *This is my last year.*
Spielt **Ihre** Schwester gut? *Does your sister act well?*

my	your (du)	his/its	her	our	your (ihr)	your (Sie)	their
mein	dein	sein	ihr	unser	euer	Ihr	ihr

The endings are the same as for *ein*:

	m.	f.	n.	pl.
nom.	mein Sohn	meine Frau	mein Kind	meine Kinder
acc.	meinen Sohn	meine Frau	mein Kind	meine Kinder
gen.	meines Sohnes	meiner Frau	meines Kindes	meiner Kinder
dat.	meinem Sohn	meiner Frau	meinem Kind	meinen Kindern

B The future

You can very often use the present to talk about the future in German:

Ich fahre morgen nach Belgien. *I'm going to Belgium tomorrow.*

But to form the future tense proper, you use *werden* and the infinitive of the verb:

Was **werden** Sie dann **machen?** *What will you do then?*
Bei welcher Firma **werden** Sie **arbeiten**?
Which firm are you going to work for?
Wird Ihre Schwester es **schaffen**? *Will your sister manage it (succeed)?*

werden

ich werde	wir werden
du wirst	ihr werdet
er/sie/es wird	sie/Sie werden

Note that the inifinitive has to go right to the end of the sentence:

Es **wird** für ihn nicht schwer **sein**. *It won't be difficult for him.*

Be careful! It is very easy to confuse *wollen* and *werden*:

Ich **will** nach Dänemark fahren. ***I want to** go to Denmark.*
Ich werde nach Dänemark fahren. ***I will** go to Denmark.*

Note also that *werden* has a separate meaning as an ordinary verb:

Sie will Schauspielerin **werden**! *She wants **to become** an actress.*
Sie will Ärztin **werden**. *She wants **to become** a doctor.*

C Prepositions which take the accusative

Es wird **für ihn** nicht schwer sein. *It won't be difficult for him.*

Some prepositions always take the accusative:

durch	*through*
für	*for*
gegen	*against*
ohne	*without*
um	*round*
wider	*against*
bis (an)	*until, as far as*
entlang	*along (comes after the noun)*

Here are some more examples to help you:

Er geht **durch die Tür**. *He goes through the door.*
Ich habe es **für meinen Vater** gekauft.
I bought it for my father.

Was kann sie **gegen deine Eltern** machen?
What can she do against your parents?
Ohne mich darfst du nicht gehen! *You mustn't go without me!*
Die Post ist **um die Ecke**. *The post-office is round the corner.*
Es ist **wider meinen Willen**. *It's against my will.*
Geh' **bis an die Brücke.** *Go as far as the bridge.*
Fahren Sie **diese Straße entlang.** *Go along this street ...*

Wider isn't very common. You'll usually find you need *gegen* to translate 'against'. *Bis* by itself is used for time, e.g. *bis Freitag* ('until Friday', often used to mean 'see you Friday!'), whereas *bis an* is used to express distance:

Er fährt bis an die Brücke. *He's going as far as the bridge.*

D Word order

Er ist schon verheiratet **und** hat zwei Kinder.
He's already married and has two children.
Das wissen meine Eltern, **aber** sie sagen, daß . . .
My parents know that, but they say that . . .

The words *und* and *aber* are called conjunctions because they join two sentences together. As you saw in the last chapter, most conjunctions send the verb to the end, but there are a few which are followed by the normal word order:

und	*and*
aber	*but*
oder	*or*
denn	*for, as (= because)*

Here are some further examples:

Er kommt heute und seine Tochter kommt morgen.
He's coming today and his daughter's coming tomorrow.
Sie spricht sehr gut Deutsch, aber er kann kein Wort sprechen.
She speaks German very well, but he can't say a word.
Du mußt sie abholen, denn sie hat kein Auto.
You must fetch her, as she hasn't got a car.

Communicating

Talking about jobs and education

Was sind Sie von Beruf?
What's your job? (literally 'What are you by profession?')
Was machen Sie? *What do you do?*
Ich bin Arzt. *I'm **a** doctor.*
Er ist Jurist. *He's **a** lawyer.*

Here are some more jobs. To make the first group feminine, you just add -in to the end, sometimes an umlaut as well:

der Beamte (Beamtin)	*civil servant*
der Krankengymnast(in)	*physiotherapist*
der Mechaniker	*mechanic*
der Tierarzt(¨ in)	*vet*
der Zahnarzt	*dentist*
der Bankkaufmann	*bank-clerk, cashier*
die Friseuse, der Friseur	*hairdresser*
die Krankenschwester	*nurse*
die Sekretärin	*secretary*

Note the prepositions to use when talking about school, university and jobs:

Ich gehe nächstes Jahr **auf die Universität.**
I'm going to university next year.
Ich bin schon **auf der Universität.** *I'm already at university.*
Meine Schwester geht **zur Schule** (*or* **in die Schule**).
My sister goes to school.
Ich arbeite **bei einer Firma** (bei Siemens). *I work for a firm.*

Again, when you talk about what subjects you study, you don't use 'a':

Ich studiere Deutsch.

Studieren is used for studying at university or college. If you are still at school, you use *lernen* (learn):

Ich lerne Mathematik und Biologie.

Here are some more subjects (*Fächer*):

die Geschichte	*history*
die Physik	*physics*
das Französisch	*French*
die Erdkunde	*geography*
die Kunst	*art*
die Religion	*religious education*
die Sozialkunde	*social studies*

Exercises

1 Possessive adjectives

(a) Various people have lost, found or forgotten things. Use the pattern ***Ich** habe **mein** . . . verloren/vergessen/gefunden.* Sometimes you should write a question.

1 ?Ihr – Fahrkarten
2 Wir – Geld
3 Ich – Stellung
4 ?Du – Plastiktüte
5 Er – Wechselgeld
6 Sie (*she*) – Auto
7 Sie (*they*) – Stadtplan
8 ?Sie (*you*) – Telefonnummer
9 Meine Eltern – Koffer
10 Gaby – Mantel

(b) Here are some sentences which you will probably need to say or understand as a tourist in Germany. Translate them:

der Paß *passport*
der Schlüssel *key*

1 Please may I see your passport. (official)
2 Can I have your address and phone number?
3 Where can I leave my jacket?
4 He's going to fetch his parents.
5 She's lost her room key.
6 Where can we park our car?
7 They're going to buy their tickets tomorrow.
8 Have you got your change? (familiar plural)
9 Have you got your tickets? (polite)
10 Have you telephoned your sister?

2 The future

(a) You are asking someone about their intended job. Translate the question in brackets, using *du*:

1 (What firm are you going to work for?)
Bei IBM.
2 (When will you start? – use *anfangen* – separable)
Nächsten September.
3 (How much will you earn?)
Ungefähr DM 3,000 pro Monat.
4 (Where will you work?)
In Düsseldorf
5 (Will you buy a car?)
Ja, natürlich!

(b) Some shopping and other things need doing. Answer the questions in the following way:
e.g. Hast du den Schinken gekauft?
Nein, ich werde ihn morgen kaufen.

1 Hat er seinen Sohn gesehen?
2 Haben Sie das Museum besucht?
3 Habe ich das Obst gekauft? (use *du*)
4 Haben wir die Eier gekauft?
5 Haben Sie die Käsebrötchen gemacht?
6 Ihr müßt jetzt die Bananen kaufen! (use *ihr*)
7 Haben wir schon die Fahrkarten? (use *Sie* and *abholen*)
8 Hast du das Hotel angerufen? (use *Mein Vater*)
9 Haben wir schon das Zimmer bezahlt?
10 Hat er das Auto schon repariert?

3 Prepositions which take the accusative

(a) Here are some directions. Please translate the parts in brackets:

das Tor *gate*
zuerst *first*

Zuerst gehst du (*along the street as far as the town hall*), dann gehst du links (*round the corner*) und (*through the old gate*). Das Geschäft ist auf der linken Seite, gegenüber der Kirche. Kannst du auch etwas (*for me*) kaufen?

(b) In the following story choose the correct alternative.

Peter hat ein schönes neues Auto. Er fährt bis an *die/der* Brücke und nimmt dann die zweite Straße links. Er fährt durch *dem/das* Stadttor und dann *entlang die Georgstraße/die Georgstraße entlang*. Er hält vor einem teueren Restaurant an, aber er ist ohne *seinem/sein* Portemonnaie gekommen. Er muß zurück nach Hause fahren. Er ärgert sich und paßt nicht auf. Er hat einen Unfall.

(c) In this exercise there are also prepositions which take the dative. Translate into German:

1 Drive along the Hauptstraße.
2 Go through the village.
3 Drive as far as the church.
4 He's waiting at the station.
5 Go across the bridge.
6 They're in the hotel.
7 He's coming without his daughter.
8 You must drive round the corner behind the hotel.
9 The tourist office is near the cathedral.
10 Have you got a room for me?
11 It's on the left-hand side next to the cinema.

4 Word order

(a) Match up the first and second columns:

1	Torsten hat eine neue Stellung	(a)	und er hat schon drei Kinder.
2	Uwe studiert Chemie	(b)	aber er verdient nicht gut.
3	Gaby studiert Medizin	(c)	denn sie ist wirklich sehr begabt.
4	Andrea will Schauspielerin werden	(d)	aber er möchte nicht Chemiker werden.
5	Hast du heute ein Interview	(e)	oder geht sie noch zur Schule?
6	Sebastian will Jura studieren	(f)	oder haben Sie eine andere Stellung gefunden?
7	Er ist verheiratet	(g)	denn ein Jurist kann viel verdienen.
8	Er ist verheiratet	(h)	aber er hat keine Kinder.
9	Geht deine Schwester auf die Universität	(i)	und sie möchte Ärztin werden.
10	Arbeiten Sie noch bei Ihrem Vater	(j)	oder ist es morgen?

(b) In this exercise, some of the conjunctions send the verb to the end, so be careful! You are given the first part of the sentence, but the second part (in italics) needs putting into the right order.

daß *that*

1 Meine Mutter glaubt, daß *intelligent ich sehr bin.*
2 Dies ist mein letztes Schuljahr und *werde gehen nächstes Jahr ich auf die Universität.*
3 Ich studiere Mathematik und *möchte ich Statistiker werden.*
4 Ich verstehe nicht, wenn *sprechen zu schnell die Leute.*
5 Er hat seinen Paß verloren, als *in Deutschland war er.*
6 Sie möchte Ärztin werden, aber *nicht gut sind ihre Noten genug.*
7 Mußt du länger warten, oder *du jetzt kannst eine Stellung finden?*
8 Ich möchte nicht Chemie studieren, denn *nicht interessant sehr finde ich es.*
9 Sie sagt, daß *will sie verdienen viel.*
10 Bist du sicher, daß *auf die Universität du willst gehen?*

5 Talking about school

Below are some of the subjects Ingrid learns at school. Some she likes and some she doesn't. Write sentences using the information:
e.g. Ingrid lernt Englisch gern aber sie lernt nicht gern Chemie.

chemistry ×	history	maths
English	geography ×	art
French	German ×	

6 Act it out

(a) Answer the questions with complete sentences, using the information in brackets. You will need to look back at the conversation and the *Communicating* section.

Was sind Sie von Beruf?
(*bank-clerk*)
Wieviel verdienen Sie?
(*DM 1,200 per month*)
Wo arbeiten Sie?
(*in a bank*)
Wie lange arbeiten Sie schon dort?
(*two years*)

(b) Now write out the following conversation, using the information below. Use *du*:

hairdresser
DM 1,400 per month
bei einem Friseur in der Stadt
one year

7 Letter-writing

You are going on an exchange visit with a German. Write telling him/her about yourself (school, university/college) and ask him/her about the same things. Make it true if you can, but otherwise use the vocabulary you have learned in this chapter and invent things! Explain about other members of your family.

Unit 21
Wie sind die Engländer?

Helen ist schon seit drei Wochen in Deutschland. Morgen fährt sie wieder nach England. Sie spricht mit Michael. ꝏ

MICHAEL: Also, morgen fährst du zurück nach Hause! Freust du dich darauf?

HELEN: Ja und nein! Natürlich werde ich froh sein, meine Familie wieder zu sehen, aber es tut mir leid, daβ ich Freunde hier zurücklassen muβ.

MICHAEL: Ja, es tut mir auch leid! Glaubst du, daβ du wiederkommst?

HELEN: Ja, vielleicht nächstes Jahr.

MICHAEL: Das ist eine lange Zeit! Vielleicht werde ich versuchen, nach England zu fahren!

HELEN: Oh ja! Du kannst bei uns wohnen. Wir haben ein Gästezimmer.

MICHAEL: Danke! Und wie sind die Engländer? Sind sie alle wie du?

HELEN: Was glaubst du? Natürlich nicht! Wir sind alle verschieden!

MICHAEL: Ja, ich weiβ! Aber sind die Engländer wie die Deutschen? In Deutschland glauben wir, daβ die Engländer sehr reserviert sind – und auch sehr höflich, denn sie stehen immer Schlange.

HELEN: Wirklich? Ja, einige sind noch höflich, aber nicht so höflich wie früher. Und 'höflich' kann man sie nicht nennen, wenn man ein Fuβballspiel im Fernsehen sieht! Aber wir stehen immer noch Schlange! Wir ärgern uns, wenn die Ausländer nicht Schlange stehen!

MICHAEL: Und reserviert? Seid ihr reservierter als wir?

HELEN: Ich glaube nicht, aber ich weiβ, daβ viele Ausländer es schwer finden, mit Engländern in Kontakt zu kommen. Aber wir sind bestimmt reservierter als die Spanier oder die Italiener!

MICHAEL: Und was halten die Engländer von den Deutschen?

HELEN: Sie denken, daβ die Deutschen sehr fleiβig sind, viel fleiβiger als die Engländer.

MICHAEL: Und stimmt das? Was ist deine Meinung?

HELEN: Ich weiβ nicht. Du, zum Beispiel, bist nicht besonders fleiβig!

MICHAEL: Ja, das stimmt!

HELEN: Aber in Deutschland nimmt man die Arbeit sehr ernst. Man beginnt früher am Tag – die Schule fängt um acht Uhr an, und um acht sind die meisten Leute im Büro.

MICHAEL: Aber die Engländer haben einen wunderbaren Humor! Ihr habt wunderbare Fernsehprogramme und eure Popsänger sind prima!

HELEN: Oh, jaja, die Popsänger!

MICHAEL: Aber soviel anders kann es in England nicht sein! Hoffentlich werde ich es bald selbst sehen!

Nouns
der Ausländer *foreigner*
der Fernseher *television*
der Gast(¨e) *guest*
der Humor *humour*
der Kontakt(e) *contact*
der Popsänger *popsinger*

die Meinung *opinion*
die Schlange *snake (here 'queue')*

das Büro(s) *office*
das Fernsehprogramm(e) *TV programme*
das Fuβballspiel(e) *football match*
das Gästezimmer *guest room*

Verbs
halten (von) *to think of, have an opinion about*
lassen (läβt, lieβ, gelassen) *to leave*
nennen *to call (someone something)*

Words and phrases
als *than (here)*
anders *different*
bald *soon*
bestimmt *certainly*
ernst *serious*
fleiβig *hardworking*
froh *happy*
früher *earlier*
höflich *polite*
im Fernsehen *on TV*
(die) meisten *most*
reserviert *reserved*
selbst *(my)self*
Schlange stehen *to stand in a queue*
wie *like*
wieder *again*
zurück *back*
zum Beispiel *for example*

Verstehen Sie?

Bitte korrigieren Sie wo nötig!

Helen ist seit einem Monat in Deutschland. Sie fährt heute zurück nach England und freut sich sehr darüber. Sie wird nicht zurückkommen, und Michael will sie in England besuchen. Es tut Helen leid, aber Michael kann nicht bei ihrer Familie wohnen, denn sie hat kein Gästezimmer.

Die Engländer glauben, daβ die Deutschen reserviert und kalt sind. Die Engländer ärgern sich, wenn die Ausländer nicht Schlange stehen. Die Deutschen glauben, daβ die Engländer sehr fleiβig sind, und daβ sie die Arbeit sehr ernst nehmen. In Deutschland fangen die Leute um neun Uhr an, zu arbeiten. Michael glaubt, daβ England ganz anders ist.

Equivalents

Listen to the text and find the German equivalents for the following phrases.

1 Are you looking forward to it?
2 That's a long time!
3 What are the English like?
4 Are they all like you?
5 We're all different!
6 They stand in a queue.
7 We get cross when foreigners don't queue.
8 Are you more reserved than us?
9 What do the English think of the Germans?
10 What's your opinion?
11 It can't be **that** different in England!

Pronunciation

On the tape are the names of countries, together with their corresponding nationalities and languages. The stress has been marked. Listen to the tape and repeat the words, paying particular attention to the stress.

Italien der Ita**lien**er Ita**lien**isch
Fr**an**kreich der Franz**ose** Fran**zö**sisch
Japan der Jap**an**er Jap**an**isch
Am**er**ika der Amerik**an**er Amerik**an**isch
Sp**a**nien der Sp**a**nier Sp**a**nisch

Now listen to the conversation again, stopping and repeating from the tape when you get to the useful phrases you noted above.

Grammar notes

A Comparison of adjectives

If you want to say that something is, for example, better than something else, you add -er to the adjective (sometimes adding an umlaut to the vowel):

Ich bin **älter als** meine Schwester. *I'm* ***older than*** *my sister.*

Note the following examples from the text:

Seid ihr reserviert**er als** wir? *Are you more reserved than us?*
Die Deutschen sind fleißig**er als** die Engländer.
The Germans are more hardworking than the English.
Eure Popsänger sind viel **besser als** die unseren.
Your popsingers are much better than ours.

Here are some common adjectives and their comparatives (-er forms):

alt (*old*)	älter	lang (*long*)	länger
kalt (*cold*)	kälter	früh (*early*)	früher
ernst (*serious*)	ernster	groß (*big, tall*)	größer
schön (*beautiful*)	schöner	schlecht (*bad*)	schlechter
kurz (*short*)	kürzer	dumm (*stupid*)	dummer
neu (*new*)	neuer	klein (*small*)	kleiner
jung (*young*)	jünger		

Note that in German you **never** use 'more . . . than', as you do in English. You can't say 'more intelligent than', you have to say 'intelligenter':

Er ist intelligent**er als** ich.
Die Engländer sind höflich**er als** wir.

Note the irregular forms:

gut besser
hoch höher *high higher*

B Comparison with *so ... wie*

Sie sind nicht **so höflich wie** früher.
They aren't as polite as they were (formerly).
Er ist nicht **so intelligent wie** seine Schwester.
He isn't as intelligent as his sister.
Tu' das **so schnell wie** möglich. *Do it as quickly as possible.*
Es war nicht **so gut wie** das letzte Mal. *It wasn't as good as last time.*

C Darauf

Freust du dich **darauf**? *Are you looking forward* ***to it***?

When certain prepositions (here *auf*) are followed by the word 'it' or 'them', referring to things, you don't say 'auf es' or 'auf sie', you say *darauf.* Here are some more examples:

Neben dem Bahnhof ist ein groβes Hotel. **Dahinter** (*behind it*) gibt es einen Parkplatz.
Zuerst wirst du das Schloβ sehen. **Daneben** (*next to it*) gibt es ein Café.
Der nächste Zug kommt um drei. – Ja, ich warte **darauf** (*for it*).

Note that, when the preposition begins with a consonant, you add da-, but when it begins with a vowel, you add dar-, which makes it easier to say:

Vowel		*Consonant*	
unter	darunter	hinter	dahinter
an	daran	vor	davor
über	darüber	zwischen	dazwischen
in	darin	bei	dabei
		für	dafür

D Einige, viele, mehrere

Es tut mir leid, daβ ich **viele Freunde** hier verlassen muβ.
I'm sorry that I have to leave a lot of friends here.
Einige sind noch höflich. *Some are still polite.*

Note the endings that follow *viele* etc.

nom.	viel*e* gut*e* Leute
acc.	viel*e* gut*e* Leute
gen.	viel*er* gut*er* Leute
dat.	viel*en* gut*en* Leut*en*

Below is the list of words with their meanings:

viele (Leute)	*many, a lot*
mehrere	*several*
wenige	*not many, (only) a few*
einige	*some, a few*
manche	*some, quite a few*

Here are some more examples:

Ich habe **viele Freunde**, aber nur **wenige** können kommen.
I've got a lot of friends, but only a few can come.
Ich habe **mehrere** Reisen nach Deutschland gemacht.
I've made several journeys to Germany.
Manche Leute glauben, daβ es sehr schwer ist, Deutsch zu lernen.
Quite a lot of people think it's very difficult to learn German.
Ich habe **viele** deutsche Zeitungen, und ich kann Ihnen **einige** geben.
I've got lots of German newspapers and I can give you some.

Communicating

Expressing opinions

If you want to ask what something or somebody is like, you use *wie*:

Wie sind die Deutschen? *What are the Germans like?*

You can also use different expressions to ask people's opinions:

Was **denken** Sie **über** das deutsche Theater?
What do you think of the German theatre?
Was **halten*** die Engländer **von** den Deutschen?
What do the English think of the Germans?
Was ist **Ihre Meinung über** das Problem?
What's your opinion of the problem?

Remember you can ask a shorter question:

Was halten Sie davon? *What do you think of it?*
Was denken Sie darüber? *What do you think of it?*
Was ist Ihre Meinung (darüber)? *What's your opinion (about it)?*

To answer, you can use the following:

Ich denke, daβ . . .
Ich glaube, daβ . . . *(remember to send the verb to the end)*
Meiner Meinung nach (ist es sehr interessant). *In my opinion . . .*

**Halten* literally means 'to hold', so don't use it to translate 'think' in any other context! You need *denken* (to think) or *glauben* (to believe).

Exercises

1 Comparison of adjectives

(a) Give your own opinions! Below are given the names of famous people of different nationalities. Use the adjectives given to make your own comparisons:
e.g. Elizabeth Tayor ist schöner als Marilyn Monroe.

Ronald Reagan Mickey Mouse Elizabeth Taylor Joan Collins
Michael J. Fox Margaret Thatcher Donald Duck Stan Laurel
Oliver Hardy Marilyn Monroe Madonna Boris Becker
die Deutschen die Franzosen die Engländer die Italiener

1 beautiful	6 bad
2 intelligent	7 good
3 polite	8 old
4 fat (*dick*)	9 funny (*komisch*)
5 tall	10 stupid

(b) Put *als* or *wie* into the gaps below:

der Herbst *autumn*

1 Mein Freund ist fleiβiger . . . ich.
2 München ist gröβer . . . Nürnberg.
3 Everest ist höher . . . Annapurna.
4 Hamburg ist kleiner . . . London.
5 Meine Schwester ist intelligenter . . . ich.
6 Mein Onkel ist reicher . . . wir.
7 Mein Bruder schwimmt besser . . . ich.
8 Heidelberg ist älter . . . Bonn.
9 Meine Mutter ist jünger . . . meine Tante.
10 Das Wetter im Sommer war schlechter . . . das Wetter im Herbst.

2 Comparison with *so . . . wie*

(a) In the following exercise, you have to decide whether the statement is true or not. Suppose the sentence was *Dein Freund ist intelligenter als du.* If it's true, you write *Ja, das stimmt. Ich bin nicht so intelligent wie mein Freund.* If it **isn't** true, you write *Nein, das stimmt nicht. Ich bin genau* (just) *so intelligent wie mein Freund* (or *Mein Freund ist nicht so intelligent wie ich*, whichever makes better sense to you).

Griechenland *Greece*

1 Norddeutschland ist kälter als Süddeutschland.
2 Frankreich ist teuerer als Griechenland.
3 Das Wetter in Spanien ist besser als das Wetter in England.
4 Der Winter in Portugal ist länger als der Winter in Schweden.
5 Snowdon ist höher als Mont Blanc.

6 Das Essen in Deutschland ist schlechter als das Essen in Frankreich.
7 Die Franzosen sind höflicher als die Deutschen.
8 Paris ist größer als London.
9 New York ist wärmer als San Francisco.
10 Ein Urlaub in Florida ist billiger als ein Urlaub in Margate.

(b) In the following conversation, translate the sentences in brackets:

daran gewöhnt *used to it*
feige *cowardly*
das Meer *sea*

GABY: Schwimmst du gern?
MARIA: Ja, aber nur im Schwimmbad. Das Meer ist zu kalt für mich!
GABY: Aber hier in Italien (*it isn't as cold as in Germany*)!
MARIA: Schwimmst du im Meer in Deutschland?
GABY: Ja, natürlich. (*I'm not as cowardly as you!*)
MARIA: Aber du bist daran gewöhnt!
GABY: Und (*you aren't as fat as me*)!
MARIA: Ja, das stimmt. (*It's not as cold for you as for me*).
GABY: Aber ich schwimme sehr gern hier in Italien. (*The sea isn't as warm as here in Travemünde.*)

3 Darauf

(a) Complete the following replies, using da(r)- plus a preposition:
e.g. Was halten Sie vom Programm? Ich halte nicht viel von (dem Programm).
Ich halte nicht viel davon.

denken an *to think about*
sich erinnern an *to remember (something)*

1 Freust du dich auf die Ferien? Ja, ich freue mich sehr auf (die Ferien).
2 Fährst du mit dem Auto? Ja, aber ich fahre nicht gern mit (dem Auto).
3 Ist der Film interessant? Ich halte nicht viel von (dem Film).
4 Das Schloß ist in der Stadtmitte und das Theater ist neben (dem Schloß).
5 Siehst du das blaue Auto dort? Gisela steht neben (dem blauen Auto).
6 Das Wetter ist wirklich sehr schlecht. Meine Eltern ärgern sich über (das Wetter).
7 Der See ist wunderschön. Wir haben an (dem See) gezeltet.
8 Haben Sie in (dem See) geschwommen?
9 Wann ist das Examen? Nächste Woche. Ich denke schon an (das Examen).
10 Der Film war wunderbar. Erinnerst du dich an (den Film)?

(b) Translate the following conversation into German:

A: Where are you going in the holidays?
B: We're going to France.
A: Are you looking forward to it?
B: Naturally!
A: What do you think of our new car?
B: I don't think much of it! (use *nicht viel*)

4 Einige, viele, mehrere

(a) Use the words below to translate the words in brackets:

viele manche einige mehrere wenige

1 (Many) Leute glauben, daβ die Deutschen sehr fleiβig sind.
2 (Quite a lot of) Leute sind der Meinung, daβ die Engländer reserviert sind.
3 Ich bin (several) Male nach Deutschland gefahren.
4 Nur sehr (few) Deutsche haben ihr Haus gekauft.
5 Ich habe (many) Freunde, aber nur (some) sind mit mir auf der Universität.
6 (Quite a few) Kinder gehen nicht gern in die Schule.
7 (Some) Leute denken, daβ die Spanier nicht sehr fleiβig sind.
8 Ich lese (several) Zeitungen pro Tag.
9 Nur sehr (few) Fernsehprogramme gefallen mir.

(b) Translate the following conversation into German:

A: Do you know the film *Cobra*?
B: No. Is it good?
A: Yes! I've seen it several times!
B: I've only seen a few films in the last year.

5 Act it out

(a) Somebody is asking for your opinion. Complete the conversation, translating the words in brackets.

gewinnen *to win*
Oskar *Oscar*
spannend *exciting*

A: Hast du den Film *Rambo* gesehen?
B: (*Yes, unfortunately!*)
A: Warum 'leider'? Wie war der Film?
B: (*Terrible! Worse than* Rocky 1. *What do you think of Sylvester Stallone?*)
A: Normalerweise mag ich ihn nicht, aber *Rocky 1* hat mir gut gefallen.
B: (*I like Steven Spielberg's films (use von). What do you think of him?*)
A: Ach ja, ich mag ihn auch. Seine Filme sind immer sehr spannend.
B: (*In my opinion he ought to win an Oscar. He's never won an Oscar.*)
A: Ja, das stimmt.

(b) Now try to find somebody to interview about their likes and dislikes. You can ask about different countries, films, books, music. Try to use the new expressions, such as *halten von* and *denken über*. Take turns asking and answering the questions.

6 Letter-writing

You are writing to a German penfriend. This is only your first or second letter. Give as much information as you can about your likes and dislikes and ask your penfriend about his/hers. Look at grammar note C, unit 10, and grammar note D, unit 13 if you aren't quite sure how to use *mögen* and *gefallen*.

Unit 22
In einer Boutique

Ute und Gaby sind in einer Boutique. Sie sehen sich die Kleider an.

UTE: Wie gefällt dir dieser Rock? Er ist hübsch, nicht?
GABY: Ja, aber der da gefällt mir besser. Ich mag die Farbe.
UTE: Ja, die Farbe steht dir gut, aber grün steht mir nicht! Blau steht mir viel besser. Ich möchte diesen Rock anprobieren. Siehst du eine Umkleidekabine?
GABY: Ja, dort in der Ecke. Ich komme mit. Nimm' doch diese Bluse mit – die paßt gut zu diesem Rock.

In der Umkleidekabine.

UTE: Ja, die Farbe steht mir gut, aber dieser Rock ist ein bißchen zu eng – ich muß wahrscheinlich eine Nummer größer tragen. Ich nehme die Bluse auf jeden Fall.
GABY: Welche Größe trägst du normalerweise?
UTE: Normalerweise achtunddreißig, aber diesmal muß ich vierzig nehmen. Hoffentlich habe ich nicht zugenommen!
GABY: Ach, was! Du bist nicht dick! Du bist sehr schlank!
UTE: Könntest du bitte die Verkäuferin fragen, ob sie den gleichen Rock eine Nummer größer hat?
GABY: Okay. Warte mal. Ich komm' gleich zurück.

. . .

GABY: Du hast Glück! Dies ist der letzte Rock! Ich habe auch dieses Kleid mitgebracht – ich möchte es anprobieren. Es ist ein bißchen teuer, aber ich brauche ein helles Kleid für den Frühling. Ich habe meine Winterkleider wirklich satt!
UTE: Ja, ich auch! Ja, dieser Rock sitzt gut. Ich nehme den Rock und die Bluse. Gefällt dir das Kleid?
GABY: Ja, ziemlich gut, aber es ist doch zu teuer. Ich glaube, es ist das teuerste von allen! Ich werde etwas Billigeres suchen. Ich muß auch Schuhe und zwei Strumpfhosen kaufen und ich bin ein bißchen knapp bei Kasse.
UTE: Kann ich mit einem Scheck bezahlen?
VERKÄUFERIN: Ja, natürlich. Die Bluse kostet DM 60,00 und der Rock kostet DM 55,00. Das macht zusammen DM 115,00.
GABY: Gut, daß wir morgen unser Geld bekommen!

Nouns
der Frühling *spring*
der Rock(¨e) *skirt*
der Scheck(s) *cheque*
der Schuh(e) *shoe*
der Winter *winter*

die Bluse *blouse*
die Boutique *boutique*
die Farbe *colour*
die Größe *size*
die Strumpfhose *pair of tights (notice it's singular)*
die Umkleidekabine *changing-room*

das Kleid(er) *dress*

die Kleider *clothes*

Verbs
anprobieren (*separable*) *to try on*
sich ansehen (*separable*) *to look at*
bekommen *to get*
bezahlen *to pay for*
passen *to fit, suit, go with*
sitzen *to sit, (here) to fit*
stehen *(here) to suit*
tragen (trägt, trug, getragen) *to wear, carry*
zunehmen (*separable*) *to put on weight*

Words and phrases
auf jeden Fall *in any case*
dies(er) *this*
eng *narrow, (here) tight*
gleich *immediately, straightaway*
(der)gleich(e) *the same*
grün *green*
hell *light*
hübsch *pretty*
satt *full, (here) fed up with*
schlank *slim*

Verstehen Sie?

Bitte sagen Sie (*say*), ob die folgende Sätze **richtig** oder **falsch** sind!

1 Ute möchte ein Kleid anprobieren.
2 Grün steht Gaby gut.
3 Ute will einen blauen Rock anprobieren.
4 Der Rock ist zu groß für Ute.
5 Normalerweise trägt Ute Größe 40.
6 Gaby kann den Rock nicht eine Nummer größer finden.
7 Der Winter ist zu Ende.
8 Ute nimmt den Rock und die Bluse.
9 Gaby nimmt das Kleid.
10 Gaby muß eine Strumpfhose kaufen.
11 Die Bluse kostet DM 55,00.

Equivalents

Find the German equivalents for the following useful expressions:

1 They're looking at the clothes.
2 The colour suits you.
3 I should like to try on this skirt.
4 It (the blouse) goes well with this skirt.
5 One size larger.
6 What size do you take (literally 'wear')?
7 I'm coming straight back.
8 I'm fed up with my winter clothes!
9 This skirt fits well.

Pronunciation

When using separable verbs or nouns derived from them (e.g. *Umkleidekabine* from *sich umkleiden*), it is very important to get the stress on the prefix. Listen to where the stress comes in these words on the tape:

mitgebracht **an**probieren **Um**kleidekabine **ein**geladen **ab**holen

Repeat the words and now repeat the following sentences:

Ich habe ihn **ein**geladen.
Ich werde sie **ab**holen.

Now go back to the conversation and listen to the tape, stopping and repeating when you get to the useful expressions.

Grammar notes

A Dieser

Wie gefällt dir **dieser** Rock? *How do you like this skirt?*

You use *dies(er)* to mean 'this' when you are pointing things out. For 'that' you usually say *der da*. As in English, you can say *dieser Rock*, but you can also use the word on its own, in the sense of 'this one':

Diese (Bluse) ist schön. *This one is beautiful.*

Dieser has more or less the same endings as *der/die/das*:

	m.	f.	n.	pl.
nom.	dies**er**	dies**e**	dies**es**	dies**e**
acc.	dies**en**	dies**e**	dies**es**	dies**e**
gen.	dies**es**	dies**er**	dies**es**	dies**er**
dat.	dies**em**	dies**er**	dies**em**	dies**en**

Any adjectives coming after it have the same endings as they do after *der/die/das* (see table in grammar note A, unit 6).

dies**er** schön**e** Rock
mit dies**er** schön**en** Bluse

B Könnte

You have met the verb *können* meaning 'can'. If you want to say 'could', you add the following endings:

ich könn**te**	wir könn**ten**
du könn**test**	ihr könn**tet**
er/sie/es könn**te**	sie/Sie könn**ten**

This is used for polite requests:

Könntest du die Verkäuferin fragen? *Could you ask the salesgirl?*

C Indirect questions

Könntest du die Verkäuferin fragen, ob sie dengleichen Rock eine Nummer größer hat?
Could you ask the salesgirl if she has the same skirt a size larger?

If you want to ask a question with 'if' or 'whether', you must use *ob*. Remember that the verb must go to the end:

Sie fragt mich, **ob** ich mitkommen **will**.
She is asking me if I want to come with her.

D Etwas

Ich werde etwas Billigeres suchen. *I shall look for something cheaper.*

Etwas means 'something', and it never changes its form. If you want to put an adjective after *etwas*, you have to give it a capital letter and put the neuter -es ending on it:

Willst du **etwas Neues** sehen? *Do you want to see something new?*
Er tut immer **etwas Dummes**. *He always does something stupid.*

Note that, as in the example from the text, you can use the comparative of the adjective with *etwas*, and say that something is cheap**er** than something else:

Wenn ich etwas Schönes habe, muß sie immer etwas Schön**er**es kaufen.
If I have something beautiful, she always has to buy something more beautiful.

The only adjective that doesn't have a capital letter after *etwas* is *ander* (other):

Kann ich etwas anderes sehen? *Can I see something else/different?*

E Ich habe es satt

Note the idiomatic expression *es satt haben*, meaning 'to be fed up with something'. It takes the accusative case.

Ich habe meine Winterkleider wirklich satt!
I'm really fed up with my winter clothes!
Du wirst die Musik bald satt haben, wenn du sie jeden Tag hörst.
You'll soon get fed up with the music if you hear it every day.

Communicating

Buying clothes

Kann ich (diese Bluse) anprobieren? *Can I try on (this blouse)?*
Welche Größe? *What size?*
Welche Farbe? *What colour?*
Welches Material? *What material?*
Wolle, Baumwolle *wool, cotton.*
Haben Sie (diese Bluse) eine Nummer kleiner?
Have you got (this blouse) in a smaller size?

Gefallen, which you have met before, follows the same pattern as *stehen* (to suit):

Gefällt dir dieser Rock? *Do you like this skirt?*
Dieses Hemd steht dir gut. *This shirt suits you.*

Here are rough equivalents for British sizes:

Women	UK	Germany	Men	UK	Germany
dresses	10	36	suits	36	44
etc.	12	38		38	46
	14	40		40	48
	16	42		42	50
	18	44		44	52
				46	54
				48	56
stockings	8–8½	1	shirts	14	35–36
tights	9–9½	2		14½	37
	10–10½	3		15	38
				15½	39
				16	40–41
				16½	42
shoes	4	37	shoes	6	39
	5–5½	38		7–7½	40
	6	38		8	41
	6½	39		8½	42
	7	40		9–9½	43
				10–10½	44

Exercises

1 Dieser

(a) You are discussing clothes. Remember to get the right accusative endings and the correct gender (*der/die/das*) of the word.
e.g. blouse
Ich mag diese Bluse, aber die da gefällt mir nicht.
I like this blouse, but I don't like that one.

das Hemd(e) *shirt*
die Hose(n) *pair of trousers (singular)*
der Mantel(¨) *coat*

1	shoes	6	tights
2	dress	7	skirt
3	coat	8	trousers
4	blouse	9	clothes
5	shirt	10	jacket

(b) Now translate the following into German. You will need to look back at the conversation for some of this.

gelb *yellow*
der Handschuh(e) *glove*

1 Have you got this green dress one size larger?
2 That light blouse was really pretty.
3 Can I try on this pair of trousers?
4 This shirt goes well with those black trousers.
5 This colour suits you.
6 That skirt is too small.
7 I'd like to try on this blue coat.
8 This jacket doesn't go well with the red skirt.
9 Do you want to try on these white shoes?
10 Those yellow gloves were really too small.

2 Könnte

(a) You want people to do things for you, and you're asking very politely! Choose between *du*, *Sie* and *ihr*.
e.g. . . . open the door (someone you don't know well)
Könnten Sie bitte die Tür öffnen? *Could you please open the door?*

helfen *to help (takes dative)*
Krankenhaus *hospital*

1 . . . give me the paper (a friend)
2 . . . fetch my sister (two relatives)
3 . . . visit my father in hospital (an aunt)
4 . . . give me a map of the town (receptionist)
5 . . . reserve a single room for me (receptionist)

6 . . . invite Gaby to your party (friends)
7 . . . drive me to the station (a taxi-driver)
8 . . . help me (a stranger in the street)
9 . . . telephone my mother (friend)
10 . . . come tomorrow (a business acquaintance)

(b) Now you're offering your services (and the services of others)! Translate into German:

1 I could ask the receptionist, if you want.
2 He could pick you up at eight o'clock.
3 They could prepare the meal for you.
4 She could buy the records.
5 I could go to the bank for you.
6 We could buy the fruit.

3 Indirect questions

(a) Somebody has been asking you about your holiday and you are now reporting to another person. Change the questions below into indirect questions as follows:
e.g. Hast du den Dom besucht?
Er fragt mich, ob ich den Dom besucht habe.

überhaupt *at all*

1 Ißt du gern italienisches Essen?
2 Trinkst du gern italienischen Wein?
3 War das Wetter gut?
4 Hat dir das Hotel gefallen?
5 Hat es überhaupt geregnet?
6 Ist deine Schwester auch mitgekommen?
7 Did you (plural) take the car?
8 Did you understand the people?
9 Were the Italians nice?
10 Did you (plural) enjoy yourselves?

(b) Someone is asking you about a recent job interview. Complete the following conversation:

to go abroad *ins Ausland fahren*

A: Wie war das Interview?
B: Ich weiß nicht. Ich glaube, gut.
A: (*What did he ask you?*)
B: (*He asked if I got good marks at school.*)
A: (*Did he ask if you want to go abroad?*)
B: Nein, leider nicht!

4 Etwas

(a) Somebody always wants to do the opposite! Complete the following sentences:
e.g. Wenn sie etwas Kleines kauft, muß er . . .
Wenn sie etwas Kleines kauft, muß er etwas Großes kaufen.

1 Wenn er etwas Gutes sagt (*says*), muß sie . . .
2 Wenn wir etwas Intelligentes tun, müssen sie . . .
3 Wenn ich etwas Höfliches sage, mußt du . . . (*use* unhöflich)
4 Wenn du etwas Warmes ißt, muß er . . .
5 Wenn sie etwas Kurzes schreibt (*writes*), muß ihr Bruder . . .
6 Wenn ich etwas Kleines mache, muß sie . . .
7 Wenn ich etwas tue, muß sie (*something else*) . . .

(b) Translate the sentences in brackets in the following conversation:

aussehen *to look*

CHRISTIAN: Magst du diesen Pullover?
MARKUS: (*Yes, but I'd like something cheaper.*)
CHRISTIAN: Dieser ist sehr billig.
MARKUS: (*Have they got anything black?*)
CHRISTIAN: Ach, schwarz! Das sieht furchtbar aus!
MARKUS: (*Okay, can you see anything else?*)
CHRISTIAN: Dieses Hemd ist sehr billig.
MARKUS: (*Yes, but I'd like something good.*)
CHRISTIAN: Wenn du etwas Gutes willst, mußt du etwas Teures kaufen!

5 Ich habe es satt

You are really fed up with everything about your holiday! What do you say?

1 the weather
2 the food
3 these boring museums
4 the hotel
5 the TV programmes
6 the music

6 Act it out

(a) Complete the following conversation:

VERKÄUFERIN: Guten Tag.
DU: (*You want a blue shirt.*)
VERKÄUFERIN: Ja. Welche Größe tragen Sie?
DU: (*Give your real size.*)
VERKÄUFERIN: Ja. Gefällt Ihnen dieses Hemd?
DU: (*No, you don't like it. The colour is too light.*)
VERKÄUFERIN: Also, gefällt Ihnen vielleicht **dieses** Hemd?
DU: (*Yes, you like that one better. The colour suits you better. Ask to try it on.*)
VERKÄUFERIN: Ja, natürlich. Die Umkleidekabine ist dort drüben.
DU: (*Tell the girl the shirt is too big and ask if she has a smaller size.*)
VERKÄUFERIN: Ja.
DU: (*This shirt fits well. Can you try on those yellow trousers? They go well with the shirt.*)
VERKÄUFERIN: Leider haben wir sie nicht in Ihrer Größe.
DU: (*Pity. You'll take the shirt.*)

(b) Write a conversation between you and a salesgirl in which you buy an article of clothing. It doesn't fit at first. Try to bring in all the new phrases you have learned, together with the names of clothes and the colours.

7 Letter-writing

Your aunt has sent you sixty pounds to spend on clothes. Write a letter to thank her, in which you tell her what you have bought. She is rather lonely and will appreciate it if you tell her all the details of the shopping trip! Try to include new words and phrases.

Unit 23
Könnten Sie mir bitte sagen . . .?

Torsten muß zum Flughafen. Seine Freundin kommt aus Kalifornien an und er soll sie abholen. Sein Auto hat aber eine Panne und er muß den Bus nehmen. ᴏᴏ

TORSTEN: Könnten Sie mir bitte sagen, welcher Bus zum Flughafen fährt?

FRAU: Ach,ja. Das ist ein bißchen kompliziert. Es fährt kein Bus direkt zum Flughafen. Sie müssen umsteigen. Am besten fahren Sie zuerst zum Busbahnhof. Sie können dort einen Bus zum Flughafen nehmen.

TORSTEN: Danke. Und wie komme ich zum Busbahnhof? Welche Nummer muß ich nehmen?

FRAU: Sehen Sie dort das große Kaufhaus? Ja? Also, da vorne ist eine Bushaltestelle. Sie können dort den Bus Nummer 26 zum Bahnhof nehmen.

TORSTEN: Und muß ich lange warten? Wie oft fahren die Busse?

FRAU: Ich weiß nicht genau – ungefähr alle fünf Minuten, glaub' ich.

TORSTEN: Danke vielmals.

Am Busbahnhof.

TORSTEN: Guten Tag. Können Sie mir sagen, welcher Bus zum Flughafen fährt?

ANGESTELLTER: Die Nummer 13, Bushaltestelle Number 8, gegenüber dem Café. Sie können sie nicht verfehlen.

TORSTEN: Und wann fährt der nächste Bus?

ANGESTELLTER: In ungefähr zwanzig Minuten. Sie haben gerade einen verpaßt.

TORSTEN: Ach, schade! Und wie lange dauert die Fahrt?

ANGESTELLTER: Zirka eine halbe Stunde – höchstens vierzig Minuten.

TORSTEN: Ach, das ist zu lang! Ich muß also einen Taxi nehmen. Können Sie mir sagen, wo ich den Taxistand finden kann?

ANGESTELLTER: Hier am Busbahnhof gibt's keinen Taxistand. Sie können aber einen Taxi auf der Straße anhalten . . .

TORSTEN: Danke! . . . Taxi! Taxi!

TAXIFAHRER: Wohin, bitte?

TORSTEN: Zum Flughafen, so schnell wie möglich. Ich habe es nämlich eilig.

TAXIFAHRER: Jawohl. Wohin fliegen Sie?

TORSTEN: Ich fliege nicht. Ich hole jemanden ab – meine Freundin.
TAXIFAHRER: Ach ja. Und wissen Sie genau, wann der Flug ankommt?
TORSTEN: Um dreiviertel drei. Werden Sie es schaffen?
TAXIFAHRER: Ja, ja. Keine Sorge! Woher kommt Ihre Freundin?
TORSTEN: Sie hat gerade drei Wochen in Kalifornien verbracht.
TAXIFAHRER: Ach, schön! Ich würde sehr gern einmal Disneyland besuchen!
TORSTEN: Meine Freudin war nicht in Los Angeles. Sie ist die ganze Zeit in San Francisco gewesen.

Nouns
der Busbahnhof(¨e) *bus-station*
der Flug(¨e) *flight*
der Flughafen *airport*
der Taxi(Taxen) *taxi*
der Taxistand(¨e) *taxi-rank*

die Bushaltestelle *bus-stop*
die Fahrt *journey*
die Freundin *girlfriend*
die Panne *breakdown*
die Sorge *worry*

das Kaufhaus(¨er) *department store*

Words and phrases
am besten . . . *it's best if you . . .*
da vorne *in front of it*
direkt *direct(ly)*
es eilig haben *to be in a hurry*
eine Panne haben *to break down*
höchstens *at most*
jemand *someone*
kompliziert *complicated*
möglich *possible*
nämlich *you know*
ruhig *quiet, calm*
zirka *about, approximately*

Verbs
fliegen (flog, geflogen) *to fly*
verfehlen *to miss*
verpassen *to miss (a train etc.)*

Verstehen Sie?

Bitte antworten Sie auf die Fragen!

1 Wen will Torsten vom Flughafen abholen? (*Who . . .?*)
2 Warum muß er den Bus nehmen?
3 Fährt ein Bus direkt zum Flughafen?
4 Welcher Bus fährt zum Busbahnhof?
5 Wo ist die Bushaltestelle?
6 Wie oft fahren die Busse?
7 Wo ist die Bushaltestelle für den Bus Nummer 13?
8 Wie lange dauert die Fahrt zum Flughafen?
9 Nimmt Torsten den Bus?
10 Hat der Taxifahrer Disneyland schon mal besucht?

Equivalents

Listen to the tape and find the German equivalents for the following:

1 His car has broken down.
2 It's a bit complicated.
3 Could you please tell me which bus goes to the airport?
4 How do I get to the bus-station?
5 Do I have to wait long?
6 You can't miss it (when looking for something).
7 You just missed one (a bus).
8 At most forty minutes.
9 As fast as possible.
10 I'm in a hurry.
11 About every five minutes.

Pronunciation

Compound words
German has a great many compound words. You can usually work out the meaning if you know the meanings of the individual parts.
Here are some words you have had before. Listen to them on the tape and repeat:

Bushaltestelle (Bus-halte-stelle)
Buchhandlung (Buch-handlung)
Fremdsprache (Fremd-sprache)
Krankenschwester (Kranken-schwester)
Lebensmittelgeschäft (Lebens-mittel-geschäft)

Now listen to the conversation again and stop and repeat when you get to the useful words and phrases, paying particular attention to pronunciation.

Grammar notes

A Indirect questions

Könnten Sie mir bitte sagen, welcher Bus zum Flughafen fährt?
Could you please tell me which bus goes to the airport?
Wissen Sie genau, wann der Flug ankommt?
Do you know exactly when the flight arrives?

In unit 22 you saw how to make indirect questions with 'if'. In this unit we meet indirect questions with question words (*wann, wie, wo* etc.)

Wo ist der Dom?
Können Sie mir sagen, wo der Dom ist?
Can you tell me where the cathedral is?
Wer fährt zum Bahnhof?
Er fragt, wer zum Bahnhof fährt. *He's asking who's going to the station.*

Note that *Könnten Sie mir sagen . . .* is even more polite than *Können Sie mir sagen . . .*, and remember you need the dative with *sagen*.

B Würden

Ich **würde** sehr gern einmal Disneyland **besuchen!**
I'd really like to visit Disneyland some time.

Würden is used together with another verb to express the idea that you **would** do something (if . . .). Here are some more examples to help you:

Ich würde ein Boot kaufen.
I'd buy a boat. (Someone has asked you what you would do if you had £10,000)
Was würdest du machen? *What would you do?*
Ich würde um die Welt fahren. *I'd go round the world.*

Remember that this is not what you **will** do, but what you **would** do (if you could).

ich würd**e**	wir würd**en**
du würd**est**	ihr würd**et**
er/sie/es würd**e**	sie/Sie würd**en**

C *Hin* and *her*

Wohin, bitte? *Where to, please?*
Wohin fliegen Sie? *Where are you flying (to)?*

You will probably have noticed the words *hin* and *her* cropping up, sometimes attached to other words. These words need a lot of care. *Hin* means 'there', but only as in '**to** there', i.e. there has to be movement towards a place **but away from the speaker** for you to use it. If 'there' means '**at** a place', it must be translated by *dort* or *da*. Often you use *dorthin* or *dahin* to translate '(to) there', and 'where (to)?' must be translated by *wohin*? and not just by *wo*?

Wohin fahren Sie? *Where are you going?*
Nach Italien. *To Italy.*
Ach, wir fahren auch dorthin! *Oh, we're going there too!*
Meine Schwester lebt dort. *My sister lives there.*
Meine Eltern sind dorthin gefahren. *My parents went there.*

Her means 'here', but, again, only with a sense of movement, but this time **towards the speaker**. If 'here' is used in the sense of 'he is here' i.e. without movement, then *hier* is used:

Woher kommen Sie? *Where do you come from?*
Komm' her! *Come here!*
Meine Eltern sind hier. *My parents are here.*

D Wer

You have already come across the word for 'who' (*wer*). (You have to be very careful in German, because 'who' is *wer* and 'where' is *wo!*) *Wer* changes depending on whether it is nominative, accusative etc. Notice the example from the questions following the conversation:

Wen will Torsten vom Flughafen abholen?
Who does Torsten want to pick up from the airport?

Note that *wen* is pronounced like the English 'vain', and should not be confused with *wenn*!

Here are the different forms of *wer*:

nom.	wer
acc.	wen
gen.	wessen
dat.	wem

Here are some more examples to help you:

Wer kommt auch mit? *Who's coming too?*
Wen hast du gesehen? *Who did you see?*
Mit wem ist er zur Party gegangen? *Who did he go to the party with?*
Für wen ist das Geschenk? *Who's the present for?*
Wessen Mantel ist es? *Whose coat is it?*

Communicating

Travel enquires

Wie komme ich am besten zum Flughafen?
What's the best way of getting to the airport?
Am besten nehmen Sie einen Taxi. *You'd best take a taxi.*
Am besten fahren Sie mit dem Bus. *You'd best go by bus.*
Wie weit ist es ungefähr? *About how far is it?*
Ungefähr/zirka fünf Meilen. *About five miles.*
Wie lange dauert die Fahrt? *How long does the journey take?*
Ich weiß nicht genau. Nicht lange. *I don't know exactly. Not long.*
Wie oft fahren die Busse/Züge? *How often do the buses/trains run?*
Alle 20 Minuten*, jede Stunde, zweimal am Tag.
Every 20 minutes, every hour, twice a day

* Note the idiomatic *alle 20 Minuten*, where we might expect *jede*.

A phrase you will probably hear quite a lot when people are giving you directions is:

Das können Sie nicht verfehlen. *You can't miss it.*

This should not be confused with *verpassen*, which means to miss a train etc.:

Du muβt dich beeilen, sonst wirst du den Zug verpassen.
You ought to hurry, otherwise you'll miss your train.

A very useful phrase to use when you ask strangers in the street is:

Entschuldigen Sie . . . (Excuse me . . .)

You may be asked whether you want a smoking or a non-smoking seat:

Möchten Sie Raucher oder Nichtraucher haben?

Exercises

1 Indirect questions

(a) Below are some typical tourist questions you would need to ask in Germany. Make all the odd numbers into polite enquiries, using *Können Sie mir sagen . . .*, and all the even numbers into enquiries using *Wissen Sie . . ..*:

1 Wo ist die Post?
2 Welcher Zug fährt nach Nürnberg?
3 Wann fährt der nächste Bus nach Hamburg?
4 Wie weit ist es zum Flughafen?
5 Wie oft fahren die Züge nach Heilbronn?
6 Wieviel kostet eine Rückfahrkarte?
7 Wo kann man eine Zeitung kaufen?
8 Warum kommt der Bus so spät?
9 Wo kann ich einen Taxi finden?
10 Welche Linie fährt von dieser Haltestelle?

(b) This exercise is more difficult, as, not only do you have to think of the German, but you also have to include the kind of question with 'if' which you had in unit 22. Use the information given in English below to make ten questions which would get you that information. Each question should begin with either *Können Sie mir sagen . . .* or *Wissen Sie . . .* or *Ich möchte wissen . . .*:

das Gepäck *luggage*
das Mittagessen *lunch*

1 You are flying to Munich, but you're not sure what time the flight leaves or how long it takes. You want to know if you will get lunch on the plane. You also want to know exactly how much luggage you can bring with you. Can you buy wine?

2 You are in the street and you want to know where you can buy a map of the town. When you are directed to the tourist office, you want to know where that is and whether it's far. Do you need to take a bus? Which bus goes to the tourist office?

2 Würden

(a) Imagine you had £10,000. Look at the suggestions below and decide whether you would or wouldn't follow them. Write sentences for yourself, and also for your family and friends, so that you use *wir*, *meine Mutter* etc. as well as *ich*. Also ask and answer questions with 'you': e.g. Mein Bruder würde ein Motorrad kaufen und durch ganz Amerika fahren.

My brother would buy a motorbike and drive round America.

das Segelboot *sailing boat, yacht*
sparen *to save*
die Videokamera *video-camera*

1 . . . buy a big house and garden
2 . . . go to China
3 . . . buy a yacht
4 . . . visit America
5 . . . buy a car
6 . . . give the money to Oxfam
7 . . . enjoy yourself for six months (omit 'for')
8 . . . save it
9 . . . buy a video-camera
10 . . . help your parents

(b) Was würden Sie machen? What would you do in the following situations? Answer in German!

nichts *nothing*
springen *to jump*

1 If you found a purse with £100 in.
2 If you have a terrible headache for a week.
3 If you saw someone drowning in the river.
4 If you saw a house on fire.
5 If you were going to a party but you had a high temperature.
6 If you saw your best friend's boyfriend out with another girl.

3 *Hin* and *her*

(a) Complete the following conversation:

A: (*Where are you going tomorrow?*)
B: Ich fliege nach Holland.
A: (*Oh, how long are you staying there?*)
B: Drei Wochen.
A: (*Markus is also going there – by car.*)
B: Wirklich? In welcher Stadt wird er sein?
A: (*I don't know, but he has a sister there.*)
B: Wirklich? Das wuβt' ich nicht. (*Where does he come from?*)
A: Nicht aus Holland! Seine Schwester ist Deutsche, aber sie ist mit einem Holländer verheiratet.
A: (*It's the first time I've been there.*) (Use the **present** tense)

(b) Write the questions to the following answers:

Griechenland *Greece*

1 Ich komme aus Frankreich. (use *du*)
2 Wir fahren nach Italien. (use *ihr*)
3 Ich bin zu Hause. (use *Sie* – you're talking on the phone)
4 Nein, meine Tante wohnt nicht dort. Sie wohnt in Griechenland.
5 Dieser Bus fährt zum Flughafen.
6 Meine Tasche kommt aus Deutschland. (use *Sie*)
7 Meine Eltern bleiben zu Hause. (use *du*)

4 Wer

(a) Translate the following questions into German:

1 Who is that?
2 Whose paper have you got?
3 Who did you ask?
4 Who did you come with?
5 What is that?
6 What did you do yesterday?
7 What did you buy that with? (use *womit*)
8 Whose map is that?
9 What do you need that for? (use *wozu*)
10 What are you looking forward to? (be careful!)

(b) Write the questions to the following answers, using the correct form of 'who' or 'what' etc.:

1 Andrea kommt zur Party, aber Christian kann nicht kommen.
2 Das sind meine Schuhe!
3 Wir fahren mit Andreas nach Europa.
4 Das ist Marias Kuli.
5 Ich schreibe mit einem Kuli.
6 Ich freue mich auf die Ferien!

7 Wir haben über den Film gesprochen.
8 Markus ist mein Partner.
9 Das ist ein Geschenk von Thomas.
10 Das ist mein Geld!

5 Act it out

(a) You want to get to the airport. Complete the following conversation:

A: (*Excuse me. Could you tell me the way to the airport?*)
B: Ja, natürlich. Haben Sie ein Auto? Nein? Am besten nehmen Sie einen Bus.
A: (*Is it far? How long does the journey take, approximately?*)
B: Nicht so weit. Ungefähr eine halbe Stunde, würd' ich sagen.
A: (*And where can I get a bus to the airport? Which stop does it leave from?*)
B: Am besten gehen Sie gleich zum Busbahnhof. Dort können Sie bestimmt einen Bus zum Flughafen finden.
A: (*And what's the best way to get to the bus station? I don't know this town.*)
B: Also, Sie gehen hier geradeaus (*straight on*) und Sie nehmen die zweite Staβe links. Der Busbahnhof ist auf der rechten Seite. Sie können ihn nicht verfehlen.
A: (*Thank you very much.*)
B: Nichts zu danken!

(b) Use the following information to write a conversation in German between yourself and a clerk at the booking office:

The flight to Rome (*Rom*) is at 9 o'clock and you have to be at the airport at 8 o'clock. The flight lasts two hours, so you'll be in Rome at 11 o'clock. You want a non-smoking seat and you want to know if there's lunch on the plane. You also ask how you can best get to the airport without a car. The clerk explains that there is a bus from the town centre which runs every twenty minutes. It's number 12, but he doesn't know the exact times and suggests you ring the bus-station.

6 Letter-writing

am Wochenende *at the weekend*

Write a letter to your travel agent, enquiring about times of flights to Hamburg. You want to know how often they go, and whether it's cheaper at the weekend. You also want to know how much the train costs and how long it takes. You want to stay for three weeks. You also want to know how far the airport is from the city centre and if it's easy to get there. Begin your letter *Sehr geehrter Herr x*! and end it *mit freundlichem Gruβ*! followed by your name.

Unit 24
Eine kleine Pause!

1

(a) ʘʘ You are interested in working conditions in Germany! Listen to the following conversation in which Karl-Heinz is talking about his job (production engineer). Fill in the details below and answer the questions:

Beruf:
Firma:
Ort (*place*):
Abteilung (*department*):
Gehalt (*salary*):
Urlaub:

Wo ist Erlangen?
Wie lange arbeitet Karl-Heinz schon bei seiner Firma?
Wohin fährt er in Urlaub?
Wann fängt er an, zu arbeiten?

Which do you think *Feierabend* means:

(a) the time you finish work
(b) your free evening
(c) sitting round the fire in the evening

(b) Now answer the following questions truthfully! (Obviously, if you don't work, you can say things like *Ich bin Student* and *Ich studiere* or *Ich bin Schüler* (remembering to add -in if you are a woman!) If you don't work and you're not at school or college either, then write a conversation interviewing someone else:

Was sind Sie von Beruf? (*give as much detail as possible*)
Wie lange arbeiten Sie schon dort?
Wieviel verdienen Sie?
Wieviel Urlaub haben Sie im Jahr?
Wann fangen Sie morgens an?
Wann haben Sie Feierabend?

If you are working with someone else, interview each other.

2 Listen to the following telephone conversation about flight bookings and jot down the information both sides would need. (Is Richard a smoker?)

Flug – wohin?
Flug – wann?
Wie oft?
Fahrt (dauert?)
Name

Note that, instead of saying *Flugzeug*, which is the German word for 'aeroplane', you often say *die Maschine*. You also need to know that *anderthalb Stunden* means 'one and a half hours'.

Now make a list of the questions Richard asks (if necessary refer to the text of the conversation at the back) and then put *Wissen Sie . . .?* in front (e.g. *Wissen Sie, wann der nächste Flug nach London geht?*).

3 Look at the following information about Stuttgart and Cologne and compare them, saying, for example, 'Cologne is bigger than Stuttgart and has more inhabitants. (*mehr*)

Stuttgart	**Köln**
Einwohner: 570 239 (*inhabitants*)	999 807
Gesamtfläche: 20 714 ha (*area*)	40 512 ha
Gründung der Stadt: 950 n. Chr. (*foundation of city*)	50 n. Chr.
Hotelbetten: über 4 000	über 11 000

4 Look at the following extract from an information brochure giving emergency telephone numbers in Stuttgart.

Notrufe

Feuerwehr	Tel. 112	Krankentransporte des Roten Kreuzes, Notarztwagen, Ärztlicher Bereitschaftsdienst	Tel. 280211
Überfall, Unfall	Tel. 110	Landespolizeidirektion	Tel. 89901

Which number do you need (a) for an emergency ambulance, (b) for a fire-engine and (c) in case of an accident?

Now imagine you need to ask for an ambulance. Write the telephone conversation between you and the telephonist in which you say there has been an accident and someone is hurt. You need an emergency ambulance. Explain where you are (e.g. 'opposite the cinema in the High Street') and give your name.

5

(a) These extracts, from the German magazine *Mädchen*, concern what teenage boys think about teenage girls! The first extract deals with make-up (*Schminken*).

MÄDCHEN hat mit vier Jungen gesprochen und sie gefragt, was ihnen an Mädchen gefällt, z. B. beim Schminken:

Magst Du Mädchen lieber geschminkt oder natürlich?

Armin, *16, Realschüler: „Also, mir sind sie ungeschminkt lieber. Da sieht man wenigstens, wie sie wirklich aussehen. Schminken, das ist doch wie eine Maske . . .“*

Christian, *16, Gymnasiast: „Ich glaube, ich mag die Mädchen lieber, wenn sie höchstens ganz dezent geschminkt sind. Wenn sich eine 16jährige dick schminkt, find' ich das echt blöd!“*

Wolfgang, *17, Gymnasiast, ist da ganz anderer Meinung: „Ich steh' auf Mädchen, die sich schminken. Schade, daß Männer in unserer Gesellschaft das nicht auch tun dürfen.“*

Jan Peter, *16: „Es kommt darauf an, wie ein Mädchen aussieht. Klar, wenn sie toll aussieht, braucht sie sich nicht schminken. Aber auch, wenn sie glauben, sie müssen das machen – Lidschatten und vor allem Rouge mag ich nicht. Das sieht aus wie ein Zirkus-Clown!“*

Natürlich ist es Unsinn, wenn Du Dich in allen Entscheidungen immer danach ausrichtest, was bei anderen ankommt. Wenn Du Lust hast, Dich zu schminken, dann tu das. Wenn Du aber lieber ungeschminkt bist, dann bleib es.

Magst du lieber? *Do you prefer?*

Which two boys go to the grammar-school (*das Gymnasium*) and which boy goes to a secondary school (*die Realschule*)?
Who thinks it's really silly when a 16-year-old wears thick make-up?
Who likes make-up and thinks it's a pity that men can't wear it too!
Who doesn't like make-up at all and thinks it's like a mask?
Who thinks it depends how a girl looks? (If she looks great, then she doesn't need to make up!)

The second extract asks whether boys like it when girls take the initiative in getting to know them.

> Eine Streitfrage ist auch: **Mögen Jungen es gerne, wenn Mädchen von sich aus auf sie zugehen? Oder mögen sie es lieber, wenn ein Mädchen abwartet?**
> ***Armin:*** *„Ich finde es gut, wenn Mädchen selber aktiv werden. Meine jetzige Freundin hat auch selber die Initiative ergriffen, als sie mich kennenlernen wollte.*
> ***Christian:*** *„Mir ist das eigentlich egal. Ich finde Aktivität auf beiden Seiten gut. Und wenn mich mal eine anspricht, die mir nicht so besonders gefällt, freue ich mich trotzdem darüber."*
> ***Wolfgang:*** *„Ich würde mich sehr gerne ansprechen lassen. Ich bin nämlich selber passiv."*
> ***Jan-Peter:*** *„Mir ist's lieber, wenn die Mädchen selbst zu mir kommen, das ist bequemer. Auf jeden Fall freu' ich mich, wenn ich von einem Mädchen angesprochen werde."*

Who says he's passive, and likes to be approached!
Who doesn't care either way and is glad when a girl talks to him even if he doesn't particularly like her!
Whose girlfriend took the initiative when she wanted to get to know him?

(b) Now give your opinions about the following things:

Was halten Sie vom Schminken?
Was halten Sie von der modernen Popmusik?
Was denken Sie über amerikanische Filme?
Ist es besser, in der Stadt oder auf dem Lande zu wohnen?

6 You need a new coat. You go into a shop and ask to try on a dark-brown coat, but it is too small, and you ask if they have it in a bigger size. They don't have the larger size in brown, but they do in blue, but you don't like blue – it doesn't suit you – so you try a green one. You like that, but it's very expensive. In the end you decide to try somewhere else! Write the conversation between you and the shop-assistant.

Unit 25
Am Meer

Thomas liegt im Bett. Er hat die Masern und fühlt sich sehr unglücklich, denn er ist mit seiner Familie am Meer. Sie verbringen drei Wochen in einer Pension. Thomas spricht jetzt mit seiner Freundin Sabine. Sie darf ihn besuchen, denn sie hat die Masern schon als kleines Kind gehabt.

THOMAS: Vielen Dank für den Krimi, Sabine. Das Einzige, was ich tun kann, ist lesen!

SABINE: Armer Thomas! Und die Sonne scheint jeden Tag! Das ist wirklich schlimm! Wie fühlst du dich heute?

THOMAS: Viel besser, danke. Die Augen tun mir weniger weh. Aber warum bist du nicht draußen? Es ist bei mir sehr langweilig.

SABINE: Ach, was! Das darfst du nicht sagen! Ich bleibe lieber bei dir. Nicht den ganzen Tag, natürlich, aber ein paar Stunden sicher!

THOMAS: Wirklich? Würdest du nicht lieber an den Strand gehen? Dann könntest du schwimmen, surfen und segeln.

SABINE: Und das kann ich auch heute nachmittag tun!

THOMAS: Ach, wenn ich nicht krank wäre, könnte ich auch segeln und windsurfen. Ich langweile mich so sehr!

SABINE: Ja, ich weiß! Wenn du so redest, dann komm' ich nicht mehr! Du solltest dich nicht so sehr bemitleiden!

THOMAS: Es tut mir leid, Sabine. Du hast recht. Ich jammere zu viel. Was macht ihr heute nachmittag? Etwas Besonderes?

SABINE: Nein, nichts Besonderes. Ich werde wahrscheinlich einen Spaziergang machen. Aber morgen haben wir ein Segelboot gemietet.

THOMAS: Ihr geht am Donnerstag abend ins Kino, nicht?

SABINE: Ja, richtig.

THOMAS: Welcher Film läuft gerade?

SABINE: *Kabaret* mit Liza Minnelli.

THOMAS: Das ist ein alter Film. Ich habe ihn schon längst gesehen.

SABINE: Hat er dir gefallen?

THOMAS: Ach ja, es geht, aber der Film ist nichts Besonderes – aber ganz unterhaltsam.

SABINE: Guck' mal, ich habe ein bißchen Sonnenbrand!

THOMAS: Ja. Wie schlimm ist es? Tut es weh?

SABINE: Nur ein bißchen, aber ich muß aufpassen. Ich sollte mich nicht mehr in die Sonne legen! Jetzt trag' ich ein Hemd über meinem Badeanzug! – Wo ist deine Mutter?

THOMAS: Sie geht heute nachmittag in die Stadt, denn sie muß einkaufen. Dann gehen meine Eltern wahrscheinlich schwimmen, aber im Schwimmbad, nicht im Meer, denn sie finden das Wasser zu kalt!

SABINE: Ich muß jetzt gehen. Meine Eltern warten auf mich. Tschüs!

Nouns

der Badeanzug(¨e) *swimming-costume*
der Sonnenbrand *sunburn*
der Spaziergang(¨e) *walk*
der Strand(¨e) *beach*

die Pension *boarding-house*

das Auge(n) *eye*
das Meer *sea*

die Masern *measles*

Verbs

(sich) bemitleiden *to feel sorry for (oneself)*
einkaufen *to shop*
jammern *to complain*
liegen (lag, gelegen) *to lie*
fühlen *to feel*
(sich) langweilen *to be/get bored*
(sich) legen *to lie, lay*
mieten *to rent, to hire*
reden *to talk*
schenken *to give (a present), to present*
segeln *to sail*
surfen *to go surfing*
windsurfen *to go windsurfing*

Words and phrases

draußen *outside*
ein paar *a couple of, one or two*
lieber *dearer (here 'prefer' – see grammar note c below)*
schlimm *bad*
schon längst *a long time ago*
unglücklich *unhappy, unlucky, miserable*
unterhaltsam *entertaining*
weh tun (+ *dative*) *to hurt*
weniger *less*

Verstehen Sie?

Bitte korrigieren Sie wo nötig!

Thomas liegt im Bett, denn er hat Grippe. Er ist mit seiner Familie im Gebirge. Seine Schwester Sabine spricht mit ihm. Sie hat ihm eine Zeitung gebracht. Er fühlt sich besser heute, aber die Augen tun ihm weh. Sabine würde lieber an den Strand gehen. Sie findet es sehr langweilig bei Thomas. Sie wird den ganzen Tag bei ihm bleiben. Thomas jammert zu viel. Sabine hat heute nachmittag ein Segelboot gemietet. Sie geht am Dienstag abend ins Kino. Thomas hat den Film schon gesehen. Er hat ihn wunderbar gefunden. Sabine hat ein bißchen Sonnenbrand, aber sie kann sich jetzt in die Sonne legen. Thomas Mutter schwimmt jetzt im Meer.

Equivalents

Listen to the tape again and find the following useful words and phrases:

1 He feels very miserable.
2 The only thing I can do is read!
3 How do you feel today?
4 My eyes don't hurt so much.
5 I prefer staying with you.
6 A couple of hours.
7 Wouldn't you rather stay on the beach?
8 I'm so bored!
9 You shouldn't be so sorry for yourself.
10 To go for a walk.
11 What film is on at the moment?

Pronunciation

One very difficult thing to do in a foreign language is to say a long sentence very quickly, especially if it is full of short words! Often it is difficult to remember where some of the words ought to come. Try repeating the following sentences from the tape:

Du solltest dich selbst nicht so sehr bemitleiden.
Das kann ich auch heute nachmittag tun.
Wenn ich nicht krank wäre, könnte ich auch segeln und windsurfen.
Ich sollte mich nicht mehr in die Sonne legen.

Now go back and listen to the whole conversation again, stopping and repeating when you get to the useful words and phrases.

Grammar notes

A Time, manner, place

Compare the following sentences in English and German:

Ihr geht am Donnerstag abend ins Kino, nicht?
You're going to the cinema on Thursday evening, aren't you?

Notice that 'on Thursday evening' comes **before** 'to the cinema' in German, but **after** it in English. Look at these further examples from the text:

Er ist mit seiner Familie am Meer. *He's at the seaside with his family.*
Sie geht heute nachmittag in die Stadt. *She's going to town this afternoon.*

The rule is that **time** expressions must come first and **place** expressions must come last. **Manner** expressions, which tell you **how** things are done, come in between:

Sie geht jetzt **schnell** in die Stadt. *She's going quickly to town now.*

The best thing is to learn the formula **time, manner, place** off by heart, but the most important two are time and place.

B Wäre

Wenn ich nicht krank **wäre**, könnte ich auch segeln.
If I weren't ill, I could go sailing too.

In this example, Karl is talking about something which isn't true – 'If I weren't ill . . .' (but he **is** ill). In German you have to use a special verb form for this, called the subjunctive. You've already had the subjunctive of *können* (and it's in the sentence above, along with *wäre*). As well as the subjunctive of *sein*, which you are learning now, you will need the subjunctive of *haben* (see unit 26). You needn't worry about other verbs in the subjunctive. Here are some other examples to help you:

Wenn ich reich wäre, würde ich ein Schloβ kaufen.
If I were rich, I'd buy a castle.
Wenn ich Millionär wäre, würde ich nicht arbeiten.
If I were a millionaire, I wouldn't work.

sein

ich wäre	wir wären
du wärst	ihr wärt
er/sie/es wäre	sie/Sie wären

C Lieber

In unit 8 you met *gern*, which you use when you are talking about liking to do things. The comparative of *gern* is *lieber*, which you use to talk about things you'd rather do, or prefer to do. *Gern* itself is rather an odd construction to the English ear, and so is *lieber*. Look at the following examples:

Würdest du nicht lieber am Strand bleiben?
Wouldn't you prefer to stay on the beach?
Ich spiele gern Tennis aber ich spiele lieber Squash.
I like playing tennis, but I prefer playing squash.
Mein Vater geht gern ins Theater aber meine Mutter geht lieber ins Kino.
My father likes going to the theatre, but my mother prefers going to the cinema.

D Expressions of time

Ich bleibe nicht **den ganzen Tag.**
Die Sonne scheint **jeden Tag.**

For expressions of time which denote **duration of time** (i.e. how long the time went on) or a **definite time when** something happened, you use the noun in the **accusative** case:

Duration of time
Meine Tante blieb **einen Monat** bei uns.
My aunt stayed with us for a month.
Es hat **die ganze Woche** geregnet. *It rained (for) the whole week.*
Er war **den ganzen Tag** im Bett. *He was in bed the whole day.*
Sie hat **die ganze Zeit** mit ihm getanzt. *She danced with him the whole time.*

Definite time when
Er kam **letzten Montag.** *He came last Monday.*
Ich habe ihn **letzte Woche** gesehen. *I saw him last week.*
Nächsten Monat fahre ich nach Italien. *I'm going to Italy next month.*
Das nächste Mal fahre ich mit. *I'm going the next time.*

E Adjectives used as nouns

Das Einzige, was ich tun kann, ist lesen! *The only thing I can do is read*!

When you want to translate expressions like 'the only thing' or 'the beautiful thing (about it)' into German, you just turn the adjective into a noun by giving it a capital letter and placing *das* in front of it:

Das Beste ist, daβ ich mit euch kommen kann!
The best thing is that I can come with you.
Das Dumme ist, daβ ich zu Hause bleiben muβ!
The stupid thing is that I've got to stay at home!

Communicating

Illness

Notice how you ask how somebody is feeling:

Wie fühlst du **dich**?
Wie fühlen Sie **sich**?

Remember that this is a reflexive verb (see grammar note D, unit 17) so you have to put in the 'yourself'.

If you want to ask what the matter is, you can say:

Was hast du?
Was haben Sie?

or:

Was ist los mit dir?
Was ist los mit Ihnen?

To say that something hurts, you use *weh tun*:

Das tut mir weh! *That hurts me!*
Die Augen tun mir weh. *My eyes hurt.*
Der Rücken tut mir weh. *My back hurts.*

Note that you have to use the dative (*mir*). You have to say 'The eyes do to me hurt.'

However, there are special words for 'headache' and 'toothache':

Ich habe Kopfschmerzen. *I've got a headache.*
Hast du Zahnschmerzen? *Have you got toothache?*

Here are some more parts of the body:

der Arm(¨e)	*arm*	die Hand(¨e)	*hand*
der Fuβ(¨e)	*foot*	die Nase(n)	*nose*
der Magen	*stomach*	das Bein(e)	*leg*
der Mund(e)	*mouth*	das Ohr(en)	*ear*

Exercises

1 Time, manner, place

(a) In brackets after each sentence some information is given. Translate this into German and put it into the correct place in the sentence:

die Universität *university*

1 Ich werde den Film sehen *(Palast cinema, next Tuesday).*
2 Er fährt *(to Salzburg, by car).*
3 Ich fahre *(quickly, into town, tomorrow afternoon).*
4 Sie geht *(to university, next October).*
5 Wir haben ihn gesehen *(in Munich, last July).*
6 Ich muβ meinen Vetter abholen *(on Friday, from the airport).*
7 Wir werden ihn treffen *(on the beach, this evening).*
8 Sie geht einkaufen *(in town, every day).*
9 Sie mieten ein Boot *(at Travemünde, every summer).*
10 Wenn du dich legst, wirst du einen Sonnenbrand bekommen *(in the sun, every day).*

(b) In the three columns below you will find information about people's holidays. Column (a) is for last year's holidays, column (b) for this year's and column (c) for next year's. Write ten sentences about where people went or are going.:
e.g. Ute fährt dieses Jahr in die Schweiz.

		(a)	(b)	(c)
1	du?	in den Schwarzwald	Italien	China
2	Jutta	Groβbritannien	Schweden	Florida
3	Uwe	Dänemark	Südfrankreich	in die Türkei
4	Sie?	Indien	Venezuela	Australien
5	wir	Venedig (*Venice*)	Österreich	Spanien

2 Wäre

(a) Translate the following sentences into German:

1 If I were rich, I'd buy a big house.
2 If I could buy a big house, I'd invite all my friends.
3 If a lot of my friends were with me, I'd have a party every day.
4 If I couldn't invite my friends, I'd be sad (*traurig*).
5 If I were sad, my mother would be nice to me.
6 If my mother were nice to me, my friends could come back.

(b) Match up the two columns:

1 Wenn ich ein Hund wäre . . .	(a) wurde ich die Katze beißen.
2 Wenn ich Lehrer wäre . . .	(b) würde er nicht immer allein sein.
3 Wenn mein Vater reich wäre . . .	(c) würde er nicht mehr arbeiten.
4 Wenn du Millionär wärst . . .	(d) würdest du das Geld deinen Freunden geben.
5 Wenn Sie nicht so faul wären . . .	(e) würde ich nicht so viele Hausaufgaben aufgeben.
6 Wenn es nicht so spät wäre . . .	(f) könnten wir ins Kino gehen.
7 Wenn sie mitkommen könnten . . .	(g) würde ich froh sein.
8 Wenn der Bus da wäre . . .	(h) könnten wir nach Hause fahren.
9 Wenn du nett wärst . . .	(i) würdest du mir mehr Geld geben.
10 Wenn er sympathischer wäre	(j) würden Sie mehr lernen.

3 Lieber

(a) Someone is asking you questions. Each time you say you prefer something else (in brackets):
e.g. Spielst du gern Squash? (Tennis)
Nein, ich spiele lieber Tennis.

1 Trinkst du gern Kaffee? (Tee)
2 Schwimmen Sie gern im Meer? (Schwimmbad)
3 Hört dein Vater gern Popmusik? (klassische Musik)
4 Geht ihr gern in die Oper? (Theater)
5 Verbringst du deine Ferien gern im Gebirge? (am Meer)
6 Lesen Sie gern Kriminalromane? (Geschichte)
7 Schreiben deine Eltern gern Briefe? (telefonieren)
8 Kommt ihr gern mit mir? (mit Ilse)
9 Kaufst du die teuersten Karten? (die billigsten)
10 Bist du gern Sekretärin? (Arztin) (use *würde*)

(b) Complete the following conversation:

A: Siehst du gern fern?
B: (*No, I prefer going to the theatre.*)
A: Gehst du oft ins Kino?
B: Nicht sehr oft. (*I prefer staying at home*).

4 Expressions of time

(a) In the following conversation, translate the phrases in brackets:

KATRIN: Ist deine Freundin schon angekommen?
TORSTEN: Ja, ich habe sie (*last Saturday*) vom Flughafen abgeholt.
KATRIN: Und hat sie sich gut amüsiert?
TORSTEN: Ja. Die Sonne hat (*the whole time*) geschienen und sie hat (*every day*) geschwommen.
KATRIN: Sie hat Glück! Ich würde mich gern (*every afternoon*) in die Sonne legen! Ist sie sehr braun?
TORSTEN: Ja, natürlich! (*Next year*) werde ich auch dorthin fahren. Ich werde mein Geld sparen!
KATRIN: (*This year*) hoffe ich, nach Süditalien zu fahren. Da kann man auch (*the whole day*) am Strand sein.

(b) Translate the phrases in brackets:

der Frühling *spring*

1 Ich bin (*for a month*) bei meiner Freundin geblieben.
2 Wir haben (*the whole time*) getanzt.
3 (*Last week*) habe ich den Film im Fernsehen gesehen.
4 (*Next month*) fahre ich nach Norwegen.
5 (*Last summer*) war das Wetter sehr kalt.
6 (*Next time*) werden wir alleine kommen.
7 (*The first day*) haben wir uns nicht gut amüsiert.
8 Er war (*the first two days*) im Bett.
9 (*Next spring*) werde ich eine Woche in Holland verbringen.
10 (*Last Monday*) ist er zurückgefahren.

5 Adjectives used as nouns

The following sentences tell a story. Change them round, beginning each with, for example, 'The (boring) thing is . . .'.

1 Ich muβ heute nachmittag arbeiten. Das ist langweilig.
2 Ich gehe heute abend zu einer Party. Das ist gut.
3 Mein Freund wird nicht da sein. Das ist traurig (*sad*).
4 Ich fahre morgen nach Hause. Das ist sehr schlimm.
5 Ich kann nicht 'Auf Wiedersehen sagen'. Das ist dumm.
6 Ich werde meine Schwester wiedersehen. Das ist sehr gut.
7 Sie hat einen neuen Freund. Das ist interessant.
8 Meine Mutter mag ihn nicht. (*Say 'The only thing is . . .'*).
9 Ich werde vielleicht mit meinem Freund in Urlaub fahren. Das ist gut.
10 Meine Mutter ist dagegen. Das ist schwer.

6 Illness

Practise saying that things hurt! Do the exercise in the following way:
e.g. Sabine – hand
Die Hand tut ihr weh (*ihr* because Sabine is a girl).

1 ich – stomach
2 du? – foot
3 Sie? – nose
4 Torsten – arm
5 Andrea – mouth
6 ich – ear
7 du? – leg
8 du? – toothache
9 Sie? – headache

7 Act it out

Act out the following conversation, completing the parts in brackets in German.

aussehen *to look, appear*
recht haben *to be right*

INGRID: Tag, Peter. Was hast du denn? Du siehst sehr schlecht aus.
PETER: (*I've got a headache. I think I've got 'flu*)
INGRID: Ach, du Armer! Du solltest dich ins Bett legen.
PETER: (*Yes. I'm going home now.*)
INGRID: (*You should call the doctor.*)
PETER: Nein, das ist nicht nötig. Was kann er tun? (*I must stay in bed.*)
INGRID: Ja, du hast recht.
PETER: (*My eyes hurt, too.*)
INGRID: (*You should take aspirin.*)

8 Letter-writing

Write a letter to a friend inviting him/her to stay at the sea with you in the summer. Tell your friend about all the things you can do (surfing etc). Say how long it's for, where you'll be staying and who else will be there.

Unit 26
Wie schmeckt's?

Thomas geht es jetzt besser. Er ist heute zum ersten Mal aufgestanden und Sabine hat ihn zum Abendessen eingeladen. Sie sind jetzt in einem guten Restaurant und sehen sich die Speisekarte an. ꝏ

SABINE: Hast du dir eine Vorspeise ausgesucht?

THOMAS: Nein. Ich habe keinen so großen Appetit. Ich glaube, ich nehme keine Vorspeise. Und du?

SABINE: Ich nehme die französische Zwiebelsuppe, denn ich habe großen Hunger! Mann kann hier wirklich gut essen. Du solltest eine Vorspeise nehmen. Warum nicht die Melone? Davon wirst du nicht satt!

THOMAS: Okay! Ich nehme die Melone. Was ißt du noch?

SABINE: Ich esse Forelle blau mit Reis und Pilzen. Und du?

THOMAS: Kalbssahneschnitzel mit Petersilienkartoffeln und gemischtem Salat.

SABINE: Was trinken wir dazu? Eine Flasche Weißwein?

THOMAS: Es tut mir leid, aber heute trinke ich lieber keinen Wein. Ich nehme ein Glas Mineralwasser.

SABINE: Okay, aber ich nehme ein Glas Weißwein!

KELLNER: Möchten Sie bestellen?

SABINE: Ja, wir möchten einmal Zwiebelsuppe und eine Melone, und dann Forelle blau, mit Reis und Pilzen und einmal Kalbssahneschnitzel mit Petersilienkartoffeln und gemischtem Salat.

KELLNER: Möchten Sie was dazu trinken?

SABINE: Ja, bitte – ein Glas Weißwein und ein Glas Mineralwasser.

THOMAS: Guten Appetit!

SABINE: Mmm, die Forelle blau ist wirklich prima. Wie schmeckt dein Kalbssahneschnitzel?

THOMAS: Ausgezeichnet! Hast du schon einmal hier gegessen?

SABINE: Ja, aber es ist das erste Mal, daß ich jemanden hierher mitnehme.

THOMAS: Wenn ich mehr Geld hätte, würde ich jeden Tag hier essen!

KELLNER: Möchten Sie einen Nachtisch?

SABINE: Was haben Sie?

KELLNER: Wir haben Mokkatorte, Obstsalat mit Sahne, . . .

SABINE: Mmm! Ich nehme Mokkatorte mit Sahne, bitte!

THOMAS: Du wirst bestimmt zunehmen! Ich nehme Obstsalat, aber ohne Sahne, bitte.

SABINE: Ach, Quatsch! Heute bin ich spazierengegangen, habe Tennis gespielt, bin gesegelt, habe Volleyball gespielt, bin geschwommen . . . Ich werde nicht dick!

. . .

SABINE: Herr Ober – die Rechnung, bitte.
KELLNER: Ja, sofort.
THOMAS: Hast du jetzt etwas vor?
SABINE: Nichts Besonderes.
THOMAS: Also, wir können ins Kino gehen, wenn du Lust hast . . .

Nouns

der Appetit *appetite*
der Kalbssahneschnitzel *veal escalope in cream sauce*
der Pilz(e) *mushroom*
der Reis *rice*
der Weiβwein(e) *white wine*

die Forelle *trout*
die Mokkatorte *chocolate cake*
die Petersilie *parsley*
die Zwiebel *onion*

das Abendessen *dinner, supper*
das Glas(¨er) *glass*
das Mineralwasser *mineral water*
das Wasser *water*

Verbs

(sich) ansehen (*separable*) *to have a look at*
aussuchen (*separable*) *(here) to choose*
spazieren *to walk*
(etwas) vorhaben (*separable*) *to have plans*
zunehmen (*separable*) *to put on weight*

Words and phrases

ausgezeichnet *excellent*
Hunger haben *to be hungry*
jemand *someone*
Lust haben *to want to*
nichts *nothing*
Quatsch! *rubbish!*
satt *full*
sofort *straighaway*

Verstehen Sie?

Sind diese Sätze (*sentences*) richtig oder falsch?

1 Thomas ist gestern zum ersten Mal aufgestanden.
2 Sabine hat ihn zum Mittagessen eingeladen.
3 Thomas iβt keine Vorspeise.
4 Sabine will französische Zwiebelsuppe essen.
5 Thomas und Sabine trinken Weiβwein.
6 Sabine iβt Forelle blau und Thomas iβt Kalbssahneschnitzel.
7 Das Restaurant ist teuer.
8 Es ist das erste Mal, daβ Sabine im Restaurant iβt.
9 Sabine hat heute nicht viel getan.
10 Sabine und Thomas möchten später ins Kino gehen.

Equivalents

Listen to the conversation again and find the German equivalents for the following useful words and phrases:

1 They're looking at the menu.
2 I haven't got much of an appetite.
3 I'm very hungry!

4 You won't get full from that!
5 I prefer not to drink any wine today.
6 (*Wishing someone a good appetite*)
7 Rubbish!
8 Have you got any plans now?
9 . . . if you want to.

Grammar notes

A Hätte

Wenn ich mehr Geld hätte, würde ich jeden Tag hier essen! *If I had more money, I'd eat here every day.*

In unit 25 you meet *wäre*, the subjunctive of *sein*. *Hätte* is the subjunctive of *haben*.

ich hätte	wir hätten
du hättest	ihr hättet
er/sie/es hätte	sie/Sie hätten

You use *hätte*, like *wäre*, when something is **not** the case! In the example from the text, Thomas **doesn't** have the money, he's just saying what he would do **if** he had. Here are some more examples:

Wenn ich ein Auto hätte, könnte ich dich abholen.
If I had a car, I could pick you up.
Wenn du ein gröβeres Haus hättest, könnten wir die Party hier machen.
If you had a bigger house, we could have the party here.
Wenn ich keine Stellung hätte, würde ich bald eine finden.
If I didn't have a job, I'd soon find one.

B Jemand, niemand

Es ist das erste Mal, daβ ich jemand**en** hierher einlade.
It's the first time I've invited anybody here.

You first met *jemand* in unit 7, D.

Note that *jemand* can mean 'someone/somebody' or 'anyone/anybody':

Er spricht mit jemandem. *He's talking to someone.*
Jemand anders hat es getan. *Someone else did it.*
Kennst du jemanden in Deutschland? *Do you know anyone in Germany?*
Kommt sonst noch jemand? *Is anyone else coming?*

Niemand (nobody/no one) also has the same endings:

Es kommt niemand.
Niemand kommt. *No one's coming.*
Ich habe mit niemandem gesprochen. *I haven't talked to anyone.*
Ich habe niemanden gesehen. *I haven't seen anyone.*

C Das erste Mal

Note that we use a different tense of the verb after 'It's the first time that . . .' in German:

Es ist das erste Mal, daβ ich jemanden hierher **mitnehme** (*present*)
*It's the first time **I've invited** (perfect) anyone here.*

It's a bit like 'How long have you been here?', which you met in unit 14:

Wie lange **bist du** (*present*) schon hier?
*How long **have you been** (perfect) here?*

D Nichts Besonderes

In unit 22 you learned that after *etwas* you needed to give the adjective a capital letter and put a neuter ending on it (*etwas Schönes* = 'something beautiful'). The same rule applies after *nichts* (nothing):

nichts Interessantes *nothing interesting*
nichts Gutes *nothing good*
Ich habe nichts Gutes von ihm gehört. *I've heard nothing good about him.*
Wir machen nichts Besonderes. *We're not doing anything special.*
Der Film ist nichts Besonderes. *The film isn't anything special.*

Communicating

In the restaurant

It is polite in German to wish someone 'good appetite' before they start their meal. If someone says *Guten Appetit*! to you, say *Gleichfalls*! (Likewise) back! There is no English equivalent to this.

At the bottom of the bill and the menu, you will probable see:

Bedienung und Mehrwertssteuer Inklusive (*Inclusive of service and VAT*)

You might like to leave a small tip on top of this service charge, which is included in the bill, but you don't have to.

You have already had *Hunger haben* (to be hungry). If you want to talk about how hungry you are, you can use:

Ich habe groβen Hunger! *I'm very hungry!*
Ich habe groβen Durst! *I'm very thirsty*!
Ich habe keinen so groβen Appetit. *I haven't got a very big appetite.*

Talking about your plans

Note how you ask about somebody's plans:

Hast du etwas vor? *Have you any plans?*
Haben Sie heute abend etwas vor? *Have you any plans for this evening?*

You can use *Lust haben* to ask if someone wants to do something:

Wir können ins Kino gehen, wenn du Lust hast.
We can go to the cinema if you want.
Hast du Lust, mit uns ins Theater zu gehen?
Would you like to go to the theatre with us?
Ich habe keine Lust dazu. *I don't want to.*

You will sometimes hear people using the subjunctive *hätte* with this expression, as it sounds more polite (cf. the use of *könnte* instead of *kann*), but you don't have to use the subjunctive yourself unless you want to:

Hättest du Lust, heute abend ins Kino zu gehen?
Would you like to go to the cinema this evening?

Exercises

1 Hätte

(a) You will need *hätte*, *wäre* and *könnte* for this exercise. Match up the two columns, translating the English into German:

abschaffen *to abolish*
die Atombombe *atom bomb*
die Insel *island*
das Mittelmeer *Mediterranean*
der Präsident *president*
stehlen *to steal*

1 würde ich sechs Kinder haben.	(a) If I didn't have any money
2 würde ich stehlen.	(b) If I could find a job there
3 würde ich alle meine Freunde einladen.	(c) If I were married
4 würde ich in Deutschland arbeiten.	(d) If I had a yacht
5 würde ich eine Insel kaufen.	(e) If I were rich
6 würde ich auf dem Mittelmeer segeln.	(f) If I didn't have any friends
7 würde ich mich nicht so gut in Deutschland amüsieren.	(g) If I had a big house
8 würde ich sehr traurig sein.	(h) If I were President
9 würde ich die Atombombe abschaffen.	(i) If I couldn't speak German

(b) Translate the sentences in brackets into German:

A: Es ist schade, daβ wir so wenig Zeit hier haben.
B: (*Yes. If we had more time, we could go to the castle and the museum.*)
A: Wieviel Geld hast du noch?
B: Nicht genug. (*If I had more money, I could stay longer.*)
A: (*Couldn't you telephone your parents?*)
B: Ja, das stimmt! Sie könnten uns mehr Geld schicken!

2 Jemand

(a) Your friend has problems! You make the following suggestions – in German:

benutzen *to use*
leihen *to borrow*
von *of*

1 You ought to speak to someone.
2 Someone's coming. Ask him.
3 You could borrow someone's car ('the car of someone').
4 Have you seen someone?
5 Have you spoken to anyone?
6 You could use someone's telephone ('the telephone of someone').
7 Somone can help you!
8 Have you asked anyone?
9 So, you haven't seen anyone?
10 Okay, you haven't talked to anyone?

(b) You and your friend are rather lost. Translate the sentences in brackets:

A: Ich verstehe diesen Stadtplan nicht. Wo ist denn die Jugendherberge?
B: Ich weiβ auch nicht. (*We ought to ask someone.*)
A: (*Yes, can you see anyone?*)
B: (*No, nobody's coming. I can't see anyone.*)
A: Ach, wie dumm! Was machen wir?
B: (*Ah, someone's coming!*)

3 Das erste Mal

(a) It's the first time you've done a lot of things! Complete the sentences in the following way:
e.g. spoken French in France
Es ist das erste Mal, daβ ich in Frankreich Französisch spreche.

die Diskothek *discotheque*

1 seen a German film
2 been to Germany

3 eaten Sauerkraut
4 drunk German beer
5 stayed in a big hotel
6 flown
7 spoken German
8 read a German newspaper
9 listened to German pop-music
10 danced in a German discotheque

(b) Complete the following conversation about your stay in Germany:

A: (*How long have you been here?*)
B: Nicht lange. Ungefähr eine Woche.
A: Sind Sie schon einmal hier gewesen?
B: (*No, this is the first time I've been here.*)
A: Und wie gefällt es Ihnen hier?
B: Sehr gut! (*It's the first time I've tried to speak the language!*)
A: Aber Sie sprechen ausgezeichnet!
B: (*Thank you very much!*)

4 Nichts Besonderes

(a) You're feeling fed up! Your friend has interesting things to do and nice things to wear, and you don't! Answer in the following way:
e.g. Dieses Buch ist wirklich sehr gut! (lesen)
Ach, ich habe nichts Gutes zu lesen!/Ach, ich lese nichts Gutes!

1 Das ist sehr interessant! (tun)
2 Dieses Hemd ist sehr schön! (tragen)
3 Meine Kusine ist immer nett. (sagen)
4 Wir machen heute nachmittag etwas Besonderes. (machen)
5 Mein Freund ist immer sympathisch. (sagen)
6 Ich habe eine neue Hose für die Party gekauft. (tragen)
7 Uwe ist immer sehr intelligent, wenn er schreibt (schreiben)
8 Markus ist sehr freundlich. (sagen)
9 Ingrid schreibt immer sehr amüsante Briefe. (schreiben)
10 Ich habe einen billigen Rock gefunden. (finden)

(b) Complete the following conversation:

A: Was machst du heute abend?
B: (*Nothing special.*)
A: Hast du Lust, tanzen zu gehen?
B: (*No. I'm sorry, but I want to do something quiet.*)

5 Talking about your plans

(a) You're asking whether people have made plans for certain days. Use the following format:
e.g. Thomas – Saturday evening
Hat Thomas am Samstag abend etwas vor?

1 wir – tomorrow
2 du – Sunday afternoon
3 Sabine und Uwe – next weekend
4 Gaby – this evening
5 wir – this afternoon
6 ihr – Friday morning
7 Sie – Thursday evening
8 deine Eltern – next week
9 du – next Wednesday
10 Sie – Monday evening

(b) You're inviting someone to do things. Use *Lust haben*, with *du*, *Sie* and *ihr*:
e.g. Hast du Lust, mit mir zu kommen?

1 go to the cinema
2 see a film
3 eat in a restaurant
4 go dancing
5 go to the museum
6 go to the theatre
7 visit Schloβ Neuschwanstein
8 go swimming
9 see the town
10 drink a beer

6 Act it out

Complete this conversation in a restaurant:

A: (*I'm very hungry!*) Du auch?
B: (*No, I haven't got much of an appetite today.*)
A: Das ist schade! Das Essen hier ist wirklich ausgezeichnet!
A: (*Wishes B a good appetite*)
B: (*Does the same*)
A: (*How's your veal escalope?*)
B: Prima! Wirklich ausgezeichnet!
A: (*Could we have the bill, please?*)
B: (*Is the service included?*)

7 Letter-writing

You want to invite a friend to stay with you next weekend. Unfortunately he/she is not on the phone, so you have to write. Ask about his/her plans for the weekend, and ask if they'd like to visit you (use *Lust haben*). Say several of the things you could do together (dancing, sport, sightseeing etc.). Ask your friend to phone you as soon as possible. Say you're looking forward to seeing him/her.

Unit 27
Reise durch Deutschland

Rachel und Boris sind im Auto. Rachel ist Engländerin und kennt die Gegend nicht. Boris zeigt ihr die Gegend. ơo

RACHEL: Der Fluβ da – ist das der Rhein?
BORIS: Nein, der Fluβ da ist zu klein. Der Rhein ist der gröβte Fluβ in Deutschland.
RACHEL: Ja, das wuβt' ich natürlich schon! Das war eine dumme Frage! Aber wie heiβt denn der Fluβ?
BORIS: Ich habe keine Ahnung! Welcher Fluβ ist der gröβte in England?
RACHEL: Die Themse.
BORIS: Und das wuβt' ich auch schon! Wir sind beide dumm!
RACHEL: Guck' mal! Der See da! Der ist wirklich schön!
BORIS: Ja, aber für mich ist der Königssee der schönste See. Er ist nicht sehr groβ, aber er ist mein Lieblingssee.
RACHEL: Und wo liegt er? In der Nähe von hier?
BORIS: Nein. Er liegt im Süden, in den bayerischen Alpen.
RACHEL: Also im Gebirge?
BORIS: Ja.
RACHEL: Und könnten wir dorthin fahren?
BORIS: Leider nicht. Es ist zu weit.
RACHEL: Wie lange würde es dauern?
BORIS: Mindestens drei Stunden mit dem Auto. Wenn wir mehr Zeit hätten . . .
RACHEL: Kannst du mir deinen Fotoapparat leihen? Er ist besser als meiner. Ich will den hübschen See fotografieren.
BORIS: Ja, natürlich. Er liegt hinten im Kofferraum. Ich halte an, und dann kannst du in Ruhe fotografieren.

. . .

RACHEL: Ich will dich fotografieren! Stell' dich doch neben den Baum dort! Die Blumen sind so schön dort. Steh' doch still!
BORIS: Geht das? Können wir weiterfahren?
RACHEL: Ja, und vielleicht könnten wir am Wochenende zum Königssee fahren . . .

Nouns
der Baum (¨e) *tree*
der Fluß(¨e) *river*
der Fotoapparat(e) *camera*
der Kofferraum *boot (of car)*
der Rhein *Rhine*
der See *lake*
der Süden *south*

die Ahnung *idea*
die Blume *flower*
die Gegend *area, district*
die Reise *journey*
die Ruhe *peace*
die Themse *Thames*

das Gebirge *mountains*

die bayerischen Alpen *the Bavarian Alps*

Verbs
anhalten (*separable*) *to stop*
aussteigen (*separable*) *to get out*
leihen *to lend*
liegen *to lie*
sitzen *to sit*
stehen *to stand*
(sich) stellen *to put oneself, (here) to stand*
zeigen *to show*

Words and phrases
beide *both*
hübsch *pretty*
mindestens *at least*

Verstehen Sie?

Bitte antworten Sie auf die Fragen:

1 Ist Rachel Deutsche?
2 Welcher Fluß ist der größte in Deutschland?
3 Welcher Fluß ist der größte in England?
4 Wo ist der Königssee?
5 Sind Boris und Rachel in der Nähe vom Königssee?
6 Wie lange würde die Reise zum Königssee dauern?
7 Wer will fotografieren?
8 Glauben Sie, daß Rachel und Boris zum Königssee fahren werden?

Equivalents

Hören Sie noch einmal zu (*listen again*) und schreiben Sie die Sätze auf Deutsch (*and write the sentences in German*):

1 Rachel doesn't know the area.
2 Boris is showing her the scenery.
3 The Rhine is the biggest river in Germany.
4 I already knew that!
5 I have no idea!
6 It's my favourite lake.
7 Where is it? (speaking of a lake)
8 At least three hours by car.
9 Can you lend me your camera?
10 It's in the boot.

Grammar notes

A Superlatives of adjectives

Der Rhein ist der größte Fluß in Deutschland.
The Rhine is the biggest river in Germany.
Der Königssee ist der schönste See. *The Königssee is the most beautiful lake.*

In English, you form the superlative in two ways: you can say 'the nic**est**; or 'the **most** intelligent'. In German, however, you can only do it by adding -(e)st and the right ending:

Dies ist das interessanteste Buch. *This is the most interesting book.*
Er ist der älteste in der Familie. *He's the oldest in the family.*
Wir haben das schönste Wetter gehabt. *We had the most beautiful weather.*
Wir müssen den besten Arzt für ihn haben.
We must have the best doctor for him.

You will see from *alt* above that some adjectives add an umlaut (just as you saw with the comparative of adjectives in unit 21). Note that the superlative has the same ending as any other adjective (see unit 16).

Note the following irregular superlatives:

groß	*big, tall*	der größte	
viel	*many*	(die) meist(en)	*the most*
gut	*good*	der beste	
hoch	*high*	der höchste	

B Possessive pronouns

In unit 20 we met the possessive adjectives (my, your etc.). Possessive adjectives come before the noun:

Das ist **mein** Buch.

whereas possessive pronouns are by themselves ('pronoun' means 'standing instead of a noun'):

Er (der Fotoapparat) ist besser als **meiner**. *It's better than mine.*
Dein Auto ist schöner als **meins**. *Your car is nicer than mine.*
Er ist ohne sein Auto gekommen, aber wir können mit **meinem** fahren.
He came without his car, but we can go in mine.
Kommt Astrids Vater? Nein, aber **meiner** kommt!
Is Astrids father coming? No, but mine is.

	m.	f.	n.
nom.	mein**er**	mein**e**	mein**s**
acc.	mein**en**	mein**e**	mein**s**
dat.	mein**em**	mein**er**	mein**em**

C Wußte

Das wußt' ich natürlich schon! *Of course I already knew that!*

You have already had the imperfect of some verbs which are not often used in the perfect. *Wissen* is another of them.

ich wußte wir wußten
du wußtest ihr wußtet
er/sie/es wußte Sie wußten
 sie wußten

Here are some more examples:

Ich wußte nicht, daß er krank war. *I didn't know he was ill.*
Wußten Sie, daß er in Deutschland war? *Did you know he was in Germany?*

D *Zu* + adjective

Der Fluß da ist zu klein. *The river there is too small.*
Es ist zu weit. *It's too far.*

Zu, as well as meaning 'to', can also translate the English 'too', as in 'too much':

Ich habe zu viel gegessen. *I've eaten too much.*
Ich habe zu viel zu tun. *I've got too much to do.*
Mein Vater ist zu alt. *My father is too old.*

E Liegen, stehen

The verbs *liegen* (to lie) and *stehen* (to stand) are used in the normal way as they are in English:

Sie liegt im Bett. *She's lying in bed.*
Er steht draußen. *He's standing outside.*

But they are also sometimes used to translate 'is', as you can see from the conversation:

Wo liegt er (der Königssee)? *Where is it?*
Er liegt im Süden. *It's in the south.*
Er (der Fotoapparat) liegt hinten im Kofferraum. *It's in the boot.*

This is done rather more in German than in English, as you can see from the following examples:

Dein Mantel liegt auf dem Bett. *Your coat's on the bed.*
Der Schirm steht dort in der Ecke. *The umbrella's there in the corner.*

Communicating

Talking about your favourite things

To talk about your favourite things, just add *Lieblings-* to the beginning of the word:

Der Königssee ist mein Lieblingssee. *The Königssee is my favourite lake.*
Was ist ihr Lieblingsbuch? *What's your favourite book?*
Haben Sie einen Lieblingsfilm? *Have you got a favourite film?*

Saying you don't know

When you don't know something, you can just say *Ich weiß nicht*. But you can also say:

Ich habe keine Ahnung! *I have no idea!*

or just:

Keine Ahnung!

Don't confuse this with *Idee*, which you would use in, for example:

Das ist eine gute Idee! *That's a good idea!*

Exercises

1 Superlatives of adjectives

(a) Here is some information about Germany. Write in German sentences that follow the pattern: 'The Rhine is the longest river in Germany.'

1 longest river (der Rhein)
2 oldest town (Köln)
3 biggest town (Hamburg)
4 biggest forest (der Schwarzwald)
5 oldest university (Heidelberg)
6 highest mountain (die Zugspitze)
7 the best nightclubs (Berlin oder München)
8 the most beautiful lake (der Königssee)
9 the most museums (München)
10 the worst weather (der Norden)

(b) You know better than the person you're talking to! Answer as follows:
e.g. Dieser Mantel ist billig.
Ja, aber **dieser** ist der billigste von allen!
*Yes, but **this one** is the cheapest of all.*

1 Dieses Buch ist gut.
2 Diese Blumen sind schön.
3 Diese Bluse ist hübsch.
4 Dieser Tisch ist alt.
5 Dieser Baum ist groß.
6 Dieses Auto ist teuer.
7 Dieses Programm ist kurz.
8 Dieser Film ist lang.
9 Dieses Mädchen ist jung.
10 Dieser Mann ist alt.

2 Possessive pronouns

(a) Respond to the sentences in the following way:
e.g. Dein Brief ist sehr kurz. (du)
Ja, aber nicht so kurz wie deiner!

schmutzig *dirty* unordentlich *untidy*

1 Das Auto ist sehr schmutzig. (ihr)
2 Die Reise war sehr lang. (er)
3 Der Fernseher war sehr teuer. (ich)
4 Das Haus ist sehr klein. (sie = she)
5 Der Garten ist sehr unordentlich. (wir)
6 Das Gästezimmer ist sehr schön. (Sie = you)
7 Sein Buch ist sehr interessant. (sie = they)
8 Der Fotoapparat ist sehr gut. (du)
9 Der Kofferraum ist voll. (ich)
10 Die Wohnung ist sehr groß. (Sie = you)

(b) There's a lot of boasting going on! Translate the sentences into German.

der Hund(ä e) *dog* reich *rich*

1 My father is richer than yours. (talking to a friend)
2 Your father isn't as tall as mine!
3 Your dogs are smaller than ours.
4 Your house is bigger than his.
5 Their car is newer than yours. (talking to someone you don't know)
6 My mother is younger than hers.
7 Our garden is longer than theirs.
8 My university is better than yours. (talking to a friend)
9 Our house is more expensive than yours. (talking to a friend)
10 My sister is more intelligent than yours (talking to a friend)

3 Wuβte

(a) A lot of things you did or didn't know! Follow the pattern and remember to put the verb to the end after *daβ*!
e.g. Ingrid (nicht) – das Auto war kaputt.
Ingrid wuβte nicht, daβ das Auto kaputt war.

1 Ich – das Hotel war zu teuer.
2 Wir (nicht) – die Jugendherberge war so weit.
3 ?du – Peter war im Ausland?
4 Gaby (nicht) – Michael hatte eine neue Stellung.
5 ?ihr – Uwe und Sabine sind verheiratet?
6 ?Sie (nicht) – das Parkhaus war voll?
7 Thomas und Ute (nicht) – Torsten ist wieder zu Hause.
8 Ich (nicht) – Boris war krank.
9 Christian (nicht) – Andreas hatte Grippe.
10 Meine Eltern (nicht) – ich kann so gut schwimmen.

(b) This practises the imperfect of other verbs. Someone is asking about your holiday this year. You reply that you could do all those things **last** year.
e.g. Können wir schwimmen?
Wir konnten letztes Jahr schwimmen.

1 Müssen wir um sechs essen?
2 Hat jedes Zimmer einen Fernseher?
3 Weiβt du, ob Boris da ist?
4 Können wir segeln?
5 Ist das Wetter gut?
6 Haben wir zwei Einzelzimmer?

4 *Zu* + adjective

(a) You are complaining at the reception desk, saying 'The bed's too soft!' etc.:

der Parkplatz *car-park*

1 The room's too small.
2 The hotel is too cold.
3 The room is too dirty.
4 The breakfast is too late.
5 The restaurant is too full.
6 The waiter is too slow.
7 The soup is too cold.
8 The hotel is too expensive.
9 The car-park is too far.

(b) Complete the following conversation:

A: Wie gefällt es Ihnen hier?
B: Ja, ausgezeichnet! (*But there's too much to do!*)
A: Und Sie haben nicht genug Zeit?
B: Ja, das stimmt! (*There's too much to see.*)
A: Sie sollten länger bleiben!
B: (*Yes, but it's too late. I've got my ticket.*)

5 Act it out

(a) You're discussing what you like to do in your spare time. Complete the conversation:

der Autor *author*

A: Haben Sie ein Hobby?
B: (*Yes, I like reading*)
A: Ja, ich auch. (*Who is your favourite author?*)
B: John Steinbeck.
A: Ja, ich lese ihn auch gern.
B: (*Do you like going to the cinema?*)
A: Ja. (*What's your favourite film?*)
B: Ich weiβ nicht. (*I like a lot of films.*)
A: Was läuft gerade im Kino?
B: (*I've no idea!*)

(b) Ask somebody about their favourite things:

book
film
programme
sport
town
author
music

(c) Ask somebody where things are:

1 Where's my coat?
2 Where's the Königssee?
3 Where's the camera?
4 Where's my umbrella?
5 Are your shoes under the bed?

6 Letter-writing

Write to your German penfriend, telling him/her about your home town. Include things like 'the biggest park is . . .', 'the best cinema is . . .', 'the oldest building is . . .'. Ask him/her for the same kind of information about their town in Germany.

Unit 28
Beim Arzt

In der Apotheke. σο

UTE: Haben Sie etwas gegen Magenbeschwerden?

APOTHEKER: Es kommt darauf an. Wie schlimm sind die Magenbeschwerden?

UTE: Ziemlich schlimm. Ich habe Durchfall und mir ist sehr schlecht.

APOTHEKER: Und wie lange schon?

UTE: Schon seit einer Woche.

APOTHEKER: Also, ich könnte Ihnen Tabletten geben, aber ich glaube, Sie sollten zum Arzt gehen. Sie sollten viel trinken und nichts essen!

UTE: Danke! Ich werde zum Arzt gehen, denn mir ist wirklich schlecht.

Beim Arzt.

UTE: Ich möchte gern zum Herrn Doktor. Können Sie mir einen Termin geben?

ASSISTENTIN: Oh, heute geht es nicht mehr. Es tut mir leid.

UTE: Aber mir ist wirklich schlecht. Es ist wichtig, daβ ich ihn heute sehe.

ASSISTENTIN: Also, wenn es wirklich schlimm ist, dann können Sie auf den Herrn Doktor warten. Ich weiβ aber nicht, wie lange es dauern wird.

. . .

HERR DOKTOR KLEIN: Und tut der Magen dauernd weh?

UTE: Ja, fast. Manchmal hört es auf, weh zu tun, aber dann kommt es wieder. Die Schmerzen werden immer schlimmer.

HERR DOKTOR KLEIN: Können Sie essen?

UTE: Nein, gar nicht. Sobald ich esse, tut es wieder weh, und ich habe Durchfall.

HERR DOKTOR KLEIN: Und tut es irgendwoanders weh?

UTE: Ja, ich habe auch Kopfschmerzen.

HERR DOKTOR KLEIN: Also, wenn ich hier drücke, tut es weh?

UTE: Ja.

HERR DOKTOR KLEIN: Hmm . . .

Nouns
der Apotheker *chemist*
der Durchfall *diarrhoea*
der Magen *stomach*
der Termin *appointment*

die Apotheke *chemist's*
die Assistentin *doctor's receptionist*
die Tablette *tablet*

die Kopfschmerzen *headache*
die Magenbeschwerden *stomach ache*

Verbs
aufhören (*separable*) *to stop*
drücken *to press*

Words and phrases
es kommt darauf an *it depends*
dauernd *continually, all the time*
gar nicht *not at all*
immer *always*
immer schlimmer *worse and worse*
irgendwoanders *somewhere else*
manchmal *sometimes*
mir ist schlecht *I feel sick*
sobald *as soon as*
wichtig *important*

Verstehen Sie?

Bitte korrigieren Sie wo nötig!

Ute hat Magenbeschwerden und sie geht zuerst zum Arzt. Sie möchte etwas dagegen kaufen. Sie hat die Magenbeschwerden schon seit zwei Tagen. Der Apotheker gibt ihr Tabletten. Ute ist nicht schlecht, aber sie hat Durchfall. Sie geht zum Arzt, aber er kann sie heute nicht sehen. Sie hat nur Magenbeschwerden, keine Kopfschmerzen. Es tut ihr weh, wenn der Arzt auf den Magen drückt.

Equivalents

Now listen to the conversation again and find the German equivalents for the following useful words and phrases:

1 Have you got something for stomach ache?
2 It depends.
3 I've got diarrhoea and I feel sick.
4 How long has it lasted? (How long has it been going on?)
5 I'd like to see the doctor.
6 Have you got an appointment?
7 It's not possible today.
8 Sometimes it stops hurting.
9 Not at all.
10 As soon as I eat, it hurts again.
11 Does it hurt anywhere else?
12 I've got a headache, too.

Grammar notes

A Weak masculine nouns

Ich möchte gern zum Herrn Doktor. *I'd like to see the doctor.*
Sie können auf den Herrn Doktor warten. *You can wait for the doctor.*

A few masculine nouns (such as *Herr*) add more endings than normal:

der Mensch *human being*

	singular	plural
nom.	der Mensch	die Menschen
acc.	den Menschen	die Menschen
gen.	des Menschen	der Menschen
dat.	dem Menschen	den Menschen

Herr adds -n in the singular and -en in the plural.

Some more useful words which behave like *Mensch* are given below:

der Bär	*bear*	der Matrose	*sailor*
der Buchstabe	*letter (of the alphabet)*	der Neffe	*nephew*
		der Präsident	*president*
der Elefant	*elephant*	der Prinz	*prince*
der Fürst	*prince*	der Soldat	*soldier*
der Junge	*boy*	der Student	*student*
der Kunde	*customer*		

B Warten auf

Sie können auf den Herrn Doktor warten. *You can wait for the doctor.*

Whereas in English you say 'wait **for** a bus', in German you say *warten* ***auf***. There are a lot of verbs which have a particular preposition after them, and often the preposition is not a direct translation of the English. You just have to learn them! You also need to know whether the preposition takes the accusative or dative.

Here are a few useful verb combinations, which you should learn by heart:

warten auf + acc. *to wait for* Ich warte auf einen Bus.
antworten auf + acc. *to answer* Kannst du auf die Frage antworten?
sich freuen auf + acc. *to look forward to* Ich freue mich auf die Ferien.
sprechen mit + dat. *to speak to* Ich will mit dem Arzt sprechen.
erzählen von + dat. *to tell about* Kannst du von deiner Reise erzählen?
Can you tell (us) about your journey?
halten von + dat. *to think of (have an opinion about)* Was hältst du von dem neuen Film?
Angst haben vor + dat. *to be afraid of* Ich habe Angst vor Donner.
I'm afraid of thunder.

C Ways of saying 'stop'

There are a lot of different verbs for 'stop' in German, and they are not interchangeable. You just have to learn the special meaning of each one.

aufhören
Manchmal hört es auf, weh zu tun. *Sometimes it stops hurting.*
Der Regen hat aufgehört. *The rain has stopped.*
Hör' auf zu weinen! *Stop crying!*

anhalten *for vehicles*
Der Bus hat angehalten. *The bus has stopped.*
Sie hat den Wagen angehalten. *She stopped the car.*
Ich konnte den Wagen nicht anhalten. *I couldn't stop the car.*

Schluß machen *stop what one is doing*
Wir müssen jetzt Schluß machen. *We must stop now.*
Machen wir jetzt Schluß?
Shall we stop now? e.g. at the end of a lesson or activity

stehenbleiben
Meine Uhr ist stehengeblieben. *My watch has stopped.*
Bleib' doch stehen! *Stop! Stand still!*

D Immer schlimmer

If you want to say something is getting 'worse and worse', you can't translate the English directly. You have to use *immer* (always). Here are some examples of the same structure:

Er geht **immer** langsam**er**. *He's going more and more slowly.*
Mein Vater wird **immer** dick**er**. *My father's getting fatter and fatter.*
Es wird **immer** **kä**lt**er**. *It's getting colder and colder.*

E Irgend

Irgend- is added to words to give the idea of '(any) at all' or 'something or other'. Look at the following examples:

Hast du irgend jemanden gesehen? *Did you see anybody at all?*
Ich habe ihn irgendwann gesehen. Ich weiß nicht genau.
I've seen him sometime or other. I'm not sure exactly.
Er hat irgend etwas gesagt. *He said something or other.*
Ich habe ihn irgendwo gesehen. *I've seen him somewhere or other.*

Communicating

At the chemist's

Notice how you ask if the chemist has something *for* a particular symptom:

Haben Sie etwas **gegen** Kopfschmerzen, Magenbeschwerden?
Have you got something for a headache, stomach ache?
Haben Sie etwas gegen eine Halsentzündung, eine Erkältung?
Have you got something for a sore throat, a cold?

'For' is often translated by the German *für*, but here you have to use *gegen*.

Other things you might need are a sticking-plaster (*das Heftpflaster*), a bandage (*der Verband*), or medicine (*das Medikament.*)

The chemist might tell you how often to take something:

Sie sollten die Tabletten dreimal täglich nehmen, nach dem Essen.
You should take the tablets three times a day, after meals.

At the doctor's

As you know, the word for doctor is *der Arzt*, but if you address him or her, you say *Herr Doktor (Schmidt)* or *Frau Doktor*. A doctor's surgery hours are called *die Sprechstunde*, and you have to have an appointment (*der Termin*). You may be given a number when you go in, and you go to the doctor when your number is called.

Notice how you say 'I feel sick':

Mir ist schlecht.
Mir ist übel.

Other useful words are:

husten *to cough*
niesen *to sneeze*
Fieber haben *to have a temperature*

Exercises

1 Weak masculine nouns

(a) You want to see the following people. Use *Ich möchte . . . sehen*:

ehrlich *honest*

1 the boy
2 the prince
3 a student
4 a soldier
5 my nephew
6 a rich customer
7 a sailor
8 the president
9 an elephant
10 an honest human being

(b) Where there are gaps in the story below, decide whether to put an ending or to leave them blank:

stark *strong*
weglaufen *to run away*

Gestern bin ich spazierengegangen. Ich habe kein . . . Mensch . . . gesehen, weil es so früh war. Dann ist ein . . . Jung . . . gekommen. Er war mit ein . . . Matros . . . Sie sind mir gefolgt. Ich hatte Angst und habe angefangen zu laufen. Dann ist ein . . . Soldat . . . gekommen. Es war mein . . . Neff . . ., Hans. Er ist sehr stark und er hatte ein . . . groß . . . Hund . . . D . . . Jung . . . und d . . . Matros . . . sind weggelaufen.

2 Warten auf

(a) In this exercise, you're talking about your holidays. Complete the sentence in the following way:
e.g. Ich warte . . . (a bus)
Ich warte auf einen Bus.

1 Haben Sie . . . gesprochen? (the receptionist)
2 Ich freue mich . . . (the journey to Italy)
3 Ich habe Angst . . . (the journey)
4 Willst du . . . warten? (your parents)
5 Was kannst du . . . erzählen? (the hotel)
6 Warum willst du . . . nicht anworten? (my question)
7 Was hältst du . . .? (the Italian wine)
8 Was denkst du . . .? (our new car)
9 Freust du dich . . .? (the sun)
10 Hast du Angst . . .? (the Italian food)

(b) Complete the following conversation:

die Maschine *plane (here)*

A: (*Has Gaby told you about the holidays?*)
B: Nein, warum?
A: (*She was so looking forward to the journey to France.*)
B: Ja, und?
A: (*They had to wait two days for the plane!*)
B: Ach, die Armen!

3 Ways of saying 'stop'

(a) Complete the following sentences with the correct verb 'to stop':

lachen *to laugh*
den Paβ kontrollieren *to check one's passport*
die Wespe *wasp*

1 (*It's stopped*) zu schneien.
2 Meine Uhr (*has stopped*).
3 Sie hat die ganze Zeit nicht (*stopped*) zu lachen.
4 Bitte (*stop*) den Wagen!
5 (*Shall we stop now?*)
6 (*Stop!*) Ich muβ Ihren Paβ kontrollieren!
7 Die Straβenbahn (*didn't stop*!)
8 Die Musik (*has stopped now*).
9 (*He's stopped*) zu lesen.
10 (*Stop!*) Da ist eine Wespe!

(b) Der Unfall
Complete the following conversation:

funktionieren *to work*
glücklicherweise *luckily*
kaum *hardly*
verkratzt *scratched*

A: Wie ist es denn passiert?
B: Die Bremsen haben nicht funktioniert. (*I couldn't stop.*)
A: Und . . .?
B: Glücklicherweise (*the other driver managed to stop – use konnte*). Wir sind kaum zusammengestoβen.
A: Und ist etwas mit dem Wagen?
B: Nein, er ist ein biβchen verkratzt, (*but I couldn't stop crying!*)
A: Aber warum bist du so spät gekommen? Wegen des Unfalls?
B: Nein! (*My watch has stopped*!)

4 Immer schlimmer

(a) You're agreeing with your friend, but you think things are even more so!
e.g. Es ist sehr kalt.
Ja, und es wird immer kälter!

die Sendung *programme, broadcast*
das Stück *play (in the theatre)*

1 Die Sendungen sind sehr schlecht.
2 Meine Mutter ist ziemlich dick.
3 Dieses Buch ist sehr schwer.
4 Die Fragen sind sehr leicht.
5 Meine Erkältung ist sehr schlimm.

6 Dieser Film ist sehr langweilig.
7 Dieses Buch ist sehr gut.
8 Dieses Stück ist sehr interessant.
9 Diese Reise ist sehr schön.

(b) This time you have to think of the opposite – you and your friend never agree about anything!

e.g. Der Winter ist ziemlich warm.
Nein! Im Gegenteil, er wird immer kälter!

im Gegenteil *on the contrary*
sauber *clean*
schlank *slim*

1 Der Zug fährt ziemlich schnell.
2 Die Sendung ist sehr interessant.
3 Das Problem ist ziemlich klein.
4 Das Haus ist sehr sauber.
5 Seine Briefe sind ziemlich lang.
6 Das Restaurant ist sehr gut.
7 Deine Erkältung ist jetzt besser, nicht?
8 Computer sind jetzt ziemlich billig.
9 Dein Bruder ist ziemlich intelligent, nicht?
10 Deine Schwester ist sehr schlank, nicht?

5 irgend-

(a) You're being questioned by the police. You're not being very helpful in your answers!
e.g. Mit wem hast du gesprochen?
Ich weiß nicht genau. Mit irgend jemandem.

1 Wo haben Sie ihn gesehen?
2 Wann haben Sie das Haus besucht?
3 Wie sind Sie nach Hause gekommen?
4 Was haben Sie gesagt?
5 Wer hat Ihnen das Geld gegeben?
6 Wen haben Sie am Freitag gesehen?

(b) You're very vague about what happened! Translate into German:

1 I saw someone or other in the park.
2 At some time or other he gave me a letter.
3 Somehow I lost it.
4 It must be somewhere or other, but I don't know where!

6 Act it out

(a) Complete the following conversation at the chemist's:

A: Guten Morgen! Was darf es sein?
B: Guten Morgen! (*Have you got anything for a cold?*)
A: (*Here is some medicine for coughs.*)
B: (*I've got a temperature, too.*)
A: (*Then you need aspirin.*)
B: Ja, gut, ich nehme die große Packung Aspirin und das Medikament gegen Husten. (*What does that cost?*)
A: Das macht zusammen DM 12,00.
B: (*Could you give me a carrier-bag, please?*)
A: Ja, natürlich. Sonst noch etwas?
B: (*No, thanks. Goodbye.*)

(b) Now change the conversation to a sore throat, and then to a stomach ache.

(c) Complete the following conversation at the doctor's:

A: (*I'd like to see the doctor, please.*)
B: Ja, wann möchten Sie kommen? Heute geht es nicht mehr.
A: (*Can I have an appointment for tomorrow?*)
B: Ja, das geht. Können Sie um elf kommen?
A: (*No, I'm afraid I have to work. Can I come at one o'clock?*)
B: Ich muß mal nachsehen . . . Ja, das geht.

(d) Now you are talking to the doctor. Complete the conversation:

A: (*What's the matter with you?*)
B: (*I feel sick all the time.*) Jedes Mal, wenn ich esse.
A: (*And how long has this been going on?*)
B: Ungefähr zwei Wochen.
A: Und haben Sie sonst noch was?
B: (*Yes, I have a temperature in the evenings.*)

7 Letter-writing

from . . . to *von . . . bis*

You haven't time to telephone yourself (and you're a bit nervous of phoning in German!), so you leave a note asking your German friend to make an appointment for you to see the doctor. You think the surgery hours are from 2 till 4 in the afternoon, and you'd like to make an appointment for tomorrow. Describe your symptoms briefly.

Unit 29
Kann ich durchwählen?

Michael und Cordula sind in einem Hotelzimmer in München. Sie wollen Hamburg anrufen. ơƆ

MICHAEL: Cordula, kann man von hier direkt durchwählen, oder muß ich zuerst die Rezeption anrufen?

CORDULA: Ich glaube, du mußt die Empfangsdame anrufen. Hast du die Vorwahlnummer für Hamburg?

MICHAEL: Nein, aber das muß sie schon wissen. Sag' mal, hast du Sebastians Telefonnummer in Hamburg?

CORDULA: Hoffentlich! Sie ist entweder in meinem Notizbuch oder in diesem Brief. Ich muß mal nachsehen.

MICHAEL: Beeil' dich! Je später wir anrufen, desto mehr wird er sich ärgern! Du weißt, wie er ist! Mach' doch schnell!

CORDULA: Sei doch ein bißchen höflich! Höflichkeit kostet nichts! Ah, endlich! Ich habe sie! Die Nummer ist 22 07 18.

MICHAEL: (wählt) Hallo! Ich möchte Hamburg anrufen. Kann ich direkt durchwählen? Ja? Also, gut. Und können Sie mir bitte die Vorwahlnummer für Hamburg geben? 040? Vielen Dank. Auf Wiederhören.

CORDULA: Also, wir können doch direkt durchwählen?

MICHAEL: Ja. (Er wählt.) Hallo! Kann ich bitte Sebastian Gerhard sprechen?

STIMME: Moment mal! Ich werde nachsehen, ob er da ist . . . Nein, er ist leider nicht da.

MICHAEL: Kann ich bitte eine Nachricht hinterlassen?

STIMME: Moment mal. Ich hole mir einen Bleistift . . . Okay.

MICHAEL: Könnten Sie ihm bitte sagen, daß Cordula und Michael jetzt in München sind. Sie können erst am Samstag in Hamburg sein, und nicht am Freitag, wie abgemacht.

STIMME: Also, Cordula und Michael, sagen Sie? Sie kommen erst am Samstag?

MICHAEL: Ja, das stimmt. Wenn er vor elf Uhr nach Hause kommt, kann er uns vielleicht anrufen.

STIMME: Okay. Auf Wiederhören!

MICHAEL: Auf Wiederhören!

Nouns
der Bleistift(e) *pencil*

die Höflichkeit *politeness*
die Nachricht *message*
die Stimme *voice*
die Vorwahlnummer *dialling code number (on phone)*

das Notizbuch(¨er) *diary*

Verbs
anrufen (*separable*) *to call, phone*
(sich) beeilen *to hurry up*
durchwählen *to dial direct*
wählen *to choose, to dial*

Words and phrases
abgemacht *arranged*
endlich *at last, finally*
entweder . . . oder *either . . . or*
höflich *polite*
je . . . desto *the more . . . the more (see below)*
mach' doch schnell! *hurry up!*

Verstehen Sie?

Sind diese Sätze richtig oder falsch?

1 Michael und Cordula sind jetzt in Hamburg.
2 Sie wollen in England anrufen.
3 Man kann vom Hotelzimmer nicht direkt durchwählen.
4 Die Vorwahlnummer für Hamburg ist 040.
5 Cordula kann Sebastians Telefonnummer nicht finden.
6 Sebastian ist nicht zu Hause.
7 Cordula und Michael kommen erst am Freitag.
8 Wenn Sebastian nach elf Uhr nach Hause kommt, soll er anrufen.

Equivalents

Listen to the conversation again and find the German equivalents to the following useful phrases:

1 Can one dial direct from here?
2 You must call the receptionist.
3 Have you got the dialling code for Hamburg?
4 It's either in my diary or in a letter.
5 I'll just have a look.
6 Hurry up! (2 expressions)
7 At last!
8 Can I leave a message?
9 . . . as arranged.

Grammar notes

A Sebastians Telefonnummer

As in English, you can add -s to people's names to show that something belongs to them:

Uwes Buch *Uwe's book*
Melanies Mantel *Melanie's coat.*
Cordulas Brief *Cordula's letter*

Note that there is no apostrophe as there would be in English.

With names ending in -s, you don't add anything except an apostrophe:

Markus' Buch *Markus's book*

As in English, you can say things like:

Onkel Richards Haus *Uncle Richard's house*
Tante Marias Auto *Aunt Maria's car*

Note that *Herr* always needs its ending:

Herr**n** Schmidts Haus *Mr Smith's house*
Herr**n** Professor Müllers Wohnung *Professor Miller's flat*

B Entweder . . . oder

Sie ist entweder in meinem Tagebuch oder in diesem Brief.
It (the phone number) is either in my diary or in this letter.

'Either . . . or' is used just as it is in English:

Entweder du kommst sofort, oder du kommst überhaupt nicht.
Either you come straight away, or you don't come at all.
Sie ist entweder Spanierin order Italienerin. *She's either Spanish or Italian.*
Entweder Karl oder Hans müssen kommen. *Either Karl or Hans must come.*

'Neither . . . nor' is *weder . . . noch* and you'll mainly want to use this just with nouns:

Es gibt weder Tee noch Kaffee. *There is neither tea nor coffee.*
Weder Gaby noch Anna wollen kommen.
Neither Gaby nor Anna wants to come.

C Je . . . desto

Je später wir telefonieren, desto mehr wird er sich ärgern!
The later we ring, the angrier he'll be!

Je . . . desto translates the English 'the (more) . . . the (more)', as in 'the more the merrier'. Note the position of the verbs in German:

Je mehr du **lernst**, desto intelligenter **wirst** du.
The more you learn, the more intelligent you get.
Je später du ins Bett **gehst**, desto müder **wirst** du sein.
The later you go to bed, the tireder you'll be.

D Word-building

Some nouns can be made by adding *-keit* or *-heit* to the adjective. These nouns are always feminine. Here are some useful adjectives (many of which you have had already) and their corresponding nouns:

-keit

höflich *polite*	die Höflichkeit *politeness*
möglich *possible*	die Möglichkeit *possibility*
wichtig *important*	die Wichtigkeit *importance*
wahrscheinlich *probable*	die Wahrscheinlichkeit *probability*
wirklich *real*	die Wirklichkeit *reality*

-heit

dunkel *dark*	die Dunkelheit *darkness*
frei *free*	die Freiheit *freedom*
krank *ill*	die Krankheit *illness*
schön *beautiful*	die Schönheit *beauty*
sicher *certain, sure*	die Sicherheit *certainty*
wahr *true*	die Wahrheit *truth*

E Man

You have already met *man*, which means 'one' or 'you' (in the general, indefinite sense of 'you'). This has a different form in the other cases:

nom.	man
acc.	einen
gen.	eines
dat.	einem

Here are some examples:

Man kann im Hotel gut essen. *You/one can eat well at the hotel.*
Sie wollen einem nicht helfen. *They don't want to help you/one.*
Sie fragen einen nichts. *They don't ask you/one anything.*

Communicating

Telephoning

To make a long-distance call, you have to know the dialling code (*die Vorwahlnummer*), and you have to know whether you can dial direct (*durchwählen*). Here are some of the dialling codes for German towns:

Berlin	030	Hamburg	040
Düsseldorf	0211	Köln	0221
Frankfurt	0611	München	089

Addresses

Another code you might find useful is the postcode (*die Postleitzahl*) for German towns:

1000 Berlin	5000 Köln
2000 Hamburg	6000 Frankfurt
3000 Hannover	7000 Stuttgart
4000 Düsseldorf	8000 München

Note how addresses are written on envelopes:

Herrn
Karl Müller
Bergstraße 42
D 8000 München

D is short for *Deutschland*. Note that *Herr* always has an -n on the end, and the street number is written last.

Exercises

1 Sebastians Telefonnummer

(a) Someone is asking you who things belong to. Answer as follows:
e.g. Gehört dir der Mantel? (Claudia)
Nein, es ist Claudias Mantel.

1 Gehört deinen Eltern das.Auto? (Onkel Jürgen)
2 Gehören Ihnen die Schuhe? (Torsten)
3 Gehört Katrin das Buch? (Ingrid)
4 Gehört mir die Zeitung? (Herr Professor Braun)
5 Gehört Thomas das Hemd? (Michael)
6 Gehört dir das Fahrrad? (Tante Gaby)
7 Gehört Ihnen die Tasche? (Herr Doktor Schmidt)
8 Gehört euch der Stadtplan? (Ute)
9 Gehören Jutta die Handschuhe? (Frau Müller)
10 Gehört deinem Vater die Jacke? (Sebastian)

(b) Complete the following conversation:

A: Wie kommst du (*to Gaby's party*)?
B: (*I'm going in Michael's car.*)
A: Aber sein Auto hat eine Panne.
B: Wirklich? (*Then I'm going in Ute's car.*)

2 Entweder . . . oder

(a) Answer the following questions about eating in a restaurant, by translating the English:

bezahlen *to pay*

1 Was gibt es zu trinken? *Either tea or coffee.*
2 Was gibt es zu trinken? *Neither beer nor wine.*
3 Was gibt es zum Nachtisch? *Either fruit or ice-cream.*
4 Was gibt es zu essen? *Neither chicken nor fish.*
5 Wann können wir einen Tisch haben? *Either at ten or ten-thirty.*
6 Wer wird mit uns essen? *Either Sebastian or Peter.*
7 Wer wird bezahlen? *Neither Richard nor Ute.*
8 Wer hat hier schon gegessen? *Either Jutta or Gaby.*
9 Wann müssen wir zu Hause sein? *Either at eleven-thirty or twelve.*
10 Was würdest du empfehlen? *Either the poached trout or the Wiener schnitzel.*

(b) You're discussing your holiday plans. Use either *entweder . . . oder* or *weder . . . noch*:
e.g. Wir fahren zuerst nach Hamburg. Wir bleiben drei Tage in Köln.
Entweder wir fahren zuerst nach Hamburg oder wir bleiben drei Tage in Köln.

1 Wir können schwimmen gehen. Wir können zu Hause bleiben.
2 Ich will Orangensaft trinken. Ich will Milch trinken.
3 Es gibt keinen Orangensaft. Es gibt keine Milch.
4 Wir können in der Jugendherberge übernachten. Wir können in einem Hotel übernachten.
5 Wir wollen mit dem Zug fahren. Wir wollen mit dem Bus fahren.
6 Wir haben keine Zeit. Wir haben kein Geld.
7 Ich habe die Fahrkarten nicht gekauft. Ich habe die Zimmer nicht reserviert.
8 Wir können ins Theater gehen. Wir können ins Kino gehen.
9 Sebastian wird mit uns kommen. Robert wird mit uns kommen.
10 Sebastian will nicht kommen. Robert will nicht kommen.

3 Je . . . desto

(a) In this exercise, join the sentences together in the following way:
e.g. Du lernst mehr. Du wirst intelligenter.
Je mehr du lernst, desto intelligenter wirst du!

arm *poor*
ausgeben *to spend*
gesund *healthy*
üben *to practise*

1 Du wirst älter. Du wirst dummer.
2 Man ißt mehr. Man wird dicker.
3 Du gibst mehr Geld aus. Du wirst ärmer.

4 Du übst mehr. Du wirst besser.
5 Du sprichst mehr Deutsch. Du wirst besser sprechen.
6 Du liest mehr. Du wirst mehr Wörter lernen.
7 Die Leute sprechen langsamer. Ich verstehe besser.
8 Sie fahren öfter nach Deutschland. Sie werden besser Deutsch sprechen.
9 Man geht mehr spazieren. Man wird gesünder.
10 Es wird kälter. Es wird wärmer im Hause.

4 Word-building

(a) First of all, just practise making the noun from the adjective, writing down the meaning, too:
e.g. true
die Wahrheit *truth*

1 certain
2 probable
3 possible
4 ill
5 important
6 beautiful
7 real
8 dark
9 free
10 polite

(b) Now translate the following into German:

1 I'm afraid of darkness.
2 What kind of illness has he got?
3 The possibility is that he won't come.
4 Freedom is very important.
5 There's no possibility.
6 I don't know with certainty.
7 You must tell the truth. (use 'say')
8 Her beauty doesn't interest me.

5 Man

(a) You are complaining about your stay! Use *man*, as you are talking in general.

der Manager *manager*
schlafen lassen *to let (one) sleep*
wecken *to wake (someone up)*

1 You can't eat in the hotel.
2 The receptionist doesn't want to wake you.
3 You aren't allowed to eat in the room.
4 You can't go out. It's raining.
5 The music doesn't let you sleep.
6 The manager won't speak to you.
7 You can't go into the room during the day.
8 You can't park near the hotel.
9 You have to walk a long way to the town centre.
10 The receptionist won't order you a newspaper.

6 Act it out

(a) Telephoning

You are dailling directory enquires to ask about dialling codes. Complete the following conversation, practising with different towns:

A: Could you please tell me the code for . . .?
B: Yes, of course. The code for . . . is . . .

1 Düsseldorf
2 Berlin
3 München
4 Köln
5 Hamburg
6 Frankfurt

Now translate the following conversation:

A: Hallo, this is room 23. Can I dial direct to England?
B: No, I'm sorry. Could you give me the number?

(b) Letters

Complete the following conversation:

A: Could you please tell me the postcode for . . .?
B: Yes, of course. It's . . .
A: Thank you very much.
B: Not at all.

Try the conversation with different towns:

1 München
2 Hamburg
3 Stuttgart
4 Hannover
5 Köln

7 Letter-writing

This time you just have to address envelopes! Write the following addresses as a German would write them on the front of the envelope. Remember to put in the correct postcode.

1 Mr Robert Koch, 56 Schillerstraβe, Frankfurt, West Germany
2 Mrs Ilse Müller, 28 Goethestraβe, Hamburg, West Germany
3 Professor Schmidt, 61 Berggasse, Munich, West Germany
4 Doctor Alex, 141 Hauptstraβe, Cologne, West Germany

Unit 30
Eine kleine Pause!

1

(a) Listen to the conversation on tape of someone taking a phone message. Below is a copy of the handwritten message that was left. Is it correct? If not, correct it and write it out again so that it gives the correct message. (If you have trouble with the handwriting, check the typewritten version at the back!)

> Peter Langenscheidt
>
> Cordula Brundi hat angerufen. Sie kann heute abend nicht kommen, wegen einer Erkältung. Sie will dich zu einer Party einladen, am Sonntag dem siebzehnten März, um halb neun. Die Party ist bei ihr – Hörner Straße hundertelf. Kannst du bitte anrufen – 500137.
>
> Karl 14.00

(b) Was ist die Vorwahlnummer für London?
Und für Ihre Stadt?

2 Here is an extract from a tourist brochure on Stuttgart. It gives suggestions for spending your time, depending on whether you have one or two days in the city. Don't expect to understand every word, just try to get the gist well enough to answer the questions. Remember that German loves to put words together to make new words – often you can understand a 'new' word if you break it down, for example, *Besuchstag* comes from *besuchen* and *Tag*, both of which you know. Here are a few definitions of words to help you:

zweistündig *dauert zwei Stunden*
die Gaststätte *Restaurant*
der Stadtbummel *wenn man in der Stadt spazieren geht (bummelt)*
die Weinstube *wo man Wein trinken kann*
die Innenstadt *die Stadtmitte*

Ein Besuchstag

10 Uhr zweistündige Stadtrundfahrt mit Besuch des Fernsehturms (1. Mai bis 30. September), Mittagessen in einer Gaststätte der City, am Nachmittag Stadtbummel mit Besuch des Planetariums (außer montags) oder des zoologisch-botanischen Gartens „Wilhelma" oder eines Stuttgarter Museums (außer montags meist bis 16 bzw. 17 Uhr, an einigen Tagen auch bis 20 Uhr geöffnet), „Vesper" oder Abendessen in einer Weinstube.

Zwei Besuchstage

1. Tag:
Stadtrundfahrt mit Besuch des Fernsehturms (10–12 Uhr, 1. Mai bis 30. September), Mittagessen in der Innenstadt, danach Stadtbummel, Planetariums- oder Museumsbesuch, abends Konzert in der „Liederhalle" oder einem Jazzkeller oder (mittwochs, donnerstags, freitags ab 19.30 Uhr) Nachtrundfahrt des Verkehrsamtes.

2. Tag:
Schwimmen im Mineralbad Leuze oder Berg, Besuch der „Wilhelma" (Zoo); nach dem Mittagessen Stadt-und Einkaufsbummel, abends Besuch eines der Stuttgarter Theater einschl. (bis Ende Oktober) des Varieté-Theaters Killesberg (20 Uhr; nachmittags 16 Uhr ebenfalls Vorstellung!).

You and a friend have just arrived in Stuttgart (in the morning) and are discussing what to do. (Decide whether you are spending one or two days.) You've read the brochure and answer your friend's questions with reference to that, writing down your answers. Choose whatever you like from the brochure.

1 Was können wir jetzt machen?
2 Wann beginnt die Stadtrundfahrt?
3 Wie lange dauert sie?
4 Wo können wir zu Mittag essen?
5 Was machen wir am Nachmittag?
6 Wo können wir zu Abend essen?

Now imagine you have actually **done** all these things. Write a postcard to a German friend, describing your time in Stuttgart.

3

(a) Listen to the conversation on tape of someone talking to a chemist and answer the questions:

etwas Verdorbenes *something bad*

1 Was hat Claudia?
2 Warum?
3 Wie lange hat sie das schon?
4 Was kann sie essen und trinken?
5 Was soll sie morgen machen, wenn es ihr nicht besser geht?
6 Kauft sie die Tabletten?
7 Warum?

(b) Translate the following conversation into German:

A: My back hurts.
B: Is it bad?
A: Yes, very bad. It hurts when I sit down.
B: How long has it been hurting?
A: About a week.
B: Are you taking aspirin (*Aspirin*)?
A: Yes, four times a day!

4 Translate the following statements into German and then complete them as truthfully as you can. If you are working with someone else, take turns asking each other.

der Baum *tree*
das Gebäude *building*
der Ort *place*
das Tier *animal*
die Welt *world*

1 The best car is a . . .
2 The tallest building in America is . . .
3 The longest river in the world is . . .
4 The highest mountain in the world is . . .
5 The best TV programme is . . .
6 My best friend is . . .
7 The most beautiful place in the world is . . . (just your opinion!)
8 The coldest place in the world is . . .
9 The biggest city in the world is . . .

5 Answer the following questions about your holidays as truthfully as you can. If you didn't go anywhere last year, just pick a year when you **did** go! If there are two of you, interview each other.

1 Wohin sind Sie letztes Jahr in den Ferien gefahren?
2 Wie lange haben Sie dort verbracht?
3 Wie war das Wetter?
4 Was haben Sie dort gemacht?
5 Wo haben Sie gegessen?
6 Sind Sie alleine dorthin gefahren?
7 Sind Sie in einem Hotel gewesen?
8 Wie hat es Ihnen gefallen?
9 Was war Ihr Lieblingsort?

6 Here is another joke from a German magazine. It's set in a restaurant.

,,Mutti, schau mal, der Mann ißt seine Suppe mit der Gabel!" – ,,Pst, sei still!" – ,,Mutti, Mutti, jetzt trinkt er aus der Blumenvase!" – ,,Du sollst still sein!" – ,,Aber Mutti, guck mal, jetzt ißt er sogar seinen Bierdeckel auf!" – ,,Jetzt reicht's mir, gib ihm seine Brille zurück, damit endlich Ruhe ist!"

Find the words for:
flower vase
beer mat
glasses (the kind for eyes!)
I've had enough
peace, quiet

List of irregular verbs

(An asterisk (*) means that the verb takes *sein*, not *haben* in the Perfect.)
NB The verbs are given in their simplest forms. If you are wondering about a verb like gefallen, you will find the form under fallen. If you are trying to find anfangen, you should look under fangen.

verb	**present** (if it changes for **er**)	**imperfect**	**past participle**
beginnen		begann	begonnen
bitten		bat	gebeten
*bleiben		blieb	geblieben
brechen	bricht	brach	gebrochen
bringen		brachte	gebracht
denken		dachte	gedacht
empfehlen	empfiehlt	empfahl	empfohlen
essen	ißt	aß	gegessen
*fahren	fährt	fuhr	gefahren
*fallen	fällt	fiel	gefallen
fangen	fängt	fing	gefangen
finden		fand	gefunden
(*)fliegen		flog	geflogen
frieren		fror	gefroren
geben	gibt	gab	gegeben
*gehen		ging	gegangen
gewinnen		gewann	gewonnen
halten	hält	hielt	gehalten
heißen		hieß	geheißen
helfen	hilft	half	geholfen
kennen		kannte	gekannt
*kommen		kam	gekommen
laden	lädt	lud	geladen
lassen	läßt	ließ	gelassen
*laufen	läuft	lief	gelaufen
leiden		litt	gelitten
leihen		lieh	geliehen
lesen	liest	las	gelesen
liegen		lag	gelegen
nehmen	nimmt	nahm	genommen
nennen		nannte	genannt
rufen		rief	gerufen
scheinen		schien	geschienen
schlafen	schläft	schlief	geschlafen
schneiden		schnitt	geschnitten
schreiben		schrieb	geschrieben
(*)schwimmen		schwamm	geschwommen
sehen	sieht	sah	gesehen

*sein	ist	war	gewesen
singen		sang	gesungen
sitzen		saß	gesessen
sprechen	spricht	sprach	gesprochen
*springen		sprang	gesprungen
*stehen		stand	gestanden
stehlen	stiehlt	stahl	gestohlen
*steigen		stieg	gestiegen
stoßen	stößt	stieß	gestoßen
tragen	trägt	trug	getragen
treffen	trifft	traf	getroffen
trinken		trank	getrunken
tun		tat	getan
vergessen	vergißt	vergaß	vergessen
verlieren		verlor	verloren
waschen	wäscht	wusch	gewaschen
ziehen		zog	gezogen

Answer section

Unit 1

Ex. 1 **1** Der Arzt ist hier. **2** Das Haus ist hier. **3** Die Telefonnummer ist hier. **4** Die Häuser sind hier. **5** Die Platte ist hier. **6** Die Adresse ist hier. **7** Das Geschenk ist hier. **8** Das Geld ist hier. **9** Die Männer sind hier. **10** Die Frauen sind hier. **Ex. 2** **1** Das ist ein Geschenk. **2** Das ist ein Bus. **3** Das ist ein Mann. **4** Das ist eine Platte. **5** Das ist ein Arzt. **6** Das ist ein Haus. **7** Das ist eine Frau. **8** Das ist eine Telefonnummer. **9** Das ist ein Buch. **10** Das ist ein Tisch. **Ex. 3** (*a*) **1** Sie sind hier. **2** Es ist hier. **3** Er ist hier. **4** Sie ist hier. **5** Sie sind hier. **6** Er ist hier. **7** Sie ist hier. **8** Es ist hier. **9** Er ist hier. **10** Sie sind hier. (*b*) **1** c. **2** f. **3** a. **4** e. **5** b. **6** d. **7** g. **8** h. **9** j. **10** i. **Ex. 4** (*a*) Wo ist Andrea?/Wieviel Geld hast du?/Wie bitte?/Wo ist das Geschäft?/Wie ist die Adresse? (*b*) **1** Wieviel (or "was") kostet die Platte? **2** Wo ist der Bus? **3** Was ist das? **4** Wie ist die Adresse? **5** Wo ist Michael? **Ex. 5** (*a*) **1** Nein, aber *Thomas* hat das Geld! **2** Nein, aber *ich* habe eine Platte! **3** Nein, aber *ich* bin zu Hause! **4** Nein, aber *du* bist intelligent! **5** Nein, aber *wir* haben genug Geld! **6** Nein, aber *Katrin* ist da! **7** Nein, aber *Sebastian und Melanie* sind in England! **8** Nein, aber *du* hast das Geld! **9** Nein, aber *wir* sind hier! **10** Nein, aber *Tobias und Markus* haben die Adresse! (*b*) **1** hast **2** bist du **3** ist **4** habe **5** hat **6** bin **7** haben

Unit 2

Ex. 1 (*a*) ich komme/du kommst/er *etc* kommt/wir kommen/Sie kommen/sie kommen (*b*) ich heiße/du heißt/er *etc* heißt/wir heißen/Sie heißen/sie heißen; ich warte/du wartest/er *etc* wartet/wir warten/Sie warten/sie warten; ich wohne/du wohnst/er *etc* wohnt/wir wohnen/Sie wohnen/sie wohnen (*c*) **1** d. **2** e or f. **3** a or b. **4** e or f. **5** c. **6** a or b. (*d*) suchst/suche/brauche (or "suche")/kommen/heißt/heißt/wohnt/kommen/reservieren **Ex. 2** (*a*) **1** Was kosten die Zimmer? **2** Wohnt Stefan in Heilbronn? **3** Wo ist Michael? **4** Wo wohnst du? **5** Was hat er? **6** Wie geht's? **7** Wie ist die Adresse? **8** Woher kommen Sie? **9** Suchen Sie ein Zimmer? **10** Wohnt der Arzt in der Domstraße? **11** Ist das Geschenk für Michael? (*b*) **1** Haben Sie ein Doppelzimmer für heute? **2** Ist das Hotel teuer? **3** Wieviel kostet es? **4** Wo ist das Hotel? **5** Haben Sie einen Stadtplan von Hamburg? **6** Was (wieviel) kostet es? **7** Haben Sie Karten für die Stadtrundfahrt? **8** Was (wieviel) kosten sie? **9** Wann beginnt die Stadtrundfahrt? **10** Haben Sie einen Kuli? **Ex. 3** (*a*) Ich suche . . . **1** . . . ein Einzelzimmer für heute. **2** . . . einen Stadtplan von Münster. **3** . . . die Adresse von Herrn König. **4** . . . einen Kuli. **5** . . . die Empfangsdame. **6** . . . das Verkehrsamt. **7** . . . das Geld. **8** . . . ein Geschenk für Ursula. **9** . . . den Stadtplan. **10** . . . die Stadtmitte. (*b*) **1** Kommt die Empfangsdame? **2** Ich suche ein Doppelzimmer. Was/wieviel kostet es? **3** Haben Sie einen Stadtplan? **4** Wo ist der Kuli? **5** Ich suche einen Kuli! **6** Haben Sie eine Karte für die Stadtrundfahrt? **7** Haben Sie ein Buch über Köln? **8** Ich suche den Stadtplan von Köln. **Ex. 4** (*a*) **1** Nein, das ist nicht die Adresse. (Hier ist die Adresse.) **2** Nein, ich habe die Telefonnummer nicht. (Hier ist die Telefonnummer.) **3** Nein, Andrea wohnt nicht in Bremen. (Sie wohnt in Hamburg.) **4** Nein, die Stadtrundfahrt beginnt nicht um zehn. (Sie beginnt um neun.) **5** Nein, das Zimmer kostet nicht DM 40,00. (Es kostet DM 50,00.) **6** Nein, sie wohnen nicht in einem Hotel. (Sie wohnen bei Sebastian.) **7** Nein, sie kommt nicht heute. (Sie kommt morgen.) **8** Nein, der Arzt heißt nicht Herr Doktor Alex. (Er heißt Braun.) **9** Nein, ich gehe nicht zum Hotel. (Ich gehe zum Verkehrsamt.) **10** Nein, ich warte nicht. (*b*) **1** Nein, Robert und John sind nicht in Hamburg. Sie sind in Köln.

2 Nein, eine Karte für die Stadtrundfahrt kostet nicht DM 1,50. **3** Nein, sie brauchen kein Zimmer für morgen. Sie brauchen ein Zimmer für heute. **4** Nein, die Stadtrundfahrt beginnt nicht um neun. Sie beginnt um zehn. **5** Nein, das Hotel Fleischmann ist nicht teuer. Es kostet DM 50,00. **6** Nein, Deutsch ist nicht leicht! Es ist schwer (difficult)! **7** Nein, ein Auto kostet nicht DM 100,00. **8** John hat den Kuli nicht. Robert hat den Kuli. **9** Köln ist nicht in Amerika. Es ist in Deutschland. **10** Zürich ist nicht in Deutschland. Es ist in der Schweiz (Switzerland). **Ex. 5** Es tut mir leid! Hier ist . . . **1** die Adresse. **2** der Stadtplan. **3** die Karte. **4** das Geschenk. **Ex. 6 1** Komm' herein, Thomas! **2** Bitte reservieren Sie ein Zimmer für morgen. **3** Bitte kommen Sie herein, Herr Schmidt! **4** Komm' her, Melanie! **Ex. 7 1** Sabine Buchholz **2** Andreas Gerhardt **3** Christa Waldheim **4** Jutta Franz **5** Gaby Xaver-Meyer

Unit 3

Ex. 1 (*a*) **1** Wir müssen/du mußt den Dom in Köln besuchen. **2** Du mußt das Deutsche Museum in München sehen. **3** Wir müssen drei Tage in Hamburg bleiben. **4** Wir müssen ein Hotel suchen. **5** Du mußt zwei Einzelzimmer reservieren. **6** Du mußt das Hotel anrufen. **7** Wir müssen Karten für die Stadtrundfahrt kaufen. **8** Wir müssen zwei Tage bei Ursula in Heidelberg bleiben. **9** Du mußt das Schloß in Heidelberg besuchen. **10** Du mußt Rheinwein trinken. (*b*) Ich muß . . . **1** zu Hause bleiben. **2** arbeiten. **3** meine Mutter abholen. **4** Brot kaufen. **5** einkaufen. **6** zu Hause warten. **7** meinen Vater anrufen. **8** ein Geschenk für Ursula kaufen. **9** Karten für morgen holen. **10** das Hotel anrufen. **Ex. 2** (*a*) **1** Wie alt ist deine Schwester Katrin? Sie ist neunzehn Jahre alt. **2** Wie alt ist dein Bruder Thomas? Er ist fünfzehn Jahre alt. **3** Wie alt ist dein Bruder Markus? Er ist vierzehn Jahre alt. **4** Wie alt ist deine Schwester Claudia? Sie ist dreizehn Jahre alt. **5** Wie alt ist dein Freund Sebastian? Er ist achtzehn Jahre alt. **6** Wie alt ist deine Freundin Andrea? Sie ist siebzehn Jahre alt. **7** Wie alt sind deine Eltern? Sie sind fünfzig Jahre alt. **8** Wie alt sind deine Großeltern? Sie sind achtzig Jahre alt. **9** Wie alt ist dein Freund Johannes? Er ist sechzehn Jahre alt. (*b*) Hast du . . . meine Karten?/mein Buch?/meinen Stadtplan?/mein Brot?/mein Geld?/meine Platte?/meinen Kuli?/mein Geschenk?/meine Platten?/meine Adresse? **Ex. 3** (*a*) **1** Mit meiner Mutter. **2** Mit deiner Schwester. **3** Mit meinem Vater. **4** Bei deinem Bruder. **5** Mit meinen Eltern. **6** Bei meiner Freundin. **7** Bei meinem Freund. **8** Von meinem Vater. **9** Von meiner Mutter. **10** Von meinen Eltern. (*b*) **1** Aus dem Schwarzwald. **2** Mit dem Zug. **3** Bei meiner Familie. **4** Von meinem Hotel. **5** Von der Empfangsdame. **6** Von einem Freund. **7** Mit meiner Schwester. **8** Bei meinen Eltern. **9** In meiner Tasche. **10** In meinem Auto. **Ex. 4** (*a*) Kaufst du . . . **1** sie? **2** ihn? **3** ihn? **4** es? **5** sie? **6** es? **7** sie? **8** es? **9** ihn? **10** es? (*b*) **1** Ja, ich mag ihn auch. **2** Nein, ich mag es nicht. **3** Ja, ich mag es auch. **4** Ja, ich mag sie auch. **5** Ja, ich mag sie auch. **6** Nein, ich mag es nicht. **7** Nein, ich mag sie nicht. **8** Ja, ich mag sie auch. **9** Nein, ich mag ihn nicht. **10** Ja, ich mag ihn auch. (*c*) Es/ihn/er/sie/sie/sie/sie/ihn/er/er

Unit 4

Ex. 1 (*a*)

	fahren	sehen	nehmen	haben	sein
ich	*fahre*	*sehe*	*nehme*	*habe*	*bin*
du	*fährst*	*siehst*	*nimmst*	*hast*	*bist*
er/sie/es	*fährt*	*sieht*	*nimmt*	*hat*	*ist*
wir	*fahren*	*sehen*	*nehmen*	*haben*	*sind*
Sie	*fahren*	*sehen*	*nehmen*	*haben*	*sind*
sie	*fahren*	*sehen*	*nehmen*	*haben*	*sind*

(*b*) **1** hat Karten für **2** fährt nach **3** geht **4** kostet **5** nimmt **6** kommt **7** reserviert ein Zimmer **8** sieht **9** heiβt **10** ist (*c*) **1** wohnst **2** kommst **3** fährst **4** siehst **5** hast **6** nimmst **7** kaufst/siehst **8** heiβt **9** reservierst/suchst **10** gehst (*d*) **1** f. **2** b. **3** i. **4** b/e/g/j. **5** d. **6** c. **7** h. **8** b/j. **9** b/e/g/j. **10** a. **Ex. 2** (*a*) Mein Vater ist im Hotel, im Zimmer. Meine Mutter ist in der Stadt. Sie geht zum Verkehrsamt. Mein Bruder geht zum Bahnhof. Er fährt mit dem Bus. Meine Schwester ist im Café neben dem Schloβ. Ich fahre mit der Straβenbahn zum Schloβ. (*b*) **1** Neben dem Schloβ. **2** Zur Jugendherberge. **3** Mit dem Auto. **4** Im Hotel. **5** Zum Verkehrsamt **6** Vom Bahnhof. **7** In der Stadt. **8** Auf der Straβe. **9** Aus dem Automaten. **10** Im Koffer. **Ex. 3** (*a*) **1** Zu welchem Hotel? **2** Welcher Freund? **3** Welche Stadtrundfahrt? **4** Welches Geschenk? **5** Welchen Bus? **6** Welche Platte? **7** In welcher Jugendherberge? **8** Zu welchem Schloβ? **9** Welche Karten? **10** Welche Telefonnummer? (*b*) **1** Was/wieviel kostet das Hotel? **2** Was kostet die Jugendherberge? **3** Wie komme ich zur Jugendherberge? **4** Welcher Bus fährt zur Jugendherberge? **5** Wann ist die Stadtrundfahrt? **6** Wann beginnt sie? **7** Wo ist der Bahnhof? **8** Wo ist das Schloβ? **9** Woher kommen Sie? **10** Wo wohnen Sie? **Ex. 4** Ich habe . . . keinen Koffer/keine Karten/keine Zeit/kein Zimmer/kein Wechselgeld/keine Adresse/kein Geld/keine Telefonnummer/kein Auto/keinen Stadtplan/keinen Kuli.

Unit 5

Ex. 1 (*a*) **1** Nein, ich fahre nach Italien. **2** Nein, ich fahre nach Frankreich. **3** Ja, ich gehe zum Verkehrsamt. **4** Nein, ich gehe zum Bahnhof. **5** Nein, ich fahre zum Dom. **6** Ja, ich gehe zur Buchhandlung. **7** Nein, ich gehe zur Bank. **8** Nein, ich fahre nach Belgien. (*b*) **1** Ich gehe zum Hotel. **2** Er fährt nach Mannheim. **3** Gehst du zur Post? **4** Wir gehen morgen zum Verkehrsamt. **5** Michael ist zu Hause. **6** Wann gehen Sie nach Hause? **Ex. 2** (*a*) **1** Du kannst heute nicht einkaufen. **2** Ich kann meine Eltern vom Bahnhof nicht abholen. **3** Andreas kann nicht mitkommen. **4** Du kannst im Buch nicht nachsehen. **5** Sie können um zehn nicht ankommen. **6** Ich kann in München nicht umsteigen. **7** Deine Eltern können morgen nicht ankommen. **8** Du kannst zum Verkehrsamt nicht mitkommen. **9** Ich kann für meine Schwester nicht einkaufen. **10** Du kannst in Mannheim nicht umsteigen. (*b*) **1** Wann kommt der Bus in Bremen an? **2** Müssen wir in Hamburg umsteigen? **3** Kann ich mitkommen? **4** Ich muβ nachsehen. **5** Ich hole meine Schwester vom Bahnhof ab. **6** Gaby steigt in Kassel um. **7** Kannst du Thomas vom Hotel abholen? **8** Ich kaufe für meine Eltern ein. **9** Ich muβ morgen einkaufen. **10** Wir holen ihn vom Verkehrsamt ab. (*c*) Wann kommt der Zug in Heidelberg an?/Um zehn/Muβ ich umsteigen?/Ja, Sie müssen in Göttingen umsteigen./Okay. Holt Gaby mich ab?/Ja. **Ex. 3** **1** Gaby fährt nach Italien. **2** Andreas fährt nach Belgien. **3** Gehen Sie zur Post? **4** Gehst du zur Jugendherberge? **5** Ute und Andrea fahren nach Frankreich. **6** Ich gehe zum Hotel. **7** Wir fahren nach München. **8** Martin und Gisela fahren nach England. **9** Gehen Sie zum Bahnhof? (*b*) Gehst du zum Verkehrsamt?/Ja./Kannst du einen Stadtplan von Schwäbisch-Hall kaufen?/Ja. Warum?/Ich fahre morgen nach Schwäbisch-Hall. Kannst du mitkommen?/Es tut mir leid. Ich kann nicht kommen. Ich fahre mit Michael nach Heilbronn./Schade! **Ex. 4** (*a*) Kannst/Kannst/kann/muβ/muβ /können/kann/können/kannst (*b*) **1** Katrin und Christian **2** Der Angestellte **3** Katrin **4** Christian **5** Christian **6** Katrin und Christian **7** Katrin und Christian **8** Katrin **9** Katrin und Christian

Unit 6

Ex. 1 EMPFANGSDAME: Hier Hotel Fleischmann, guten Tag!
MARTIN: Guten Tag! Haben Sie ein Zimmer für heute?
EMPFANGSDAME: Ein Einzelzimmer oder ein Doppelzimmer?
MARTIN: Ein Doppelzimmer, bitte.
EMPFANGSDAME: Mit Bad oder Dusche?
MARTIN: Was kostet es mit Bad?
EMPFANGSDAME: Ein Doppelzimmer mit Bad kostet DM 85,00.
MARTIN: Das ist zu teuer für mich! Was kostet ein Zimmer ohne Bad?
EMPFANGSDAME: Ein Doppelzimmer ohne Bad kostet DM 65,00.
MARTIN: Ja, das nehme ich.
EMPFANGSDAME: Und wie lange bleiben Sie?
MARTIN: Vier Nächte.
EMPFANGSDAME: Und wie ist Ihr Name, bitte?
MARTIN: Mein Name ist Martin Oblonski.
EMPFANGSDAME: Wie schreibt man das, bitte?
MARTIN: OBLONSKI.
EMPFANGSDAME: Und woher kommen Sie, Herr Oblonski?
MARTIN: Ich komme aus England. Wie komme ich am besten zu Ihnen?
EMPFANGSDAME: Sind Sie mit dem Auto?
MARTIN: Nein. Ich bin jetzt am Bahnhof.
EMPFANGSDAME: Also, Sie können den Bus Nummer fünfunddreißig oder die Straßenbahn Nummer zehn nehmen.
MARTIN: Vielen Dank.

Ex. 2 (*a*) Ich heiße Ingrid Kästner. Ich bin 25 Jahre alt und ich wohne in Stuttgart. Meine Adresse ist Hölderlinstraße 38. Ich habe kein Auto und ich fahre mit dem Bus zur Arbeit. Ich arbeite im Verkehrsamt in der Stadtmitte.
Meine Familie wohnt nicht in Stuttgart. Mein Bruder ist verheiratet und wohnt jetzt in Heilbronn. Er hat 3 Kinder. Meine Eltern wohnen in München. Ich muß sie morgen besuchen. Ich fahre mit dem Zug. Er fährt um 8.35 Uhr und kommt in München um 10.15 Uhr an. (*b*) **1** Wie heißen Sie? (Wie ist Ihr Name?) **2** Wie alt sind Sie? **3** Wie ist Ihre Adresse? **4** Wie kommen Sie zur Arbeit? **5** Wo arbeiten Sie? **6** Wo wohnen Ihre Eltern? **7** Ist Ihr Bruder verheiratet? **8** Wo wohnt Ihr Bruder? **9** Hat er Kinder? **10** Wann fährt der Zug nach München? **Ex. 3** *across* **1** reservieren **2** Fahrkarten **3** Wiedersehen **4** Klasse **5** einen **6** Bahnhof **7** zurück **8** Stadtplan **9** Stadtrundfahrt **10** Einzelzimmer **11** Nacht *down* Verkehrsamt **Ex. 4** der Aufzug = *lift* der Parkplatz = *car-park* mit fließendem Warmwasser = *with running warm water* Zahl der Betten = *number of beds* Frühstück = *breakfast* Haustiere akzeptiert = *pets accepted* **Ex. 5** Schlafwagen = *sleeping compartment* Liegewagen = *a compartment where you can lie down, but without a proper bed* Speisen und Getränke im Zug = *food and drink on the train* an Werktagen = *on working days* an Sonntagen und allgemeinen Feiertagen = *on Sundays and bank holidays*

Unit 7

Ex. 1 (*a*) Es gibt . . . **1** ein **2** einen **3** eine **4** ein **5** ein **6** einen **7** – **8** ein **9** eine **10** eine (*b*) **1** Es gibt einen Arzt gegenüber dem Hotel. **2** Es gibt hier einen Stadtplan. **3** Es gibt eine Stadtrundfahrt um elf. **4** Es gibt ein Doppelzimmer aber keine Einzelzimmer. **5** Es gibt ein Verkehrsamt gegenüber dem Klub. **6** Es gibt eine Party um zehn bei Gisela. **7** Es gibt ein Schwimmbad nicht weit von hier. **8** Es gibt eine Straßenbahnhaltestelle gegenüber dem Bahnhof. **9** Es gibt keine Züge nach Heilbronn. **10** Es gibt kein Brot mehr. **Ex. 2** (*a*) **1** Ich möchte vier Karten für die Stadtrundfahrt, bitte. **2** Wir möchten ein Doppelzimmer für heute, bitte. **3** Ich möchte ein Käsebrot und ein Bier, bitte. **4** Wir möchten einen Stadtplan von Köln, bitte. **5** Ich möchte einen Krimi, bitte. **6** Wir möchten ein Auto für heute, bitte. **7** Wir möchten ein Zimmer in der Jugendherberge, bitte. **8** Ich möchte zweimal zweiter Klasse nach Hamburg, bitte. **9** Möchten Sie in einem Restaurant essen? **10** Möchten Sie Fleisch und Salat? **11** Möchten Sie die Stadt sehen? **12** Möchten Sie zum Dom gehen? **13** Möchten Sie ein Doppelzimmer reservieren? **14** Möchten Sie ein Bier trinken? (Now put "Möchtest du" or "willst du" in front of numbers 9–14.) (*b*) **1** Stefan will im Zimmer bleiben. **2** Wir wollen zum Schwimmbad gehen. **3** Willst du mit Gaby und Maria gehen? **4** Andreas und Katrin wollen tanzen. **5** Ich will zur Post gehen. **6** Melanie will in einem Restaurant essen. **7** Willst du auch in einem Restaurant essen? **8** Wir wollen Karten für die Stadtrundfahrt kaufen. (*c*) **1** Wir möchten vier Tage in München bleiben. **2** Ich muβ telefonieren. **3** Sie müssen warten. **4** Müssen wir Einzelzimmer nehmen? **5** Ich möchte ein Einzelzimmer. **6** Wir möchten Karten für die Stadtrundfahrt. **7** Möchten Sie tanzen gehen? **Ex. 3** (*a*) **1** Sie nehmen einen Bus und dann steigen Sie am Dom aus. **2** Sie gehen hier geradeaus und dann nehmen Sie die zweite links. **3** Sie nehmen den Bus bis zum Bahnhof und dann müssen Sie einen Zug nehmen. **4** Sie fahren bis zum Schwimmbad und dann müssen Sie umsteigen. **5** Sie gehen geradeaus bis zur Ampel und dann ist das Kino auf der linken Seite. **6** Sie müssen die Straβenbahn bis zum Verkehrsamt nehmen und dann müssen Sie fragen. **7** Sie nehmen die dritte Straβe rechts und dann ist die Haltestelle auf der linken Seite. **8** Sie warten gegenüber dem Kino und dann hole ich sie mit dem Auto ab. **9** Sie gehen bis zum Hotel Krone und dann nehmen Sie einen Bus. **10** Sie nehmen die erste Straβe rechts und dann fahren Sie geradeaus. (*b*) **1** Du nimmst die erste links und dann ist die Post auf der linken Seite. **2** Du gehst geradeaus und dann nimmst du die zweite rechts. **3** Du gehst geradeaus bis zur Ampel und dann nimmst du die zweite links. **4** Sie nehmen die erste rechts und dann ist die Post gegenüber dem Kino. **5** Sie nehmen die dritte Straβe rechts und dann sehen Sie die Post. **6** Sie gehen geradeaus bis zum Dom und dann müssen Sie jemanden fragen. **Ex. 4** (*a*) **1** jemanden **2** jemanden **3** Jemand **4** jemandem **5** jemandem **6** Jemand **7** jemand **8** jemanden **9** jemandem **10** jemand (*b*) Wo ist die Jugendherberge?/Ich weiβ nicht. Frag' jemanden!/Jemand kommt! – Entschuldigen Sie, wo ist die Jugendherberge? **Ex. 5** (*a*) **1** Doch! **2** Ja. **3** Nein. **4** Ja. **5** Doch! **6** Nein. **7** Doch! **8** Nein. **9** Doch! **10** Doch! (*b*) Ich will ein Taxi nehmen!/Nein! Wir haben nicht genug Geld./Doch!/Nein! Guck' mal! Ich habe nur drei Mark!

Unit 8 **Ex. 1** (*a*) Kann ich bitte mit . . . **1** dem Arzt sprechen? **2** einem Lehrer sprechen? **3** der Kusine von Maria sprechen? **4** einer Sekretärin sprechen? **5** der Tante von Stefan sprechen? **6** der Empfangsdame sprechen? (*b*) Ich möchte es . . . **1** der Empfangsdame geben. **2** der Sekretärin geben. **3** einem Freund geben. **4** dem Lehrer geben. **5** dem Arzt geben. **Ex. 2** (*a*) mit dem Bus/von der Stadtmitte bis zum Hotel Krone/Gegenüber dem Hotel/Nach dem Verkehrsamt (*b*) **1** Die Hotels sind nicht gut hier, auβer dem Hotel Krone. **2** Ich wohne bei meiner Freundin. **3** Sie wohnt in einem Dorf auβerhalb der Stadt. **4** Es gibt einen Park gegenüber dem Haus. **5** Ich habe jetzt ein Auto, ein Geschenk von meinem Vater. **6** Seit der Party bin ich krank. **7** Morgen gehe ich nicht mit meinem Freund zur Party. **8** Nach der Party gehen Gaby und Martin in einen Klub. **9** Maria kommt aus Amerika, aber sie wohnt jetzt hier. **10** Ich muβ diesen Brief zur Post bringen. **Ex. 3** (*a*) (examples) Gisela geht gern ins Kino, aber sie schwimmt nicht gern. Gaby spielt gern Tennis, aber sie hört nicht gern Musik. Uwe fährt nicht gern Auto, aber er tanzt gern. (*b*) Nein danke. Ich spiele nicht gern Tennis./Gehen Sie gern ins Kino?/Aber ich höre gern Musik./Tanzen Sie gern?/Ich tanze sehr gern./Danke. (*c*) **1** Spielen Sie/spielst du gern Tennis? **2** Hören Sie gern Musik? **3** Fahren Sie gern Auto? **4** Sehen Sie gern fern? **5** Gehen Sie gern ins Kino? **6** Spielen Sie gern Fuβball? **7** Tanzen Sie gern? **8** Schwimmen Sie gern im Schwimmbad? **9** Lesen Sie gern Krimis? **10** Trinken Sie gern Bier? **Ex. 4** (*a*) **1** Wollen wir schwimmen gehen?/Gehen wir schwimmen? **2** Gehen wir tanzen? **3** Gehen wir spazieren? **4** Gehen wir einkaufen? **5** Wollen wir trinken gehen? **6** Wollen wir essen gehen? **7** Gehen wir schlafen? (*b*) **1** Nein, ich will nicht schwimmen gehen. **2** Nein, ich will nicht tanzen gehen. **3** Nein, ich will nicht spazieren gehen. **4** Nein, ich will nicht einkaufen gehen. **5** Nein, ich will nicht trinken gehen. **6** Nein, ich will nicht essen gehen. **7** Nein, ich will nicht schlafen gehen.

Unit 9

Ex. 1 (*a*) Es tut mir leid, ich kenne . . . **1** ihn nicht. **2** ihn nicht. **3** sie nicht. **4** sie nicht. **5** es nicht. (*b*) Kennst du/weiβ/kenne/Weiβt/weiβ (*c*) **1** weiβ **2** weiβt **3** Kennst **4** kennt **5** kenne **6** weiβ **7** kennt **8** Kennen **Ex. 2** (*a*) **1** Sie sind **2** Er geht **3** Das Kino ist **4** Der Brief ist **5** Das Verkehrsamt ist **6** Der Briefkasten ist **7** Sie geht **8** Wir gehen **9** Sie sind **10** Meine Mutter geht (*b*) **1** über die Brücke/hinter das Rathaus. **2** Neben dem Rathaus **3** in einem guten Restaurant neben dem Bahnhof **4** am Bahnhof **5** ins Kino **6** hinter dem Markt. **7** Vor der Post **8** Unter dem Kino **Ex. 3** Was machst du am Montag abend? Ich gehe ins Kino./Was machst du am Dienstag abend? Ich gehe schwimmen./Was machst du am Mittwoch abend? Ich gehe in ein Restaurant./Was machst du am Donnerstag abend? Ich gehe zu einer Party./Was machst du am Freitag abend? Ich muβ Ute sehen./Was machst du am Samstag? Ich arbeite im Büro und dann spiele ich Tennis./Was machst du am Sonntag morgen? Ich spiele Squash./Was machst du am Sonntag nachmittag? Ich gehe ins Theater. **Ex. 4** **1** Um halb zehn. **2** Um drei. **3** Um viertel vor zehn. **4** Um viertel nach zwölf. **5** Um halb fünf. **6** Um viertel vor acht.

Unit 10

Ex. 1 (*a*) **1** Vier Bananen, bitte. **2** Fünf Brötchen . . . **3** Zwei Tragetaschen **4** Sechs Eier **5** Zwei Stadtpläne **6** Zwei Kulis **7** Drei Rückfahrkarten **8** Zwei Doppelzimmer **9** Zwei Häuser **10** Vier Autos, bitte (*b*) "Leider haben wir keine . . . mehr." **1** Einzelzimmer **2** Zeitungen **3** Karten **4** Dörfer **5** Hotels **6** Züge **7** Käsebrote **8** Fragen **9** Plastiktüten **10** Äpfel **Ex. 2** (*a*) **1** er sieht mich nicht gern. **2** sie tanzt nicht gern mit mir. **3** er gibt uns kein Geschenk. **4** er spricht nicht gern mit ihnen. **5** er liebt dich nicht. **6** er will sie dir nicht geben. **7** sie gibt ihnen kein Geschenk. **8** er sieht sie nicht gern. **9** sie hat uns nicht gern. **10** sie mag uns nicht. (*b*) **1** Gib' mir die Adresse! **2** Sieht dich morgen der Arzt? **3** Kommt er mit Ihnen? **4** Kann ich mit ihm sprechen? **5** Ist er mit ihr? **6** Gibt er dir die Telefonnummer? **7** Mag sie mich?/Hat sie mich gern? **8** Willst du mit uns gehen? **9** Wer kommt mit ihnen? **10** Er mag Sie nicht. **Ex. 3** (*a*) **1** Magst du die Bücher von Agatha Christie? **2** Ich mag den Film *Rambo*. **3** Wir mögen das Restaurant 'Drei Könige'. **4** Mag Gaby das Hotel? **5** Ingrid und Michael mögen den Klub gegenüber dem Rathaus. **6** Magst du die Filme von Steven Spielberg? **7** Mögen Sie den Film *Krieg der Sterne*? **8** Ich mag den Film nicht. **9** Helga mag die Jugendherberge nicht. **10** Wir mögen die Stadt nicht. (*b*) **1** Schwimmst du gern? **2** Spielst du gern Tennis? **3** Magst du den Film *Rocky III*? **4** Gehst du gern spazieren? **5** Magst du Madonna? **6** Hörst du gern Musik? **7** Magst du das Programm? **8** Spielst du gern Fuβball? **9** Siehst du gern fern? **10** Magst du deine Tante? **Ex. 4** **1** Ein Pfund Emmentaler, bitte. **2** Zwei Kilo Orangen, bitte. **3** Zweihundert Gramm Bierwurst, bitte. **4** Zweihundertfünfzig Gramm Edamer, bitte. **5** Ein halbes Pfund Pilze, bitte. **6** Ein halbes Kilo Butter, bitte. **7** Dreihundert Gramm Salami. **8** Vier Kilo Äpfel, bitte. **9** Ein halbes Pfund gekochten Schinken, bitte. **10** Ein viertel Pfund Teewurst, bitte. **Ex. 5** (*a*) **1** fünfundsiebzig Pfennig **2** fünfunddreiβig Mark sechsundvierzig **3** dreiundfünfzig Mark siebzehn **4** zweiundsechzig Mark dreiundzwanzig **5** siebenundachtzig Mark **6** sechsundsechzig Mark achtundneunzig **7** sechsundsiebzig Mark einundzwanzig **8** achtundzwanzig Mark zweiundsiebzig **9** vierundneunzig Mark fünf **10** vierundfünfzig Mark zwanzig (*b*) **1** Das rote Auto kostet zwölftausend Mark. **2** Das Haus kostet zweihunderttausend Mark. **3** Die Leberwurst kostet zwei Mark fünfzig. **4** Die Platte kostet fünf Mark fünfunddreiβig. **5** Zwei Einzelzimmer kosten hundertzwanzig Mark. **6** Der Stadtplan kostet zwei Mark fünfzehn. **7** Eine Orange kostet vierzig Pfennig. **8** Das blaue Auto kostet dreizehntausendvierhundert Mark. **9** Das Hotel kostet achtzig Mark. **10** Das Käsebrot kostet drei Mark zehn.

Unit 11

Ex. 1

(*a*)

angeln	to fish	geangelt	*machen*	to make, do	gemacht
arbeiten	to work	gearbeitet	*sagen*	to say	gesagt
fragen	to ask	gefragt	*schicken*	to send	geschickt
glauben	to believe	geglaubt	*segeln*	to sail	gesegelt
grüβen	to greet	gegrüβt	*spielen*	to play	gespielt
gucken	to look	geguckt	*suchen*	to look for	gesucht
hören	to hear	gehört	*tanzen*	to dance	getanzt
kaufen	to buy	gekauft	*warten*	to wait	gewartet
kosten	to cost	gekostet	*wohnen*	to live	gewohnt

(*b*) Ich habe . . . **1** Tennis gespielt. **2** in einem Restaurant gearbeitet. **3** eine Wohnung gesucht. **4** oft getanzt. **5** deinen Eltern viele Briefe geschickt. **6** gesegelt. **7** Musik gehört. **8** einen Plattenspieler gekauft. **9** Squash gespielt. **10** Karten gespielt. (*c*) **1** Wir haben jeden Tag Karten gespielt. **2** Du hast mit Andreas gesegelt. **3** Ich habe meinen Eltern keine Postkarten geschickt. **4** Gaby hat kein Tennis gespielt. **5** Hans und Martin haben in einem Hotel gearbeitet. **6** Ihr habt/Sie haben ein Auto gekauft. **Ex. 2** (*a*) **1** Ihr wohnt in einer Wohnung, nicht? **2** Ihr arbeitet in einem Verkehrsamt, nicht? **3** Ihr habt ein Auto, nicht? **4** Ihr spielt gern Tennis, nicht? **5** Ihr wohnt auf dem Lande, nicht? **6** Ihr angelt jedes Wochenende, nicht? **7** Ihr wohnt nicht bei Helga? **8** Ihr hört gern Musik, nicht? **9** Ihr habt letzte Woche Richard besucht, nicht? **10** Ihr habt mir die Adresse geschickt, nicht? (*b*) **1** Jetzt kaufe ich ein Geschenk für *euch*! **2** Jetzt sage ich "nein!" zu *Ihnen*! **3** Jetzt arbeite ich für *dich*! **4** Jetzt wohne ich bei *euch*! **5** Jetzt frage ich *dich* viel! **6** Jetzt kaufe ich Karten für *Sie*! **Ex. 3** (*a*) **1** Ihr solltet ein Doppelzimmer und ein Einzelzimmer reservieren. **2** Ihr solltet mit dem Zug fahren. **3** Du solltest nicht in einem Hotel wohnen. **4** Richard sollte in einer Jugendherberge wohnen. **5** Ihr solltet jeden Tag einen Brief schreiben. **6** Du solltest kein Bier trinken. **7** Ihr solltet viele Kleider mitnehmen. **8** Du solltest im Verkehrsamt fragen. **9** Richard sollte Tante Maria besuchen. **10** Ihr solltet den Dom in Köln (den Kölner Dom) besuchen. (*b*) Ich weiβ nicht. Ich habe Hunger/Du solltest essen!/Du solltest Aspirin nehmen./Du solltest schlafen gehen! **Ex. 4** (*a*) **1** Ist Gaby da? Kann ich mit ihr sprechen? **2** Ist Uwe da? Kann ich mit ihm sprechen? **3** Sind Herr und Frau Köstler da? Kann ich mit ihnen sprechen? **4** Sind meine Eltern da? Kann ich mit ihnen sprechen? **5** Ist mein

Vetter da? Kann ich mit ihm sprechen? **6** Ist meine Tante da? Kann ich mit ihr sprechen? **7** Ist meine Kusine da? Kann ich mit ihr sprechen? **8** Ist meine Schwester da? Kann ich mit ihr sprechen? **9** Sind Andreas und Melanie da? Kann ich mit ihnen sprechen? **10** Ist der Lehrer da? Kann ich mit ihm sprechen? (*b*) **1** Er ist auf dem Tisch. **2** Ich kenne ihn nicht. **3** Ja, ich fahre mit ihm nach Bonn. **4** Sie ist krank. **5** Ich hole sie ab. **6** Ja, ich fahre mit ihr. **7** Es ist sehr gut. **8** Ich gebe es Michael. **9** Ja, ich sehe sie am Samstag. **10** Ja, ich fahre mit ihnen nach England.

Unit 12

Ex. 1 Also, wir sind jetzt im Verkehrsamt, nicht, in Unter Fettenhennen? Also, Sie gehen rechts in Unter Fettenhennen und gehen geradeaus. Am Ende von Unter Fettenhennen beginnt die Hohe Straβe, aber Sie gehen immer geradeaus bis zur Minoritenstraβe. Da biegen Sie links ab und gehen wieder geradeaus. Sie nehmen die vierte Straβe rechts und da ist der Alte Markt in der Bechergasse, zwischen der Bechergasse und dem Unteren Käster.
Wir sind jetzt am Alter Markt, nicht, gegenüber dem Rathaus? Also, Sie gehen hier rechts in die Bechergasse und dann links in die Straβe Am Hof. Am Ende von Am Hof biegen Sie rechts in Unter Fettenhennen ab. Sie gehen am Verkehrsamt vorbei. (Der Dom ist rechts gegenüber dem Verkehrsamt.) Am Ende von Unter Fettenhennen gehen sie geradeaus in die Marzellenstraβe und dann gleich links. Die Post ist auf der rechten Seite, gegenüber der St. Andreas Kirche.
Welche brauchen Sie? Es gibt zwei. Es gibt eine in der Nähe vom Zoo, aber die ist ziemlich weit. Nicht die? Also, wir sind jetzt in der Schildergasse, an der Antoniterkirche, nicht? Also, wenn Sie hier rechts gehen, biegen Sie in die Gürzenichstraβe ein und dann immer geradeaus bis zum Heumarkt. Dann gehen Sie immer geradeaus über die Deutzer Brücke. Wenn Sie über den Rhein kommen, biegen Sie links in die Mindener Straβe ein und gehen dann geradeaus bis zum Ottoplatz. Die Jugendherberge ist rechts, gegenüber dem Bahnhof.
Ex. 4 *Liebe Margaret!* Es gibt nichts zu essen im Hause! Ich will Bratwurst mit Kartoffelsalat und Salat zum Abendessen haben, aber ich habe keine Zeit, um einkaufen zu gehen! Kannst du bitte alles für mich kaufen. (Für den Kartoffelsalat brauchen wir auch Zwiebeln, Petersilie und Öl.) Wir können Trauben zum Nachtisch essen, und ich brauche auch Brot und Butter. Vielen Dank!
Ex. 5 nach/mit dem/mich vom/sie/mir/ihr/mit ihm/gegenüber/uns/auβer/sie/von ihnen **Ex. 6** Möchten Sie ein Zimmer mit Dusche?/Gibt es ein Restaurant im Hotel?/Können Sie mir bitte das Telefonbuch geben? Ich will mit jemandem sprechen./Doch!/Gehen Sie gern ins Kino?/Möchten Sie heute abend ins Kino gehen?/Mit Ihnen?/Was läuft denn gerade?
Ex. 7 Am Montag gehe ich abends schwimmen, von halb sieben bis halb acht. Am Dienstag muβ ich um Viertel vor acht bei meiner Tante sein. Am Mittwoch gehe ich um Viertel nach sieben ins Kino. Am Freitag hat Gaby eine Party – sie beginnt um halb neun. Am Samstag fahre ich nach Köln.

Unit 13

Ex. 1 (*b*) **1** Ich habe viel getan! **2** Ich habe ein Buch gelesen. **3** Ich habe einen Brief geschrieben. **4** Ich habe mit meinen Eltern gesprochen. **5** Ich habe einen Film gesehen. **6** Ich habe meinen Freund getroffen. **7** Ich habe einen Bus bis zum Schwimmbad genommen. **8** Ich habe geschwommen. **Ex. 2** (*a*) **1** Bist du mit dem Auto gekommen? **2** Bist du zum Museum gegangen? **3** Bist du gestern zum Schloβ Neuschwanstein gefahren? **4** Bist du gestern abend ins Kino gegangen? **5** Bist du lange Schlange gestanden? **6** Bist du krank gewesen? **7** Bist du zu Hause gewesen? (*b*) Wohin sind Sie (bist du) letztes Jahr gefahren?/Haben Sie (Hast du) Französisch gesprochen?/Haben

Sie/Hast du in einem Hotel gewohnt?/Sind Sie/Bist du zum Louvre gegangen?/Und wie hat es Ihnen/dir gefallen? **Ex. 3** (*a*) Du darfst nicht . . . **1** rauchen. **2** Bier trinken. **3** *Rambo* sehen. **4** Bonbons essen. **5** in einen Pub gehen. **6** spät schlafen gehen. **7** am Sonntag Karten spielen. **8** vergessen! (*b*) Ich kann nicht kommen. Ich muβ arbeiten./Du solltest nicht so viel arbeiten!/Wirklich, ich sollte nicht kommen./Aber du kannst sie am Sonntag machen!/Sie dürfen hier nicht sprechen! (They're in a library!) **Ex. 4** (*a*) and (*b*) **1** Gefällt dir/Ihnen der Garten? **2** Gefällt dir/Ihnen das Schwimmbad? **3** Gefällt dir/Ihnen das Dorf? **4** Gefällt dir/ihnen das Hotel? **5** Gefallen dir/Ihnen die Restaurants? **6** Gefallen dir/Ihnen die Kleider? **7** Gefällt dir/Ihnen das Schloβ? **8** Gefallen dir/Ihnen die Zimmer? **9** Gefällt dir/Ihnen das Auto? **10** Gefällt dir/Ihnen das Museum? (*c*) **1** Das Hotel gefällt meiner Mutter nicht. **2** Das Museum gefällt meinem Vater. **3** Das Schloβ gefällt meinem Bruder. **4** Das Restaurant gefällt meinen Eltern nicht. **5** Der Pub gefällt mir. **6** Die Geschäfte gefallen meiner Schwester. **7** Das Schwimmbad gefällt meinen Geschwistern nicht. **8** Der Garten gefällt meiner Tante. **9** Die Stadt gefällt meinem Onkel. **10** Der Film gefällt meinem Vetter. **Ex. 5** (*a*) **1** Den zehnten Mai. **2** Den dreiundzwanzigsten Januar. **3** Den ersten März. **4** Den siebten Juni. **5** Den achtundzwanzigsten Juli. **6** Den dritten August. **7** Den dritten Dezember. **8** Den dreizehnten Februar. **9** Den siebzehnten Oktober. **10** Den zwölften September. (*b*) **1** Mein Geburtstag ist am vierzehnten April. **2** Meine Eltern kommen am zweiundzwanzigsten März an. **3** Michael ist am dritten Juni nach Frankreich gefahren. **4** Der Film beginnt am dreiβigsten September. **5** Wir müssen bis zum achtzehnten Januar bleiben. **6** Meine Schwester hat am neunten Februar Geburtstag. **7** Am fünfzehnten Oktober will uns meine Mutter besuchen. **8** Meine Tante ist am achtzehnten Mai angekommen. **9** Hoffentlich fahren wir am elften August nach Italien. **10** Warum ist er am vierten Dezember nach Hause gefahren?

Unit 14

Ex. 1

(*a*)	*ankommen*	to arrive	angekommen
	abholen	to fetch	abgeholt
	austrinken	to drink up	ausgetrunken
	einladen	to invite	eingeladen
	hingehen	to go there	hingegangen
	mitbringen	to bring with (you)	mitgebracht
	nachdenken	to think s.th. over	nachgedacht
	nachsehen	to check	nachgesehen
	umsteigen	to change (trains)	umgestiegen
	wegfahren	to drive away	weggefahren
(*b*)	*beginnen*	to begin	begonnen
	besuchen	to visit	besucht
	verbringen	to spend time	verbracht
	verkaufen	to sell	verkauft
	verstehen	to understand	verstanden

(*c*) **1** Haben Sie den Dom besucht? **2** Wo hast du deine Karte für die Stadtrundfahrt gekauft? **3** Was hat sie gekostet? **4** Hast du mit der Empfangsdame gesprochen? **5** Haben Sie das Rathaus gesehen? **6** Habt ihr einen Stadtplan gekauft? **7** Haben Sie das deutsche Bier getrunken? **8** Wie lange hat er im Dom verbracht? **9** Wann hat die Vorstellung begonnen? **10** Was haben sie im Hotel gegessen? **11** Vor zwei Jahren bin ich in Hamburg gewesen. **12** Meine Kusine ist mit mir gekommen. **13** Wir sind dort drei Wochen geblieben. **14** Wir sind mit dem Zug gefahren. **15** Wir sind in Bremen umgestiegen. (*d*) **1** Wirklich? Aber er hat sie gestern gesehen. **2** Wirklich? Aber ihr habt ihn gestern besucht. **3** Wirklich? Aber sie ist gestern gekommen. **4** Wirklich? Aber er hat ihn gestern besucht. **5** Wirklich? Aber du hast sie gestern begonnen. **6** Wirklich? Aber Sie haben ihn gestern eingeladen. **7** Wirklich? Aber sie hat es gestern verkauft. **8** Wirklich? Aber Sie sind gestern in Berlin gewesen. **9** Wirklich? Aber sie hat gestern von ihnen gehört. **10** Wirklich? Aber sie haben gestern mit ihm gesprochen. (*e*) Wir sind in Regensburg geblieben und dann sind wir gestern in München angekommen. Wir haben das Hofbräuhaus besucht und haben sehr gutes Bier getrunken. Gisela hat uns zu einer Party eingeladen. Ich habe mit einem netten Deutschen getanzt. Vorher sind wir in ein sehr gutes Restaurant gegangen und haben ein wunderbares Essen gegessen. Ich verstehe gut Deutsch, aber ich habe Bayerisch nicht gut verstanden. Ich habe Karten für die Stadtrundfahrt gekauft. **Ex. 2** (*a*) **1** b, c, e. **2** a, d, g. **3** b, f. **4** a, d, g. **5** all **6** a, d, g. **7** b, f. (*b*) **1** Vor drei Tagen ist meine Kusine nach Italien gefahren. **2** Am Wochenende hat mein Vater ein neues Auto gekauft. **3** Letzte Woche hat meine Mutter meine Tante besucht. **4** Gestern ist mein Bruder tanzen gegangen. **5** Vorher hat er in einem Lokal gegessen. **6** Gestern nachmittag hat meine Schwester Tennis gespielt. **Ex. 3** **1** Ein Amerikaner kommt aus Amerika und spricht Englisch. Seine Frau ist Amerikanerin. **2** Ein Deutscher kommt aus Deutschland und spricht Deutsch. Seine Frau ist Deutsche. **3** Ein Franzose kommt aus Frankreich und spricht Französisch. Seine Frau ist Französin. **4** Ein Spanier kommt aus Spanien und spricht Spanisch. Seine Frau ist Spanierin. **5** Ein Italiener kommt aus Italien und spricht Italienisch. Seine Frau ist Italienerin. **6** Ein Engländer kommt aus England und spricht Englisch. Seine Frau ist Engländerin. **Ex. 4** Nur/erst/nur/nur/erst **Ex. 5** **1** schwimmen. **2** Tennis spielen. **3** tanzen gehen. **4** einen Film sehen. **5** in einem Restaurant essen. **6** ins Kino gehen. **7** ins Theater gehen.

Unit 15

Ex. 1 (examples) (*a*) **1** Ein interessantes Buch! **2** Ein schlechter Film! **3** Eine dumme Frage! **4** Ein billiges Hotel! **5** Eine lange Fahrt! **6** Ein teures Restaurant! **7** Ein kurzer Mantel! **8** Ein langweiliges Taschenbuch! **9** Ein guter Mann! **10** Eine intelligente Frau! (*b*) Ich möchte . . . **1** einen guten Krimi. **2** ein rotes Auto **3** ein kleines Bier **4** einen blauen Kuli. **5** ein interessantes Buch. **6** ein halbes Pfund Pilze. **7** ein großes Käsebrot. **8** ein ruhiges Zimmer. **9** ein teures Restaurant **Ex. 2** (*a*) **1** Wo waren Sie um halb sechs? **2** Ich war zu Hause. **3** Meine Mutter war im Bett. **4** Mein Vater und mein Bruder waren im Garten. **5** Wo warst du, Hans? **6** Wo wart ihr, Ute und Gaby? **7** Wir waren im Park. **8** Ich war nicht im Geschäft. **9** Wir waren nicht in der Stadt. **10** Mein Bruder war nicht da! (*b*) Wohin sind Sie letztes Jahr gefahren?/Nach Frankreich./Wo waren Sie?/In Nice./War das Wetter das Wetter gut?/Ja, sehr gut. **Ex. 3** (*a*) **1** Michael hat es fallen lassen **2** Katrin hat ihn im Auto liegen lassen. **3** Ingrid hat es fallen lassen. **4** Christian hat ihn im Hotel liegen lassen. **5** Karin hat ihn im Zimmer liegen lassen/gelassen. **6** Es tut mir leid, ich habe sie fallen lassen. **7** Thomas und Gaby haben sie in der Jugendherberge liegen lassen. **8** Susanne hat die Flasche fallen lassen. **9** Ihr habt ihn in der Straßenbahn liegen lassen. **10** Ja, ich habe sie im Hotelzimmer liegen lassen. (*b*)/Ich habe mein Portemonnaie verloren./Wo hast du es gelassen?/Ich glaube, ich habe es im Zug liegen lassen./Du mußt zum Fundbüro gehen. **Ex. 4** (*a*) **1** Das Taschenbuch gehört meiner Mutter. **2** Die Postkarte gehört dir. **3** Die Platte gehört meinem Bruder.

4 Der Koffer gehört meiner Schwester. **5** Die Tasche gehört meiner Freundin. **6** Der Kuli gehört mir. **7** Das Auto gehört meinem Vater. **8** Der Hund gehört meinen Eltern. **9** Der Stadtplan gehört uns. **10** Die Karten gehören Michael und Claudia. (*b*) **1** Gehört das Auto ihrer Mutter? **2** Gehört das Bier meinem Vetter? **3** Gehören Ihren (*or* deinen) Eltern die Karten? **4** Gehört Ihnen der Koffer? **5** Gehört dir der Kuli? **6** Gehört mir das Buch? **7** Gehören uns die Regenmäntel? **8** Gehört ihnen das Haus? **9** Wem gehört der Regenschirm? **10** Gehören die Kleider Gaby? **Ex. 5** (*a*) Es ist . . . **1** fünfundzwanzig Minuten vor neun (*or* acht uhr fünfunddreiβig). **2** Viertel vor vier. **3** fünf Minuten nach zwei. **4** zwanzig Minuten nach fünf. **5** Viertel nach sieben. **6** zwanzig Minuten vor fünf. **7** zehn Minuten vor zwei. **8** halb sieben. **9** drei Minuten nach zehn. **10** sechs Minuten vor elf. (*b*) **1** Um Viertel vor zehn gehe ich tanzen. **2** Um zwanzig Minuten vor neun spiele ich Squash. **3** Um Viertel nach elf gehe ich schwimmen. **4** Um drei Uhr gehe ich einkaufen. **5** Um fünf Minuten nach sieben gehe ich ins Kino. **6** Um zehn Minuten nach zwölf gehe ich in ein Restaurant. **7** Um halb neun arbeite ich. **8** Um zehn Minuten vor sieben sehe ich meinen Vater.

Unit 16

Ex. 1 (*a*) **1** Die schwarze Tasche. **2** Die braunen Schuhe. **3** Den grünen Regenmantel. **4** Die gelben Handschuhe. **5** Die rote Jacke. **6** Den roten Koffer. **7** Den blauen Regenschirm. **8** Das teure Auto. **9** Das kleine Portemonnaie. **10** Das billige Taschenbuch. (*b*) Eine blaue Jacke./Der grüne Mantel gefällt mir besser./Die Kleider sind sehr teuer./Ja, es ist ein teures Geschäft/Wohnst du in einem groβen Hotel?/Ja, es ist ein sehr teures Hotel/Im kleinen Park neben dem Hotel./Okay, wann ist die nächste Vorstellung? **Ex. 2** (*a*) **1** Thomas hatte Wiener Schnitzel. **2** Ich hatte Brathähnchen. **3** Wir hatten Suppe. **4** Du hattest Schwarzwälder Kirschtorte. **5** Ihr hattet Eiskrem. **6** Sie hatten Pfeffersteak. **7** Boris und Melanie hatten Wurst und Kartoffelsalat. (*b*) **1** Wir sind in ein gutes Restaurant gegangen. **2** Es war sehr teuer. **3** Ich hatte Steak und Pommes frites. **4** Sebastian hatte Obstsalat. **5** Wir sind ins Kino gegangen. **6** Der Film war sehr schlecht, sehr langweilig. **7** Das Auto hatte eine Panne. **8** Das Wetter war schlecht. **9** Ich hatte keinen Regenmantel. **10** Ich habe eine Erkältung. **Ex. 3** (*a*) Was für . . . hast du? **1** ein Haus **2** ein Auto **3** einen Garten **4** einen Plattenspieler **5** eine Armbanduhr **6** Platten **7** Bücher **8** Kleider **9** einen Tisch **10** eine Wohnung (*b*) **1** Was für Musik hören Sie gern? **2** Was für Bücher lesen Sie? **3** Was für Filme mögen Sie? **4** Was für Kleider mögen Sie? **5** Was für Fernsehprogramme sehen Sie? **6** Was für Hobbies haben Sie? **Ex. 4** (*a*) Ich brauche nicht . . . **1** meine Mutter vom Bahnhof abzuholen. **2** einen Tisch zu reservieren. **3** zwei Zimmer im Hotel zu reservieren. **4** Karten für die Stadtrundfahrt zu reservieren. **5** Obst zu kaufen. **6** mit meinem Vater zu sprechen. **7** meine Schwester anzurufen. (*b*) Es ist leicht/schwer . . . **1** Tennis zu spielen. **2** Deutsch zu lernen. **3** Auto zu fahren. **4** zu kochen. **5** Französisch zu sprechen. **6** Fuβball zu spielen. **7** zu singen. **8** Englisch zu sprechen. **9** einen Brief zu schreiben. **10** zu segeln.

Unit 17

Ex. 1 (*a*) Wir haben zwei Einzelzimmer in einem guten Hotel reserviert, aber sie haben uns nur ein Doppelzimmer gegeben. Wir haben im Restaurant im Hotel gegessen, aber wir haben Durchfall gehabt. Wir haben uns geärgert. Wir haben den Arzt gesehen. Das Wetter war sehr schlecht. Es hat die ganze Zeit geregnet. Wir sind nur zwei Tage dort geblieben. Wir sind nach Regensburg gefahren. Wir haben eine Woche dort verbracht. Wir haben uns gut amüsiert. Wir haben ein bißchen Deutsch gesprochen. Die Leute haben mich gut verstanden. Wir haben ein schönes Bild gekauft. Wir haben ein wunderbares Essen in einem sehr teueren Restaurant gegessen. (*b*) **1** Nein, ich habe gestern abend gearbeitet. **2** Nein, sie hat gestern einen Platz reserviert. **3** Nein, ich habe ihn gestern eingeladen. **4** Nein, ich habe sie gestern besucht. **5** Nein, sie haben sie gestern getrunken. **6** Nein, wir haben ihn gestern abgeholt. **7** Nein, ich habe es gestern gelesen. **8** Nein, er hat es gestern verkauft. **9** Nein, sie hat ihn gestern gesehen. **10** Nein, sie sind gestern zu ihm gekommen. **Ex. 2** **1** Was hat er? (Was ist los mit ihm?) **2** Ihm war kalt im Hotel. **3** Es tut mir leid. **4** Wie geht es *dir* (*Ihnen*?) **5** (Es geht mir) gut. **6** Das Wetter hier ist nicht schlecht. Es regnet in England. **7** Nein, es schneit! **8** Aber es friert mich hier! **9** Wirklich? Mir ist warm. **10** Du hast Glück! **Ex. 3** (*a*) Hast du . . . gesehen? **1** die Jacke meiner Kusine **2** den Stadtplan meines Vaters **3** die Tragetasche meiner Mutter **4** die Fahrkarte meines Onkels **5** die Telefonnummer des Arztes **6** das Geld meines Vetters **7** den Kuli der Empfangsdame **8** das Auto meines Bruders **9** das Buch des Lehrers **10** die Adresse des Arztes (*b*) **1** trotz **2** während **3** während **4** statt **5** wegen/während **6** wegen (*c*) zum Verkehrsamt/Trotz des schlechten Wetters/Wegen der vielen Touristen/hinter dem Rathaus/Während des Tages/statt eines Tages/neben dem Museum/mit meinem Bruder **Ex. 4** (*a*) Hat sich dein Bruder von der Grippe erholt?/Ja, aber ich habe mich erkältet./Willst due dich setzen?/Freust du dich auf die Party?/es lohnt sich nicht./Warum hast du dich nicht angezogen?/Jetzt ziehe ich mich an. (*b*) **1** Amüsiert ihr euch? **2** Er hat sich nicht angezogen. **3** Hast du dir die Hände gewaschen? **4** Hat sie sich erkältet? **5** Haben sie sich erholt? **6** Du mußt dich ausziehen. **7** Es lohnt sich nicht. **8** Wir haben uns gut amüsiert. **9** Sie haben sich geärgert. **Ex. 5** (*a*) **1** Du hast Glück gehabt! **2** Du hast Pech gehabt! **3** Du hast Pech! **4** Du hast Glück! **5** Du hast Glück! **6** Du hast Pech! **7** Er hat Glück! **8** Er hat Pech. (*b*) **1** Die Arme! **2** Du Arme/Armer! **3** Der Arme! **4** Du Arme/Armer! **5** Die Armen! **6** Der Arme! **7** Die Arme!

Unit 18

Ex. 1 (*b*)

ANGESTELLTER: Hier Fundbüro der Straßenbahnen, guten Tag!
CHRISTA: Guten Tag! Ich habe mein Portemonnaie verloren.
ANGESTELLTER: Ja? Wann haben Sie es verloren?
CHRISTA: Gestern abend.
ANGESTELLTER: Also, am einundzwanzigsten Juli. Um wieviel Uhr, so ungefähr?
CHRISTA: Ich weiß nicht genau. Ziemlich spät – vielleicht um halb zwölf.
ANGESTELLTER: Und wo haben Sie dieses Portemonnaie verloren, in welcher Straßenbahn?
CHRISTA: Ich habe es in der Linie 8 liegen lassen, Richtung Bahnhof.
ANGESTELLTER: War Ihr Name darin?
CHRISTA: Ja.
ANGESTELLTER: Und wie heißen Sie?
CHRISTA: Mein Name ist Christa Bücheler.
ANGESTELLTER: Und wie ist Ihre Adresse, bitte?
CHRISTA: Ich wohne in Heilbronn, Neckarstraße 27.
ANGESTELLTER: Und wie sieht Ihr Portemonnaie aus?
CHRISTA: Es ist dunkelbraun, aus Leder, ziemlich alt.
ANGESTELLTER: Moment mal, ich sehe mal nach . . .

Ex. 2 ALEXANDRA: Wie lange bist du schon hier in Deutschland, Robert?
ROBERT: Schon seit einer Woche.
ALEXANDRA: Und wie gefällt es dir?
ROBERT: Wirklich sehr gut! Und wir haben Glück mit dem Wetter!
ALEXANDRA: Ja, das stimmt! Und bist du schon einmal in Deutschland gewesen?
ROBERT: In Deutschland schon, aber in Heidelberg nicht. Es ist das erste Mal, daβ ich in Heidelberg bin.
ALEXANDRA: Und wie lange lernst du schon Deutsch?
ROBERT: Erst seit einem Jahr.
ALEXANDRA: Wirklich?! Aber du sprichst sehr gut!
ROBERT: Das ist nett von dir, aber das stimmt nicht. Ich verstehe oft nichts, wenn die Leute sehr schnell sprechen.
ALEXANDRA: Und wie lange bleibst du bei uns?
ROBERT: Zwei Wochen. Ich muβ am siebenundzwanzigsten zurückfahren.
ALEXANDRA: Und was hast du schon gesehen?
ROBERT: Vor zwei Tagen habe ich die Universität besucht – wunderschön! Und das alte Schloβ mit dem Fluβ!
ALEXANDRA: Und was hast du morgen vor?
ROBERT: Ich weiβ es nicht.
ALEXANDRA: Wenn du willst, können wir eine Schiffstour auf dem Neckar machen.
ROBERT: Ja, das ist eine gute Idee!

Ex. 3 (*b*) MANN: Wir sind am dreiβigsten in Stuttgart angekommen, nicht?
FRAU: Nein! am neunundzwanzigsten!
MANN: Und wann haben wir die Endkämpfe gesehen, am ersten September?
FRAU: Nein, am dreiβigsten und einunddreiβigsten August! Am ersten September haben wir die Stadt besucht.
MANN: Und dann sind wir am zweiten September durch den Schwarzwald gefahren und haben den Bodensee gesehen, nicht?
FRAU: Ja, das stimmt.
MANN: Und dann sind wir nach Hause geflogen.
FRAU: Nein, wir sind erst am dritten September nach Hause geflogen! Wir haben zuerst Heidelberg besucht!
MANN: Jaja, sehr schön!

Ex. 6 Letztes Jahr sind wir nach Deutschland gefahren. Wir haben das Auto nicht mitgebracht und muβten mit dem Zug fahren. Es war sehr interessant. Ich habe viele schöne Sachen gekauft. Ich konnte sie nicht in meinem Koffer tragen und habe sie nach England geschickt. Wir haben Hamburg im Norden und München im Süden besucht. Ich glaube, meine Lieblingsstadt war Heidelberg. Die mittelalterliche Stadt am Fluβ, mit dem Schloβ in der Mitte, hat mir sehr gut gefallen. Ich habe zu viel gegessen und bin jetzt vier Kilo schwerer. Torte mit Sahne in jeder Kaffeepause!

Ex. 8

Vorspeise

Matjesfilet "Hausfrauen Art", frische Salzkartoffeln mit Speck (herring "housewife style", boiled potatoes and bacon) DM 6.75

Frische Oslo Shrimps "eigene Art" (fresh Olso shrimps "in our own style") DM 9,50

Melonen-Schiffchen "Hongkong" – Cantaloupe-Melone mit Krabben, Scampis, Lachs und Aal DM 17,50

(melon-boat "Hongkong" – cantaloupe melon with prawns, scampi, salmon and eel)

Beefsteak Tartar, mit Brot und Butter	DM 10,00
Suppen	
Französische Zwiebelsuppe (French onion soup)	DM 4,00
Original ungarische Gulaschsuppe (original Hungarian goulash soup)	DM 4,50
Hühnerbrühe (chicken soup)	DM 4,00
Eierspeisen	
Omelette "norwegische Art", mit Krabben, Lachs, Aal (Norwegian omelette, with prawns, salmon and eel)	DM 9,00
Rühreier "Jäger Art", Röstkartoffeln (scrambled eggs "hunter-style", roast potatoes)	DM 9,00
Fischgerichte	
Heilbutt vom Grill, Tomaten vinaigrettes, Rissolees Kartoffeln (grilled halibut, vinaigrette tomatoes and potato cakes)	DM 13,50
Forelle, blau, mit grünem Salat, Petersilienkartoffeln (poached trout with green salad and parsley potatoes)	DM 15,00
Fleischgerichte	
Pfeffersteak "Pariser Art" – Schalottenbutter, Cognac, Knoblauch – mit französischem Weiβbrot und gemischtem Salat ("steak au poivre" done in the Parisian style in shallot-butter with cognac and garlic, with French bread and mixed salad)	DM 19,50
Kalbssahneschnitzel mit Salat und Kartoffelkroketten (veal in cream souce with salad and croquette potatoes)	DM 14,00
Jägerschnitzel mit Pommes frites (cutlet "hunter-style" with chips)	DM 13,50
Filetgulasch "Stroganoff" mit Selleriesalat und Reis (beef Stroganoff with celery salad and rice)	DM 14,00
Nachspeisen	
Vanilleeis mit Sahne oder heiβer Schokoladensauce (vanilla icecream with cream or hot chocolate sauce)	DM 4,50
Zitronencreme (lemon mousse)	DM 5,00
Pfirsich Melba (peach melba)	DM 5,50
Obstsalat mit Maraschino (fruit salad with Maraschino)	DM 7,00

Bedienung und Mehwertssteuer inklusiv (inclusive of service and VAT)

Unit 19

Ex. 1 (*a*) **1** Als mein Vater in Frankreich war, hat es die ganze Zeit geregnet. **2** Weil er nicht genug Geld hatte, konnte er nicht nach Amerika fahren. **3** Wenn ich nach Deutschland fahre, will ich meinen Onkel besuchen. **4** Als mein Bruder nach Italien gefahren ist, hat es ihm gut gefallen. **5** Weil sie ihre Eltern sehen wollte, ist sie nach Australien gefahren. **6** Wenn es regnet, will ich zu Hause bleiben. **7** Als ich um die Ecke gefahren bin, bin ich mit einem anderen Auto zusammengestoβen. **8** Als er den Unfall gesehen hat, hat er die Polizei gerufen. **9** Weil sie Grippe hatte, konnte sie nicht zur Party gehen. **10** Wenn du fertig bist, können wir gehen. (*b*) **1** Als Michael nach Deutschland gefahren ist, hat er den Koffer gekauft. **2** Weil Ingrid ihr

Portemonnaie verloren hat, kommt sie spät. **3** Wenn sie kann, kommt Stefanie zurück. **4** Weil sie krank ist, kann Gaby nicht kommen. **5** Als Thomas gestern in der Stadt war, hat er den Stadtplan gekauft. **6** Weil sie sehr müde war, ist Melanie um halb zehn schlafen gegangen. **7** Als er letzte Woche in München war, hat Peter die Frauenkirche gesehen. **8** Weil sein Vater ihm das Geld gegeben hat, hat Markus ein neues Auto gekauft. **9** Wenn wir genug Geld haben, wollen wir ein Geschenk für Gisela kaufen. **10** Als sie mit dem Zug nach Bonn gefahren ist, hat Stefanie den Mantel verloren. **Ex. 2** (*a*) **1** Wann **2** Als **3** Wenn **4** Als **5** Als **6** Wann **7** Wann **8** Wenn **9** Als **10** Als (*b*) Wann bist du nach Deutschland gefahren?/Letztes Jahr./Was hast du dort gemacht?/Als ich in München war, habe ich die Frauenkirche und das Rathaus gesehen./Fährst du zurück?/Wenn ich genug Geld habe! **Ex. 3** Ich wollte . . . **1** ein Doppelzimmer reservieren. **2** in einem Restaurant essen. **3** meinen Freund sehen. **4** meine Schwester anrufen. Ich konnte . . . **5** kein Doppelzimmer reservieren. **6** mein Portemonnaie nicht finden. **7** die Adresse nicht finden. **8** ihre Telefonnummer nicht finden. Ich mußte . . . **9** ein Einzelzimmer reservieren. **10** zu Hause essen. **11** zu Hause bleiben. **12** meine Mutter fragen. (*b*) **1** Mußtest du lange am Bahnhof warten? **2** Konntest du mit deiner Familie sitzen? **3** Mußtest du deinen Koffer öffnen? **4** Konntest du schlafen? **5** Konntest du im Zug essen? **6** Mußtest du umsteigen? **7** Mußtest du deinen Koffer tragen? **8** Konntest du Kaffee im Zug kaufen? **9** Wieviel mußtest du bezahlen? **10** Konnte Peter dich abholen? **Ex. 4** (*a*) **1** Noch ein Käsebrot, bitte. **2** Wir müssen noch eine halbe Stunde warten. **3** Kann ich noch eine Karte für die Stadtrundfahrt haben? **4** Noch ein Geschenk für Gaby?! **5** Michael kauft noch eine Platte von Bruce Springsteen. **6** Ich möchte noch einen Stadtplan für Robert. **7** Noch einen Kaffee, bitte! **8** Noch einen Orangensaft, bitte! **9** Noch eine Tasse Tee? **10** Noch ein Stück Kuchen? (*b*) **1** Sie ist in einer anderen Buchhandlung. **2** Ich möchte mit einem anderen Arzt sprechen. **3** Das Zimmer ist zu klein. Kann ich ein anderes Zimmer haben? **4** Sie wohnen in einer anderen Stadt. **5** Mein Freund kommt morgen. Kann ich noch ein Zimmer haben? **6** Herr Schmidt kauft noch ein Haus in einem Dorf. **7** Möchten Sie noch ein Bier? **8** Noch einen Apfelsaft, bitte! **9** Kann ich einen anderen Löffel haben, bitte? **10** Kann ich noch eine Briefmarke haben, bitte?

Unit 20

Ex. 1 (*a*) **1** Habt ihr eure Fahrkarten vergessen? **2** Wir haben unser Geld verloren. **3** Ich habe meine Stellung verloren. **4** Hast du deine Plastiktüte gefunden? **5** Er hat sein Wechselgeld vergessen. **6** Sie hat ihr Auto verloren. **7** Sie haben ihren Stadtplan gefunden. **8** Haben Sie Ihre Telefonnummer vergessen? **9** Meine Eltern haben ihren Koffer verloren. **10** Gaby hat ihren Mantel gefunden. (*b*) **1** Darf ich Ihren Paß sehen? **2** Kann ich Ihre Adresse und Telefonnummer haben? **3** Wo kann ich meine Jacke lassen? **4** Er wird seine Eltern abholen. **5** Sie hat ihren Zimmerschlüssel verloren. **6** Wo können wir unser Auto parken? **7** Sie kaufen ihre Karten morgen. **8** Habt ihr euer Wechselgeld? **9** Haben Sie Ihre Karten? **10** Hast du deine Schwester angerufen? **Ex. 2** (*a*) **1** Bei welcher Firma wirst du arbeiten? **2** Wann wirst du anfangen? **3** Wieviel wirst du verdienen? **4** Wo wirst du arbeiten? **5** Wirst du ein Auto kaufen? (*b*) **1** Nein, er wird ihn morgen sehen. **2** Nein, ich werde es morgen besuchen. **3** Nein, du wirst es morgen kaufen. **4** Nein, wir werden sie morgen kaufen. **5** Nein, ich werde sie morgen machen. **6** Nein, *ihr* werdet sie morgen kaufen! **7** Nein, Sie werden sie morgen abholen. **8** Nein, mein Vater wird es morgen anrufen. **9** Nein, wir werden morgen das Zimmer bezahlen. **10** Nein, er wird es morgen reparieren. **Ex. 3** (*a*) die Straße entlang bis an das Rathaus/um die Ecke/durch das alte Tor/für mich (*b*) die/das/die Georgstraβe entlang/sein (*c*) **1** Fahren Sie die Hauptstraβe entlang. **2** Fahren Sie durch das Dorf. **3** Fahren Sie bis an die Kirche. **4** Er wartet am Bahnhof. **5** Fahren Sie über die Brücke. **6** Sie sind im Hotel. **7** Er kommt ohne seine Tochter. **8** Sie müssen um die Ecke hinter das Hotel fahren. **9** Das Verkehrsamt ist neben dem Dom. **10** Haben Sie ein Zimmer für mich? **11** Es ist auf der linken seite neben dem Kino. **Ex. 4** (*a*) **1** b. **2** d. **3** i. **4** c. **5** j. **6** g. **7** a/h. **8** a./h. **9** e. **10** f. (*b*) **1** . . . daβ ich sehr intelligent bin. **2** . . . und ich werde nächstes Jahr auf die Universität gehen. **3** . . . und ich möchte Statistiker werden. **4** . . . wenn die Leute zu schnell sprechen. **5** . . . als er in Deutschland war. **6** . . . aber ihre Noten sind nicht gut genug. **7** . . . oder kannst du jetzt eine Stellung finden? **8** . . . denn ich finde es nicht sehr interessant. **9** . . . daβ sie viel verdienen will. **10** . . . daβ du auf die Universität gehen willst? **Ex. 5** (example) Ingrid lernt gern Mathematik aber sie lernt nicht gern Erdkunde.

Unit 21

Ex. 1 (*a*) **1** schöner als **2** intelligenter als **3** höflicher als **4** dicker als **5** größer als **6** schlechter als **7** besser als **8** älter als **9** komischer als **10** dummer als (*b*) They all need *als*. **Ex. 2** (*a*) **1** Ja, das stimmt. Süddeutschland ist nicht so kalt wie Norddeutschland. **2** Ja, das stimmt, Griechenland ist nicht so teuer wie Frankreich. **3** Ja, das stimmt, das Wetter in England ist nicht so gut wie in Spanien. **4** Nein, das stimmt nicht. Der Winter in Portugal ist nicht so lang wie der Winter in Schweden. **5** Nein, das stimmt nicht. Snowdon ist nicht so hoch wie Mont Blanc. **6** Nein, das stimmt nicht. Das Essen in Deutschland ist genau so gut wie in Frankreich. **7** Nein, das stimmt nicht. Die Deutschen sind genau so höflich wie die Franzosen. **8** Nein, das stimmt nicht. Paris ist nicht so groβ wie London. **9** Nein, das stimmt nicht. New York ist nicht so warm wie San Francisco. **10** Nein, das stimmt nicht. Ein Urlaub in Margate ist viel billiger als ein Urlaub in Florida! (*b*) Aber hier in Italien ist es nicht so kalt wie in Deutschland!/Ich bin nicht so feige wie du!/du bist nicht so dick wie ich!/Es ist nicht so kalt für mich wie für dich./Das Meer ist nicht so warm wie hier in Travemünde. **Ex. 3** (*a*) **1** Ja, ich freue mich sehr darauf. **2** damit **3** davon **4** daneben **5** daneben **6** darüber **7** daran **8** darin **9** daran **10** daran (*b*) Wohin fährt ihr in den Ferien?/Wir fahren nach Frankreich./Freust du dich darauf?/Natürlich!/Was hältst du von unserem neuen Auto?/Ich halte nicht viel davon! **Ex. 4** (*a*) **1** Viele **2** Manche **3** mehrere **4** wenige **5** viele/einige **6** Manche **7** Einige **8** mehrere **9** wenige (*b*) Kennst du den Film "Cobra"?/Nein. Ist er gut?/Ja! Ich habe ihn mehrere Male gesehen./Ich habe nur wenige Filme im letzten Jahr gesehen.

Unit 22

Ex. 1 (*a*) **1** Ich mag diese Schuhe, aber die da gefallen mir nicht. **2** Ich mag dieses Kleid, aber das da gefällt mir nicht. **3** Ich mag diesen Mantel, aber der da gefällt mir nicht. **4** Ich mag diese Bluse, aber die da gefällt mir nicht. **5** Ich mag dieses Hemd, aber das da gefällt mir nicht. **6** Ich mag diese Strumpfhose, aber die da gefällt mir nicht. **7** Ich mag diesen Rock, aber der da gefällt mir nicht. **8** Ich mag diese Hose, aber die da gefällt mir nicht. **9** Ich mag diese Kleider, aber die da gefallen mir nicht. **10** Ich mag diese Jacke, aber die da gefällt mir nicht. (*b*) **1** Haben Sie dieses grüne Kleid eine Nummer größer? **2** Die helle Bluse war wirklich hübsch. **3** Könnte ich diese Hose anprobieren? **4** Dieses Hemd paβt gut zu der schwarzen Hose da. **5** Diese Farbe steht dir gut. **6** Der Rock da ist zu klein. **7** Ich möchte diesen blauen Mantel anprobieren. **8** Diese Jacke paβ nicht gut zum roten Rock. **9** Möchten Sie diese weiβen Schuhe anprobieren? **10** Die gelben Handschuhe waren wirklich zu klein.

Ex. 2 (*a*) **1** Könntest du mir die Zeitung geben? **2** Könntet ihr meine Schwester abholen? **3** Könntest du meinen Vater im Krankenhaus besuchen? **4** Könnten Sie mir einen Stadtplan geben? **5** Könnten Sie mir ein Einzelzimmer reservieren? **6** Könntet ihr Gaby zu eurer Party einladen? **7** Könnten Sie mich zum Bahnhof fahren? **8** Könnten Sie mir helfen? **9** Könntest du meine Mutter anrufen? **10** Könnten Sie morgen kommen? (*b*) **1** Ich könnte die Empfangsdame fragen, wenn du willst. **2** Er könnte dich um acht Uhr abholen. **3** Sie könnten das Essen für dich bereiten. **4** Sie könnte die Platten kaufen. **5** Ich könnte zur Bank für dich gehen. **6** Wir könnten das Obst kaufen. **Ex. 3** (*a*) Er fragt mich, . . . **1** ob ich gern italienisches Essen esse (or "italienisch esse"). **2** ob ich gern italienischen Wein trinke. **3** ob das Wetter gut war. **4** ob mir das Hotel gut gefallen hat. **5** ob es überhaupt geregnet hat. **6** ob meine Schwester auch mitgekommen ist. **7** ob wir das Auto mitgenommen haben. **8** ob wir die Leute verstanden haben. **9** ob die Italiener nett waren. **10** ob wir uns gut amüsiert haben. (*b*) Was hat er dich gefragt?/Er hat mich gefragt, ob ich gute Noten in der Schule hatte./Hat er dich gefragt, ob du ins Ausland fahren willst? **4** (*a*) **1** etwas Schlechtes **2** etwas Dummes **3** etwas Unhöfliches **4** etwas Kaltes **5** etwas Langes **6** etwas Großes **7** etwas anderes (*b*) Ja, aber ich möchte etwas Billigeres./Haben sie etwas Schwarzes?/Okay, kannst du etwas anderes sehen?/Ja, aber ich möchte etwas Gutes. **Ex. 5** **1** Ich habe das Wetter satt! **2** Ich habe das Essen satt! **3** Ich habe diese langweiligen Museen satt! **4** Ich habe das Hotel satt! **5** Ich habe die Fernsehprogramme satt! **6** Ich habe die Musik satt!

Unit 23

Ex. 1 (*a*) **1** Können Sie mir sagen, wo die Post ist? **2** Wissen Sie, welcher Zug nach Nürnberg fährt? **3** Können Sie mir sagen, wann der nächste Bus nach Hamburg fährt? **4** Wissen Sie, wie weit es zum Flughafen ist? **5** Können Sie mir sagen, wie oft die Züge nach Heilbronn fahren? **6** Wissen Sie, wieviel eine Rückfahrkarte kostet? **7** Können Sie mir sagen, wo man eine Zeitung kaufen kann? **8** Wissen Sie, warum der Bus so spät kommt? **9** Können Sie mir sagen, wo ich einen Taxi finden kann? **10** Wissen Sie, welche Linie von dieser Haltestelle fährt? (*b*) **1** Wissen Sie, wann der Flug nach München ist? Können Sie mir sagen, wie lange die Fahrt dauert? Wissen Sie, ob man zu Mittag essen kann? Ich möchte wissen, wieviel Gepäck ich mitnehmen darf. Ich möchte wissen, ob man Wein kaufen kann. **2** Wissen Sie, wo man einen Stadtplan kaufen kann? Ich möchte wissen, wo das Verkehrsamt ist. Können Sie mir sagen, ob es zum Verkehrsamt weit ist? Wissen Sie, ob ich einen Bus nehmen muß? Ich möchte wissen, welcher Bus zum Verkehrsamt fährt. **Ex. 2** (*a*) **1** Ich würde ein großes Haus mit einem Garten kaufen. **2** Mein Bruder würde nach China fahren. **3** Meine Schwester würde ein Segelboot kaufen. **4** Mein Vater würde Amerika besuchen. **5** Meine Mutter würde ein Auto kaufen. **6** Wir würden das Geld Oxfam geben. **7** Ich würde mich sechs Monate gut amüsieren. **8** Sie würden es sparen. **9** Du würdest eine Videokamera kaufen. **10** Ihr würdet euren Eltern helfen. (*b*) (There are lots of other possibilities!) **1** Ich würde es der Polizei geben. **2** Ich würde den Arzt sehen. **3** Ich würde hineinspringen. **4** Ich würde die Polizei/Feuerwehr anrufen. **5** Ich würde nicht zur Party gehen! **6** Ich würde es meiner Freundin sagen. **Ex. 3** (*a*) Wohin fährst du morgen?/Wie lange bleibst du dort?/Markus fährt auch dorthin – mit dem Auto./Ich weiß es nicht, aber er hat eine Schwester dort./Woher kommt er?/Es ist das erste Mal, daß ich dorthin fahre. (*b*) **1** Woher kommst du? **2** Wohin fahrt ihr? **3** Wo sind Sie? **4** Wohnt deine Tante in Italien? **5** Wohin fährt dieser Bus? **6** Woher kommt Ihre Tasche? **7** Wo bleiben deine Eltern? **Ex. 4** (*a*) **1** Wer ist das? **2** Wessen Zeitung hast du? **3** Wen hast du gefragt?

4 Mit wem bist du gekommen? **5** Was ist das? **6** Was hast du gestern getan? **7** Womit hast du das gekauft? **8** Wessen Stadtplan ist das? **9** Wozu brauchst du das? **10** Worauf freust du dich? (*b*) **1** Wer kommt zur Party? **2** Wessen Schuhe sind das? **3** Mit wem fahren Sie? **4** Wessen Kuli ist das? **5** Womit schreibst du? **6** Worauf freust du dich? **7** Worüber habt ihr gesprochen? **8** Wer ist dein Partner? **9** Von wem ist das Geschenk? **10** Wessen Geld ist das?

Unit 24

Ex. 1 (*a*) ROSEMARY: Was sind Sie von Beruf, Karl-Heinz?
KARL-HEINZ: Ich bin Ingenieur – Betriebsingenieur.
ROSEMARY: Und bei welcher Firma arbeiten Sie?
KARL-HEINZ: Ich arbeite bei Siemens in Erlangen.
ROSEMARY: Erlangen – das ist eine Stadt in Deutschland?
KARL-HEINZ: Ja, Erlangen ist in Süddeutschland, in der Nähe von Nürnberg.
ROSEMARY: Und wie lange arbeiten Sie schon bei Siemens?
KARL-HEINZ: Schon seit sieben Jahren.
ROSEMARY: Und in welcher Abteilung arbeiten Sie?
KARL-HEINZ: In der Produktion.
ROSEMARY: Und wieviel verdienen Sie, wenn ich fragen darf?
KARL-HEINZ: Ziemlich gut!
ROSEMARY: Wieviel Urlaub haben Sie im Jahr?
KARL-HEINZ: Ungefähr drei Wochen.
ROSEMARY: Und wann fahren Sie in Urlaub?
KARL-HEINZ: Normalerweise nehme ich Urlaub im Winter, denn ich laufe sehr gern Ski.
ROSEMARY: Und beginnt Ihre Arbeitszeit?
KARL-HEINZ: Wir beginnen morgens um Viertel vor acht und Feierabend ist um fünf Uhr.

Feierabend = (a)

Ex. 2 ANGESTELLTE: Lufthansa Auskunft, guten Morgen!
RICHARD: Guten Morgen. Wann ist der nächste Flug nach London Heathrow?
ANGESTELLTE: Moment, bitte. Der nächste Flug ist in zehn Minuten, um einundzwanzig Uhr fünfunddreißig.
RICHARD: Ist das der letzte Flug heute?
ANGESTELLTE: Ja.
RICHARD: Und wie oft geht eine Maschine in der Woche?
ANGESTELLTE: Nach London Heathrow – alle zwei Stunden.
RICHARD: Und morgen – gibt es einen Flug morgen früh – sagen wir vor sieben Uhr?
ANGESTELLTE: Es gibt einen Flug um sechs Uhr und dann einen um halb acht.
RICHARD: Und wann ist die Maschine da?
ANGESTELLTE: Der Flug dauert ungefähr anderthalb Stunden.
RICHARD: Also, können Sie mir einen Platz reservieren. Ich nehme den Flug um sechs Uhr.
ANGESTELLTE: Und wie heißen Sie, bitte?
RICHARD: Mein Name ist Richard Sims. Ich möchte bitte Nichtraucher haben.

Ex. 3 Köln ist größer als Stuttgart und hat mehr Einwohner. Köln ist älter als Stuttgart. Köln hat mehr Hotelbetten.

Unit 25

Ex. 1 (*a*) **1** Ich werde den Film nächsten Dienstag im Palastkino sehen. **2** Er fährt mit dem Auto nach Salzburg. **3** Ich fahre morgen nachmittag schnell in die Stadt. **4** Sie geht nächsten Oktober auf die Universität. **5** Wir haben ihn letzten Juli in München gesehen. **6** Ich muβ meinen Vetter am Freitag vom Flughafen abholen. **7** Wir werden ihn heute abend am Strand treffen. **8** Sie geht jeden Tag in die Stadt einkaufen. **9** Jeden Sommer mieten sie ein Boot in Travemünde. **10** Wenn du dich jeden Tag in die Sonne legst, wirst du einen Sonnenbrand bekommen. (*b*) **1** Bist du letztes Jahr in den Schwarzwald gefahren? **2** Fährt Jutta dieses Jahr nach Schweden? **3** Wird Uwe nächstes Jahr in die Türkei fahren? **4** Sind Sie letztes Jahr nach Indien gefahren? **5** Wir fahren dieses Jahr nach Österreich. **6** Wirst du nächstes Jahr nach China fahren? **7** Jutta ist letztes Jahr nach Groβbrittanien gefahren. **8** Uwe fährt dieses Jahr nach Südfrankreich. **9** Werden Sie nächstes Jahr nach Australien fahren? **10** Wir sind letztes Jahr nach Venedig gefahren. **Ex. 2** (*a*) **1** Wenn ich reich wäre, würde ich ein groβes Haus kaufen. **2** Wenn ich ein groβes Hause kaufen könnte, würde ich alle meine Freunde einladen. **3** Wenn viele meiner Freunde bei mir wären, würde ich jeden Tag eine Party geben. **4** Wenn ich meine Freunde nicht einladen könnte, würde ich traurig sein. **5** Wenn ich traurig wäre, würde meine Mutter nett zu mir sein. **6** Wenn meine Mutter nett zu mir wäre, würde meine Freunde zurückkommen. (*b*) **1** a. **2** e. **3** c. **4** d, g, i. **5** g, j. **6** f. **7** g. **8** h. **9** d, g, i. **10** b. **Ex. 3** (*a*) **1** Nein, ich trinke lieber Tee. **2** Nein, ich schwimme lieber im Schwimmbad. **3** Nein, er hört lieber klassische Musik. **4** Nein, wir gehen lieber ins Theater. **5** Nein, ich verbringe sie lieber am Meer. **6** Nein, ich lese lieber Geschichte. **7** Nein, sie telefonieren lieber. **8** Nein, wir kommen lieber mit Ilse. **9** Nein, ich kaufe lieber die billigsten. **10** Nein, ich würde lieber Ärztin sein. (*b*) Nein, ich gehe lieber ins Theater./Ich bleibe lieber zu Hause. **Ex. 4** (*a*) letzten Samstag/die ganze Zeit/jeden Tag/jeden Nachmittag/nächstes Jahr/dieses Jahr/den ganzen Tag (*b*) **1** einen Monat **2** die ganze Zeit **3** Letzte Woche **4** Nächsten Monat **5** Letzten Sommer **6** Nächstes Mal **7** Den ersten Tag **8** die ersten zwei Tage **9** Nächsten Frühling **10** Letzten Montag **Ex. 5** **1** Das Langweilige ist, daβ ich heute nachmittag arbeiten muβ. **2** Das Gute ist, daβ ich heute abend zu einer Party gehe. **3** Das Traurige ist, daβ mein Freund nicht da sein wird. **4** Das Schlimme ist, daβ ich morgen nach Hause fahre. **5** Das Dumme ist, daβ ich nicht "Auf Wiedersehen" sagen kann. **6** Das Gute ist, daβ ich meine Schwester wiedersehen werde. **7** Das Interessante ist, daβ sie einen neuen Freund hat. **8** Das Einzige ist, daβ meine Mutter ihn nicht mag. **9** Das Gute ist, daβ ich vielleicht mit meinem Freund in Urlaub fahren werde. **10** Das Schwere ist, daβ meine Mutter dagegen ist. **Ex. 6** **1** Der Magen tut mir weh. **2** Tut der Fuβ dir weh? **3** Tut Ihnen die Nase weh? **4** Torsten tut der Arm weh. **5** Andrea tut der Mund weh. **6** Mir tut das Ohr weh. **7** Tut dir das Bein weh? **8** Hast du Zahnschmerzen? **9** Haben Sie Kopfschmerzen?

Unit 26

Ex 1. (*a*) **1** (c) Wenn ich verheiratet wäre, **2** (a) Wenn ich kein Geld hätte, **3** (g) Wenn ich ein groβes Haus hätte, **4** (b) Wenn ich eine Stellung dort finden könnte, **5** (e) Wenn ich reich wäre, **6** (d) Wenn ich ein Segelboot hätte, **7** (i) Wenn ich kein Deutsch sprechen könnte, **8** (f) Wenn ich keine Freunde hätte, **9** (h) Wenn ich Präsident wäre, (*b*) Ja. Wenn wir mehr Zeit hätten, könnten wir zum Schloβ und zum Museum gehen./Wenn ich mehr Geld hätte, könnte ich länger bleiben./Könntest du nicht deine Eltern anrufen? **Ex. 2** (*a*) **1** Du solltest mit jemandem sprechen. **2** Jemand kommt. Frage ihn! **3** Du könntest das Auto von jemandem leihen. **4** Hast du jemanden gesehen?

5 Hast du mit jemandem gesprochen? **6** Du könntest das Telefon von jemandem benutzen. **7** Jemand kann dir helfen! **8** Hast du jemanden gefragt? **9** Also, du hast niemanden gesehen? **10** Okay, du hast mit niemandem gesprochen? (*b*) Wir sollten jemanden fragen./Ja, kannst du jemanden sehen?/Nein, niemand kommt. Ich kann niemanden sehen./Ach, jemand kommt! **Ex. 3** (*a*) Es ist das erste Mal, daβ ich . . . **1** einen deutschen Film sehe. **2** in Deutschland bin. **3** Sauerkraut esse. **4** deutsches Bier trinke. **5** in einem groβen Hotel bin. **6** fliege. **7** Deutsch spreche. **8** eine deutsche Zeitung lese. **9** deutsche Popmusik höre. **10** in einer deutschen Diskothek tanze. (*b*) Wie lange sind Sie schon hier?/Nein, es ist das erste Mal, daβ ich hier bin./Es ist das erste Mal, daβ ich versuche, die Sprache zu sprechen!/Danke schön! **Ex. 4** (*a*) **1** Aber ich habe nichts Interessantes zu tun! **2** Aber ich habe nichts Schönes zu tragen! **3** Aber ich kann nichts Nettes sagen! **4** Aber ich mache nichts Besonderes! **5** Aber ich kann nichts Sympathisches sagen! **6** Aber ich trage nichts Neues! **7** Aber ich schreibe nichts Intelligentes! **8** Aber ich kann nichts Freundliches sagen! **9** Aber ich schreibe nichts Amüsantes! **10** Aber ich habe nichts Billiges gefunden! (*b*) Nichts Besonderes./Nein. Es tut mir leid, aber ich will etwas Ruhiges machen. **Ex. 5** (*a*) **1** Haben wir morgen etwas vor? **2** Hast du Sonntag nachmittag etwas vor? **3** Haben Sabine und Uwe nächstes Wochende etwas vor? **4** Hat Gaby heute abend etwas vor? **5** Haben wir heute nachmittag etwas vor? **6** Habt ihr Freitag morgen etwas vor? **7** Haben Sie Donnerstag abend etwas vor? **8** Haben deine Eltern nächste Woche etwas vor? **9** Hast du nächsten Mittwoch etwas vor? **10** Haben Sie Montag abend etwas vor? (*b*) **1** Hast du Lust, ins Kino zu gehen? **2** Haben Sie Lust, einen Film zu sehen? **3** Habt ihr Lust, in einem Restaurant zu essen? **4** Hast du Lust, tanzen zu gehen? **5** Haben Sie Lust, zum Museum zu gehen? **6** Habt ihr Lust, ins Theater zu gehen? **7** Hast du Lust, Schloβ Neuschwanstein zu besuchen? **8** Haben Sie Lust, schwimmen zu gehen? **9** Habt ihr Lust, die Stadt zu sehen? **10** Hast du Lust, ein Bier zu trinken?

Unit 27

Ex. 1 (*a*) **1** Der Rhein ist der längste Fluβ in Deutschland. **2** Köln ist die älteste Stadt in Deutschland. **3** Hamburg ist die gröβte Stadt in Deutschland. **4** Der Schwarzwald ist der gröβte Wald in Deutschland. **5** Heidelberg ist die älteste Universität in Deutschland. **6** Die Zugspitze ist der höchste Berg. **7** Berlin oder München haben die besten Klubs. **8** Der Königssee ist der schönste See. **9** München hat die meisten Museen. **10** Der Norden hat das schlechteste Wetter. (*b*) **1** Ja, aber *dieses* ist das best von allen! **2** Ja, aber *diese* sind die schönsten von allen! **3** Ja, aber *diese* ist die hübscheste von allen! **4** Ja, aber *dieser* ist der älteste von allen! **5** Ja, aber *dieser* ist der gröβte von allen! **6** Ja, aber *dieses* ist das teuerste von allen! **7** Ja, aber *dieses* ist das kürzeste von allen! **8** Ja, aber *dieser* ist der längste von allen! **9** Ja, aber *dieses* ist das jüngste von allen! **10** Ja, aber *dieser* ist der älteste von allen! **Ex. 2** (*a*) **1** Ja, aber nicht so schmutzig wie ihres! **2** Ja, aber nicht so lang wie seine! **3** Ja, aber nicht so teuer wie meiner! **4** Ja, aber nicht so klein wie ihres! **5** Ja, aber nicht so unordentlich wie unserer! **6** Ja, aber nicht so schön wie Ihres! **7** Ja, aber nicht so interessant wie ihres! **8** Ja, aber nicht so gut wie deiner! **9** Ja, aber nicht so voll wie meiner! **10** Ja, aber nicht so groβ wie Ihre! (*b*) **1** Mein Vater ist reicher als deiner! **2** Dein Vater ist nicht so groβ wie meiner! **3** Deine Hünde sind kleiner als unsere! **4** Dein Haus ist gröβer als seins! **5** Ihr Auto ist neuer als Ihres. **6** Meine Mutter ist jünger als ihre! **7** Unser Garten ist länger als ihrer! **8** Meine Universität ist besser als deine! **9** Unser Haus ist teurer als deins! **10** Meine Schwester ist intelligenter als deine! **Ex. 3** (*a*) **1** Ich wuβte nicht, daβ das Hotel zu teuer war. **2** Wir wuβten nicht, daβ die Jugendherberge so weit war. **3** Wußtest du, daß Peter im Ausland war? **4** Gaby wußte nicht, daß Michael eine neue Stellung hatte. **5** Wußtet ihr, daß Uwe und Sabine verheiratet sind? **6** Wußten Sie nicht, daß das Parkhaus voll war? **7** Wußten Thomas und Ute nicht, daß Torsten wieder zu Hause ist? **8** Ich wußte nicht, daß Boris krank war. **9** Christian wußte nicht, daß Andreas Grippe hat. **10** Meine Eltern wußten nicht, daß ich so gut schwimmen kann. (*b*) **1** Wir mußten letztes Jahr um sechs essen. **2** Letztes Jahr hatte jedes Zimmer einen Fernseher. **3** Letztes Jahr war Boris da. **4** Wir konnten letztes Jahr segeln. **5** Letztes Jahr war das Wetter gut. **6** Letztes Jahr hatten wir zwei Einzelzimmer. **Ex. 4** (*a*) **1** Das Zimmer ist zu klein! **2** Das Hotel ist zu kalt **3** Das Zimmer ist zu schmutzig! **4** Das Frühstück kommt zu spät! **5** Das Restaurant ist zu voll! **6** Der Kellner ist zu langsam! **7** Die Suppe ist zu kalt! **8** Das Hotel ist zu teuer! **9** Der Parkplatz ist zu weit. (*b*) Aber es gibt zu viel zu tun!/Es gibt zu viel zu sehen!/Ja, aber es ist zu spät. Ich habe schon meine Fahrkarte.

Unit 28

Ex. 1 (*a*) **1** den Jungen **2** den Prinzen **3** einen Stundenten **4** einen Soldaten **5** meinen Neffen **6** einen reichen Kunden **7** einen Matrosen **8** den Präsidenten **9** einen Elefanten **10** einen ehrlichen Menschen (*b*) keinen Menschen/ein Junge/einem Matrosen/ein Soldat/mein Neffe/einen großen Hund/Der Junge und der Matrose **Ex. 2** (*a*) **1** mit der Empfangsdame **2** auf die Reise nach Italien. **3** vor der Reise. **4** auf deine Eltern **5** vom Hotel **6** auf meine Frage **7** vom italienischen Wein? **8** über unser neues Auto? **9** auf die Sonne? **10** vor dem italienischen Essen? (*b*) Hat Gaby dir von den Ferien erzählt?/Sie hat sich so sehr auf die Reise nach Frankreich gefreut./Sie mußten zwei Tage auf die Maschine warten! **Ex. 3** (*a*) **1** Es hat aufgehört, zu schneien. **2** Meine Uhr ist stehengeblieben. **3** Sie hat die ganze Zeit nicht aufgehört, zu lachen. **4** Bitte halten Sie den Wagen an! **5** Machen wir jetzt Schluß? **6** Bleiben Sie stehen! **7** Die Straßenbahn hat nicht angehalten. **8** Die Musik hat jetzt aufgehört. **9** Er hat aufgehört, zu lesen. **10** Bleib' doch stehen! (*b*) Ich konnte nicht anhalten./konnte der andere Fahrer anhalten./aber ich konnte nicht aufhören, zu weinen!/Meine Armbanduhr ist stehengeblieben! **Ex. 4** (*a*) **1** Ja, und sie werden immer schlechter! **2** Ja, und sie wird immer dicker! **3** Ja, und es wird immer schwerer! **4** Ja, und sie werden immer leichter! **5** Ja, und sie wird immer schlimmer! **6** Ja, und er wird immer langweiliger! **7** Ja, und es wird immer besser! **8** Ja, und es wird immer interessanter! **9** Ja, und sie wird immer schöner! (*b*) Nein! Im Gegenteil . . . **1** er fährt immer langsamer! **2** sie wird immer langweiliger! **3** es wird immer größer! **4** es wird immer schmutziger! **5** sie werden immer kürzer! **6** es wird immer schlechter! **7** sie wird immer schlechter! **8** sie werden immer teurer! **9** er wird immer dummer! **10** sie wird immer dicker! **Ex. 5** (*a*) Ich weiß nicht genau. **1** Irgendwo. **2** Irgendwann. **3** Irgendwie. **4** Irgendwas. **5** Irgendjemand. **6** Irgendjemanden. (*b*) **1** Ich habe irgendjemanden im Park gesehen. **2** Irgendwann hat er mir einen Brief gegeben. **3** Irgendwie habe ich ihn verloren. **4** Er muß irgendwo sein, aber ich weiß nicht, wo!

Unit 29

Ex. 1 (*a*) **1** Nein, es ist Onkel Jürgens Auto. **2** Nein, es sind Torstens Schuhe. **3** Nein, es ist Ingrids Buch. **4** Nein, es ist Herrn Professor Brauns Zeitung. **5** Nein, es ist Michaels Hemd. **6** Nein, es ist Tante Gabys Fahrrad. **7** Nein, es ist Herrn Doktor Schmidts Tasche. **8** Nein, es ist Utes Stadtplan. **9** Nein, es sind Frau Müllers Handschuhe. **10** Nein, es ist Sebastians Jacke. (*b*) zu Gabys Party?/Ich fahre in Michaels Auto./Dann fahre ich in Utes Auto. **Ex. 2** (*a*) **1** Entweder Tee oder Kaffee. **2** Weder Bier noch Wein. **3** Entweder

Obst oder Eiskrem. **4** Weder Hühnerfleisch noch Fisch. **5** Entweder um zehn oder um halb elf. **6** Entweder Sebastian oder Peter. **7** Weder Richard noch Ute. **8** Entweder Jutta oder Gaby. **9** Entweder um halb zwölf oder um zwölf. **10** Entweder Forelle blau oder Wiener Schnitzel. (*b*) **1** Entweder wir können schwimmen gehen oder wir können zu Hause bleiben. **2** Ich will entweder Orangensaft oder Milch trinken. **3** Es gibt weder Orangensaft noch Milch. **4** Wir können entweder in der Jugendherberge oder in einem Hotel übernachten. **5** Wir wollen entweder mit dem Zug oder mit dem Bus fahren. **6** Wir haben weder Zeit noch Geld. **7** Ich habe weder die Fahrkarten gekauft noch die Zimmer reserviert. **8** Wir können entweder ins Theater oder ins Kino gehen. **9** Entweder Sebastian oder Robert wird mit uns kommen. **10** Weder Sebastian noch Robert wollen kommen. **Ex. 3** **1** Je älter du wirst, desto dümmer wirst du! **2** Je mehr man ißt, desto dicker wird man! **3** Je mehr Geld du ausgibst, desto ärmer wirst du! **4** Je mehr du übst, desto besser wirst du! **5** Je mehr Deutsch du sprichst, desto besser wirst du sprechen! **6** Je mehr du liest, desto mehr Wörter wirst du lernen! **7** Je langsamer die Leute sprechen, desto besser verstehe ich! **8** Je öfter sie nach Deutschland fahren, desto besser werden sie Deutsch sprechen! **9** Je mehr man spazieren geht, desto gesünder wird man. **10** Je kälter es wird, desto wärmer wird es im Hause. **Ex. 4** **1** die Sicherheit *certainly* **2** die Wahrscheinlichkeit *probability* **3** die Möglichkeit *possibility* **4** die Krankheit *illness* **5** die Wichtigkeit *importance* **6** die Schönheit *beauty* **7** die Wirklichkeit *reality* **8** die Dunkelheit *darkness* **9** die Freiheit *freedom* **10** die Höflichkeit *politeness* (*b*) **1** Ich habe Angst vor der Dunkelheit. **2** Was für eine Krankheit hat er? **3** Die Möglichkeit ist, daß er nicht kommt. **4** Die Freiheit ist sehr wichtig. **5** Es gibt keine Möglichkeit. **6** Ich weiß es nicht mit Sicherheit. **7** Sie müssen die Wahrheit sagen. **8** Ihre Schönheit interessiert mich nicht. **Ex. 5** **1** Man kann im Hotel nicht essen. **2** Die Empfangsdame will einen nicht wecken. **3** Man darf im Zimmer nicht essen. **4** Man kann nicht ausgehen, weil es regnet. **5** Die Musik läßt einen nicht schlafen. **6** Der Manager will mit einem nicht sprechen. **7** Während des Tages darf man nicht ins Zimmer gehen. **8** Man darf neben dem Hotel nicht parken. **9** Man muß einen langen Weg bis zur Stadtmitte gehen. **10** Die Empfangsdame will einem keine Zeitung bestellen.

Unit 30

Ex. 1 MICHAEL: Hier Studentenheim Robert Koch.

CORDULA: Guten Tag. Kann ich bitte Peter Langenscheidt sprechen?

MICHAEL: Welche Zimmernummer hat er denn?

CORDULA: Zimmernummer siebenunddreißig.

MICHAEL: Siebenunddreißig? Moment mal, ich werde sehen, ob er da ist. (Eine kleine Pause)

MICHAEL: Nein, er ist nicht im Zimmer. Wollen Sie eine Nachricht hinterlassen?

CORDULA: Ja bitte. Können Sie ihm bitte sagen, daß ich heute abend nicht kommen kann.

MICHAEL: Moment mal. Ich hole mir einen Bleistift. Ja – und wie heißen Sie?

CORDULA: Ich heiße Cordula Brandi.

MICHAEL: Ja, Cordula – wie war das?

CORDULA: Brandi BRANDI.

MICHAEL: Also, Cordula Brandi – und Sie können heute abend nicht kommen.

CORDULA: Ja, es tut mir leid, aber ich habe eine furchtbare Erkältung. Ich habe Fieber und ich sollte heute abend nicht ausgehen.

MICHAEL: Also – Sie haben eine Erkältung –
CORDULA: Aber ich will ihn zu einer Party einladen – am sechzehnten März, das ist ein Samstag. Die Party beginnt um neun Uhr.
MICHAEL: Also, am Samstag dem sechzehnten März gibt es eine Party – und bei wem?
CORDULA: Bei mir zu Hause – die Adresse ist Hölscher Straße hunderteins.
MICHAEL: . . . hunderteins . . .
CORDULA: Vielleicht kann er mich anrufen.
MICHAEL: Hat er die Telefonnummer?
CORDULA: Ich weiß nicht. Ich gebe sie Ihnen zur Sicherheit. Die Nummer ist 40 08 27.
MICHAEL: 40 08 27. Okay, ich sage es ihm!
CORDULA: Vielen Dank! Auf Wiederhören!
MICHAEL: Auf Wiederhören!

Peter Langenscheidt Cordula Brundi hat angerufen. Sie kann heute abend nicht kommen, wegen einer Erkältung. Sie will dich zu einer Party einladen, am Sonntag dem siebzehten März, um halb neun. Die Party ist bei ihr – Hörner Straße hundertelf. Kannst du bitte anrufen – 50 01 37.

Ex 2 APOTHEKERIN: Guten Tag, was darf es sein?
CLAUDIA: Guten Tag. Haben Sie etwas gegen Magenbeschwerden?
APOTHEKERIN: Ja – was für Magenbeschwerden sind das?
CLAUDIA: Ich glaube, ich habe etwas Verdorbenes gegessen. Ich habe auch Durchfall – das ist ziemlich schlimm!
APOTHEKERIN: Sie können diese Tabletten nehmen, aber am besten nehmen Sie nichts, essen Sie nichts und trinken Sie nur Wasser!
CLAUDIA: Also – ich soll nichts essen?
APOTHEKERIN: Nichts essen, und keinen Kaffee oder Tee oder Alkohol trinken. Wie lange haben Sie schon Durchfall?
CLAUDIA: Erst seit einem Tag.
APOTHEKERIN: Also, wenn es Ihnen morgen nicht besser geht, dann gehen Sie zum Arzt.
CLAUDIA: Aber ich glaube, ich werde die Tabletten trotzdem nehmen! Ich muß heute abend ausgehen!

(*b*) A: Der Rücken tut mir weh. B: Ist es schlimm? A: Ja, ganz schlimm. Es tut mir weh, wenn ich mich setze. B: Seit wann tut es schon weh? A: Ungefähr eine Woche. B: Nehmen Sie Aspirin? A: Ja, viermal am Tag! **Ex. 3** **1** Das beste Auto **2** Das größte Gebäude in America **3** Der längste Fluß auf der Welt **4** Der höchste Berg auf der Welt **5** Das beste Fernsehprogramm **6** Mein bester Freund/Meine beste Freundin **7** Der schönste Ort auf der Welt **8** Der kälteste Ort auf der Welt **9** Die größte Stadt auf der Welt

Longman Group UK Limited,
Longman House, Burnt Mill, Harlow,
Essex CM20 2JE, England
and Associated Companies throughout the world.

First published 1989
ISBN 0 582 34322 4

Set in 10/11 point Baskerville (Linotron)
Produced by Longman Group (FE) Ltd
Printed in Hong Kong

In the same series
Basic French

Cover photograph by Peter Irish, Bavaria-Verlag Bildagentur